ISBN 978-1-334-98485-3
PIBN 10592601

For support please visit www.forgottenbooks.com

1 MONTH OF
FREE
READING

at
www.ForgottenBooks.com

By purchasing this book you are eligible for one month membership to ForgottenBooks.com, giving you unlimited access to our entire collection of over 700,000 titles via our web site and mobile apps.

To claim your free month visit:
www.forgottenbooks.com/free592601

English
Français
Deutsche
Italiano
Español
Português

www.forgottenbooks.com

Mythology Photography **Fiction**
Fishing Christianity **Art** Cooking
Essays Buddhism Freemasonry
Medicine **Biology** Music **Ancient
Egypt** Evolution Carpentry Physics
Dance Geology **Mathematics** Fitness
Shakespeare **Folklore** Yoga Marketing
Confidence Immortality Biographies
Poetry **Psychology** Witchcraft
Electronics Chemistry History **Law**
Accounting **Philosophy** Anthropology
Alchemy Drama Quantum Mechanics
Atheism Sexual Health **Ancient History**
Entrepreneurship Languages Sport
Paleontology Needlework Islam
Metaphysics Investment Archaeology
Parenting Statistics Criminology
Motivational

ŒUVRES COMPLÈTES

DE

EUGÈNE SCRIBE

DE L'ACADÉMIE FRANÇAISE

ŒUVRES COMPLETES

DE

UGÈNE SCRIB

DE L'ACADÉMIE FRANÇAISE

COMÉDIES

—

DRAMES

LA BOHÉMIENNE

LES INCONSOLABLES

DIX ANS DE LA VIE D'UNE FEMME

BERTRAND ET RATON

E. REIBER inve

PARIS

E. DENTU, LIBRAIRE-ÉDITEUR

PALAIS-ROYAL, 17-19, GALERIE D'ORLÉANS

Paris. — Impr. PAUL DUPONT, 41, rue Jean-Jacques Rousseau.

LA BOHÉMIENNE .

ou

L'AMÉRIQUE EN 1775

DRAME HISTORIQUE EN CINQ ACTES

.

EN SOCIÉTÉ AVEC M. MÉLESVILLE

THÉATRE DU GYMNASE. — 1ᵉʳ Juin 1829.

PERSONNAGES.	ACTEURS.

LORD GAGE, gouverneur de Boston. . . MM. FERVILLE.
LIONEL LINCOLN, colonel des dragons de Virginie . . . . PAUL.
ARTHUR WINKERTON, capitaine au même régiment. . . . . ALLAN.
ZAMBARO, bohémien. . . . . NUMA.
SIR COKNEY, secrétaire du gouverneur. KLEIN.
JAK, garçon d'auberge . . . . BRIENNE.

MISS HENRIETTE, fille de lord Gage Mmes BÉRANGER.
BATHILDE, nièce de Zambaro . . . . . . LÉONTINE FAY.

SOLDATS AMÉRICAINS, MATELOTS, PEUPLE.

Aux États-Unis.

A deux lieues de Boston, au premier acte. — A Boston, aux actes suivants.

LA BOHÉMIENNE

ou

L'AMÉRIQUE EN 1775

ACTE PREMIER

Un salon de la maison de campagne du gouverneur. Porte au fond : deux portes latérales. La porte à droite de l'acteur est celle de l'appartement d'Henriette ; la porte à gauche, celle du cabinet de lord Gage Une table, couverte de papiers, près de la porte du cabinet.

SCÈNE PREMIÈRE.

LORD GAGE, seul, assis devant une table et tenant des papiers.

Deux rapports sur cette affaire, et deux rapports contradictoires ; auquel ajouter foi ? Selon ma conscience, il me paraît évident que l'officier américain a eu tort, et si je le condamne, on va encore crier à l'injustice. Je ne peux cependant pas, moi, Anglais et gouverneur de Boston, laisser insulter un compatriote, un officier de Sa Majesté ; et d'après ce que je vois là... (Il lit.) « Hier, dans une nombreuse assemblée, « lord Ruthwen, officier de notre armée, a porté le toast

« suivant : *Au roi Georges, et à la vieille Angleterre.* Un
« officier américain, assis en face de lui, au lieu de lui faire
« raison, a levé lentement son verre et s'est écrié : *A la*
« *prospérité de l'Amérique !* et des acclamations unanimes lui
« ont répondu. L'officier anglais s'est cru insulté ; un duel
« s'en est suivi ce matin, et notre compatriote a succombé.
« L'agresseur porte le nom de sir Arthur Winkerton, capi-
« taine aux dragons de Virginie, et nous ne doutons point que,
« dans sa justice éclairée, Votre Excellence ne punisse un
« Américain assez factieux pour donner un coup d'épée à
« un officier anglais... » Les dragons de Virginie ! ce régiment s'est toujours fait remarquer par son mauvais esprit,
et c'est celui que commande Lionel. Allons, il faut me défier
de moi-même ; car j'ai trop de raisons de désirer qu'il soit
coupable !

(En ce moment miss Henriette sort de son appartement.)

SCÈNE II.

MISS HENRIETTE, LORD GAGE.

LORD GAGE.

Qui vient là ? Ma fille ! Que voulez-vous, miss Henriette ?

MISS HENRIETTE.

Pardon, monsieur, je vous dérange.

LORD GAGE.

Il est vrai, mais n'importe ; quel motif vous amène ? parlez...

MISS HENRIETTE.

Convenez, monsieur, que j'ai bien du malheur. Vous vous
plaignez de ne pas trouver dans votre maison le bonheur et
la paix ; vous semblez accuser la tendresse de ma mère, la
mienne. Mais comment vous en donner des preuves ? quel
moment choisir ? Même ici, à votre campagne, ma présence
vous gêne ; vos moments sont à tout le monde, excepté à

nous; et vous n'avez pas même le temps de nous aimer.

LORD GAGE.

Tu as peut-être raison; mais tu sais, ma fille, quel est depuis longtemps le chagrin qui me dévore. Pour me distraire de ma douleur, j'ai cherché dans la carrière des places et les joies de l'ambition un remède à mes maux; et ces honneurs, ces dignités que je désirais, ne m'ont fait oublier mes anciens ennuis que pour m'en créer de nouveaux.

MISS HENRIETTE.

Raison de plus pour venir les oublier auprès de nous. Le matin, soyez lord Gage, le représentant de Sa Majesté, et, comme haut dignitaire, comme grand seigneur, obligé de vous ennuyer; c'est trop juste! Mais le soir, soyez à vos amis, à votre famille; ma mère est trop souffrante pour quitter son salon, venez-y.

LORD GAGE.

Pour y retrouver les discussions politiques dont j'ai été fatigué le matin! car, Dieu merci, nous vivons dans un temps où chaque maison a son club, son orateur particulier, et l'esprit de parti a tellement divisé les familles, les parents les plus intimes, que chez moi, enfin, je ne suis pas sûr que ma femme et ma fille soient de mon opinion.

MISS HENRIETTE.

Que dites-vous?

LORD GAGE.

Que, pour un homme d'État, je serais peu clairvoyant et peu habile si, malgré ton silence, je n'avais pas découvert tes véritables sentiments. Oui, ma fille, j'ai lu dans le fond de ton cœur, et je sais tout, jusqu'à ta tendresse pour Lionel.

MISS HENRIETTE.

O ciel! comment avez-vous pu soupçonner?... Élevée avec lui, je l'ai toujours regardé comme un frère; voilà tout.

LORD GAGE.

Un jeune homme obscur, inconnu, le fils d'un négociant,

dont tous les titres sont dans la caisse de son père, et qui se croit militaire parce qu'il brille au premier rang dans la milice du pays ; milice innocente et sédentaire, qui jamais n'a bravé le feu de l'ennemi, et n'est composée que d'A-méricains.

MISS HENRIETTE.

Ces pauvres Américains, vous les méprisez beaucoup, monsieur ; et la fierté anglaise.

LORD GAGE.

Qu'est-ce à dire ?...

MISS HENRIETTE.

Est-ce vous manquer de respect que de défendre la patrie de ma mère ? Est-ce ma faute si, n'ayant jamais vu l'Angle-terre ni Londres, dont vous nous parlez sans cesse, je leur préfère le pays où j'ai reçu le jour ; si je regarde ceux qui l'habitent comme mes amis et mes frères ?... On les opprime, ils se plaignent ; ils sont malheureux ; est-ce vous offenser que de faire des vœux pour eux ?

LORD GAGE.

Soit, miss : permis à vous d'aimer la patrie de votre mère, mais rappelez-vous que le sang anglais coule aussi dans vos veines, et n'oubliez jamais qu'à votre âge une jeune fille ne doit être d'aucun parti... d'aucune opinion, si ce n'est de celle de son père. Revenons à Lionel : il ne parait plus ici ?

MISS HENRIETTE.

Non, monsieur, et j'en ignore la cause.

LORD GAGE.

Mais autrefois il venait presque tous les jours.

MISS HENRIETTE.

Il est vrai : il nous parlait souvent de ses projets, de son avenir, de sa mère dont il est le seul espoir ; il nous entrete-nait surtout avec orgueil de cette patrie qu'on méprise et dont il est fier, cette patrie qu'il voudrait voir libre et indé-pendante.

LORD GAGE.

Eh! mais...

MISS HENRIETTE.

Pardon, mon père...

LORD GAGE.

Et il ne vous a point parlé de son amour?

MISS HENRIETTE.

Jamais; et je ne crois pas, mon père, être aimée de lui.

LORD GAGE.

Il serait vrai!

MISS HENRIETTE, soupirant.

Oh! mon Dieu! oui... Estimé de vous, encouragé par ma mère, il aurait pu demander ma main; il n'y a jamais pensé.

LORD GAGE, avec amertume.

Oh! sans doute; se regardant déjà comme un chef de parti, il aurait craint qu'une telle alliance ne lui fît perdre de son influence, ou de sa popularité. Du reste, il a bien fait; car je vous déclare que mon intention a toujours été de vous marier à un compatriote, à un Anglais. Depuis quelques jours sir Cokney est auprès de moi, en qualité de secrétaire particulier; c'est le fils d'un ancien ami, un parent à nous, un jeune homme d'une haute naissance, d'une grande fortune...

MISS HENRIETTE.

Quoi! mon père, vous voudriez?...

LORD GAGE.

Je n'ai point là-dessus de volonté. Je désirerais qu'il pût vous plaire; mais je ne prétends point vous en imposer l'obligation, et jamais, quoi qu'on ait pu vous dire de ma sévérité et de ma tyrannie....

MISS HENRIETTE.

Ah! mon père...

LORD GAGE.

Silence ; car voici notre nouveau secrétaire.

SCÈNE III.

LES MÊMES ; SIR COKNEY.

SIR COKNEY, entrant par le fond.

Oserais-je demander à miss Gage, à ma belle cousine, des nouvelles de sa santé ? parfaite, à ce que je vois. Je viens en même temps prendre les ordres de Son Excellence.

LORD GAGE.

Je n'en ai aucun à vous donner. Vous pouvez disposer de votre journée ; et je pense qu'arrivé depuis deux jours vous ne serez pas fâché de connaître ce pays.

SIR COKNEY.

Oh ! mon Dieu, non ; je me doute bien de ce que c'est. Quand on a vu Londres, New-Market, Drury-Lane, tout le reste est bien province : c'est petite ville, et voilà tout.

MISS HENRIETTE.

C'est bien de l'honneur pour l'Amérique.

SIR COKNEY.

L'Amérique, entendons-nous. Si vous parlez de l'Amérique du temps de Christophe Colomb, à la bonne heure. Je me faisais de ce pays une tout autre idée ; quand je suis parti de Londres, je croyais trouver ici des sauvages, des costumes pittoresques, des plumes bariolées, comme au dernier bal de lord Sydmouth, qui, par parenthèse, était magnifique ; aussi, j'arrivais avec une admiration toute prête. Au lieu de cela, je vois des gens en frac, en chapeau rond, ayant le même langage, les mêmes manières que nous ; en un mot, des Américains de Londres ou de Liverpool ; il y a de quoi détruire toutes les illusions. J'ai été confondu, suffoqué, et j'en ferai une maladie... un accès d'admiration rentrée.

LORD GAGE.

Peut-être, plus tard, trouverez-vous des sujets de surprise.

SIR COKNEY.

Oh ! je l'espère, milord! Par exemple, une chose qui m'a bien étonné, c'est la distance. Dieu ! que c'est loin ! j'ai cru que je n'arriverais jamais.

LORD GAGE.

A ce que je vois, sir Cokney, mon cher cousin, vous êtes rarement sorti de Londres.

SIR COKNEY.

Jamais, milord.

LORD GAGE.

Je ne doute point que votre ton et vos manières n'y soient justement appréciés.

SIR COKNEY.

Beaucoup trop.

LORD GAGE.

Mais je vous dois un conseil : sachez que, dans ce moment, l'Angleterre et l'Amérique sont rarement du même avis, et que, quand on a trop de succès à Londres, c'est le moyen de n'en pas avoir assez dans ce pays.

SIR COKNEY.

Oui, c'est ce qu'on dit ; il règne ici un esprit d'opposition; je m'en doutais presque ; car, hier, dans les rues de Boston, j'ai vu, comme à Londres, que je faisais sensation; mais dans un autre sens ; et le soir, ce fut bien autre chose : j'entre dans un café, et je demande du thé ; tout le monde se lève, se parle à l'oreille, et me regarde d'un air, d'un air... mauvaise société ; il me semble cependant qu'à dix heures du soir, ce qu'il y a de mieux à faire, c'est de prendre le thé.

MISS HENRIETTE.

Pas ici, monsieur.

SIR COKNEY.

Et pourquoi donc?

MISS HENRIETTE.

C'est que... je n'ose... devant mon père...

LORD GAGE.

Vous le pouvez sans crainte; je suis censé ignorer...

MISS HENRIETTE.

C'est que, depuis le dernier bill du parlement, qui met un impôt sur le thé, tous les Américains sont convenus, d'un commun accord, de ne plus en prendre, et l'on n'en sert dans aucune maison.

SIR COKNEY.

A la bonne heure; mais, dans ce cas-là, on n'empêche pas les autres...

LORD GAGE.

Et voilà les gens qu'on voudrait nous faire craindre! des mécontents bien redoutables, qui nous combattent en s'imposant des privations. Ne trouvez-vous pas, miss Henriette, que vos compatriotes ont déplové dans cette occasion une grande énergie?

SIR COKNEY.

Oui, sans doute; car pour moi, d'abord, je ne pourrais pas; je suis Anglais, et je ferais tout au monde, excepté changer mes habitudes; et quand je vois des gens qui renoncent aux leurs par esprit de parti, je dis : ce sont des caractères obstinés, des gens dangereux, qui sont capables de tout. Voilà mon avis.

LORD GAGE.

En vérité? Eh bien, sans vous en douter, sir Cokney, voilà peut-être ce que vous avez dit de plus profond dans toute votre vie.

SIR COKNEY.

Oui, j'ai comme cela des aperçus. Mais c'est tout naturel

quand on se destine à être homme d'État... A propos de cela, milord, j'ai rempli le message secret dont vous m'aviez chargé hier ; j'ai vu cet étranger, ce personnage mystérieux. Qu'est-ce que c'est que cet homme-là ?

LORD GAGE.

Il suffit.

SIR COKNEY.

Je veux dire que j'ai vu, de votre part, le comte de Gorlitz, qu'il viendra ce matin ici. Votre Excellence est donc prévenue ?

LORD GAGE.

Et je vous préviens, moi, sir Cokney, mon secrétaire intime, que, quand on se destine à être homme d'État, il ne faut point rendre compte tout haut, et devant tout le monde, des missions dont on a pu vous charger secrètement. Celle ci, du reste, est sans aucune importance ; mais vous m'obligerez cependant de n'en parler à personne et d'être à l'avenir plus circonspect.

SIR COKNEY.

Mon Dieu ! milord, c'est vrai ; je n'avais pas pensé... Je crois que Votre Excellence est fâchée.

LORD GAGE.

Nullement ; et la preuve, c'est que je vous laisse avec ma fille, et, auprès d'elle, je vous conseille d'oublier l'homme d'État pour ne montrer que l'homme aimable.

(Il sort par le fond.)

SCÈNE IV.

MISS HENRIETTE, SIR COKNEY.

SIR COKNEY.

Certainement, voilà une autorisation extrêmement flatteuse et à laquelle j'étais loin de m'attendre. Son Excellence est bien bonne de me permettre ainsi d'être aimable.

MISS HENRIETTE.

Je ne pensais pas, monsieur, que vous eussiez besoin de a permission.

SIR COKNEY.

Non, sans doute ; mais de la part de milord, dont les inentions sont toujours diplomatiques, une pareille phrase est une espèce d'encouragement à des idées... car vous devinez bien, miss Henriette, que le désir de me former aux affaires n'est pas le seul objet pour lequel mon père m'envoie en Amérique. Les hommes d'État ne vont pas ordinairement si loin pour apprendre, et cela n'est même pas nécessaire. Moi, d'abord, quand j'en serai là, je ferai comme Son Excellence, je prendrai un secrétaire.

MISS HENRIETTE.

En effet, je vois que cela tient lieu de tout.

SIR COKNEY.

Un bon secrétaire, par exemple, parce que je veux exercer avec distinction ; et comme il n'est point de poste élevé où ne puisse conduire l'alliance de milord, vous concevez, belle miss, que ce n'est pas sans raison que mon père m'a vanté votre esprit, vos brillantes qualités...

MISS HENRIETTE.

Je vous comprends, monsieur ; mais je dois vous dire que, dans vos calculs, il s'est glissé deux grandes erreurs.

SIR COKNEY.

Et lesquelles, s'il vous plaît ?

MISS HENRIETTE.

La première, qui me dispensera peut-être de vous expliquer la seconde, c'est que vous me croyez très-riche ; et je dois vous prévenir que ces richesses sont au moins très-incertaines.

SIR COKNEY.

Comment cela ? N'êtes-vous point la fille de sir Thomas Gage, dont les biens immenses...

time et la considération que l'on doit à... à une fille unique ;
car, quoi que vous en disiez, je vous regarde comme telle,
et ma grande raison, la voici : c'est que, si votre sœur exis-
tait, depuis longtemps elle se serait présentée, parce que
la fille d'un grand seigneur ça se retrouve toujours ; un grand
seigneur ! chacun veut être de sa famille, même ceux qui
n'en sont pas : à plus forte raison...

MISS HENRIETTE, souriant.

Vous croyez ?

SIR COKNEY.

Mais sans doute. Si donc vous n'avez point d'autre raison
à m'opposer...

MISS HENRIETTE.

Je comptais, je l'avoue, sur celle-là ; mais puisqu'elle vous
paraît insuffisante, il faut bien vous en donner une seconde.

SIR COKNEY.

Ah ! oui, vous m'en avez promis deux !

MISS HENRIETTE.

Cette seconde raison, qui me paraît à moi sans réplique,
c'est que je ne me marierai jamais sans aimer mon mari.

SIR COKNEY.

C'est juste.

MISS HENRIETTE.

Et, je ne sais comment vous le dire, mais je vous crois
assez habile pour le deviner ; c'est que, franchement...

SIR COKNEY.

Vous ne m'aimez pas ?

MISS HENRIETTE.

Hélas ! non.

SIR COKNEY.

Cela va sans dire ; je ne peux pas exiger qu'on m'aime
sans me connaître, et je ne le voudrais même pas : je préfère que ce soit avec connaissance de cause. Tout ce que je

vous demande, miss Henriette, c'est la permission de vous faire ma cour, de vous présenter mes hommages et d'espérer qu'un jour peut-être...

MISS HENRIETTE.

Comme vous voudrez, monsieur, je ne puis vous en empêcher, ni répondre de l'avenir ; mais j'ai cru d'avance devoir vous parler avec franchise, pour ne point donner à un galant homme, à un ami de ma famille, le droit de m'accuser de coquetterie, et surtout pour ne point faire perdre à un secrétaire d'État un temps précieux qu'il peut mieux employer.

(Elle fait la révérence, et rentre dans son appartement.)

SCENE V

SIR COKNEY, seul.

Eh bien, tout en se défendant de coquetterie, il y en a beaucoup dans ce qu'elle dit là, parce qu'enfin : « Je ne réponds pas de l'avenir, » cela signifie : « Je ne suis pas sûre de mon indifférence... voyez, essayez de me plaire. » Au fait, c'est ce qu'elles disent toutes, et il paraît que c'est en Amérique comme à Londres. Hein ! qui vient là ? Cet étranger... c'est le comte de Gorlitz... Je suis pour ce que j'en ai dit : il a certainement une physionomie singulière.

SCÈNE VI.

SIR COKNEY, ZAMBARO, entrant par le fond.

ZAMBARO, après avoir salué.

Si je ne me trompe, c'est vous, monsieur, qui êtes passé hier soir à mon hôtel ?

SIR COKNEY, d'un air important.

Oui, monsieur.

ZAMBARO.

C'est vous qui m'avez prié, de la part de Son Excellence, de me présenter aujourd'hui, à dix heures, à sa maison de campagne, à deux lieues de Boston?

SIR COKNEY.

Tous les faits que vous citez sont de la plus grande exac‧titude.

ZAMBARO.

Quoiqu'un pareil ordre, ou une pareille invitation, ait lieu de m'étonner, j'ai bien voulu m'y rendre. Me voici, que me veut-on, monsieur?

SIR COKNEY.

D'après mes instructions, je vais avertir Son Excellence.

ZAMBARO.

Il n'est pas nécessaire. Je veux savoir auparavant dans quel dessein on m'a appelé ici.

SIR COKNEY.

Puisque vous insistez, monsieur, je vous dirai officielle ment que l'on veut vous parler, que l'on a à vous parler. Le reste, vous le saurez plus tard; et je vous apprendrai seule‧ment qu'un secrétaire intime n'a pas l'habitude de rendre compte tout haut, et devant tout le monde, des missions secrètes dont on a pu le charger. Voici Son Excellence.

SCÈNE VII.

LES MÊMES; LORD GAGE.

SIR COKNEY, allant au-devant de lui.

M. le comte de Gorlitz, qui a l'honneur de se rendre à vos ordres, et j'ose espérer que, cette fois, la discrétion dont j'ai fait preuve ne me vaudra que des éloges.

LORD GAGE.

Il suffit, laissez-nous. (Lui remettant un papier.) Préparez cct ordre, je le signerai.

(Sir Cokney prend le papier et entre dans le cabinet de milord.)

SCÈNE VIII.

ZAMBARO, LORD GAGE.

LORD GAGE, regarde Zambaro un instant en silence et avec la plus grande attention.

C'est bien lui que j'ai vu l'autre jour au bord de la mer. (Il s'assied, fait signe à Zambaro de s'assęoir et le regarde encore avec une attention plus marquée.)

ZAMBARO, embarrassé.

Puis-je savoir, milord, ce qui me vaut de votre part un pareil examen?

LORD GAGE.

Je voudrais d'abord, monsieur, savoir au juste quel est votre nom?

ZAMBARO.

Milord, une pareille question.

LORD GAGE.

Répondez.

ZAMBARO.

Je suis le comte de Gorlitz, et, n'étant ni Anglais ni Américain, je ne vois point de quel droit vous m'interrogez ainsi.

LORD GAGE.

J'ai le droit de surveiller les démarches d'un étranger, quand elles me sont suspectes, surtout quand cet étranger se présente sous un nom supposé et se pare d'un titre qui ne lui appartient pas.

ZAMBARO.

Qu'osez-vous dire?

LORD GAGE.

On vous nomme Zambaro, et vous êtes Bohémien.

ZAMBARO.

Milord!...

LORD GAGE.

Je n'en doute plus maintenant, vous pouvez vous lever. (Zambaro se lève, et lord Gage reste assis.) Jeune encore, dans les guerres d'Allemagne, vos talents et votre audace vous ont acquis un nom plus célèbre qu'honorable, et l'on dit que les généraux de Marie-Thérèse vous ont dû plus d'un succès.

ZAMBARO.

Dès que les qualités sont connues, je n'ai rien à cacher à Votre Excellence. Oui, milord, chacun a sa manière d'être utile à son pays. Allemand, j'ai servi le mien pendant la guerre, et au péril de mes jours, en pénétrant les desseins et les plans de nos ennemis, en surprenant leurs secrets. D'autres font la même chose en temps de paix ; mais on leur accorde un autre nom, de la considération, un traitement honorable et une mort paisible. A nous, rien de tout cela. Voilà la différence... et la justice des hommes.

LORD GAGE.

S'il y avait une justice, tu n'existerais plus.

ZAMBARO.

Comme Votre Excellence voudra. Un peu plus tôt, un peu plus tard, ça ne peut pas me manquer. Ainsi, peu m'importe, ma vie est entre vos mains.

LORD GAGE.

Et que veux-tu que j'en fasse?

ZAMBARO.

Vous êtes bien difficile, ou bien généreux. Le grand Frédéric, qui se connaissait en mérites et en hommes, avait mis

ma tête à prix, et l'avait estimée vingt mille écus. Votre Ex
cellence en connaît-elle beaucoup qui valussent une pareille
somme?

LORD GAGE, à part.

Où va se loger l'amour-propre de métier! en voilà un qui
est fier du sien. (Haut.) Pour calmer ta crainte ou ton orgueil,
réfléchis seulement que, si j'avais eu l'intention que tu me
supposes, je n'aurais pas pris la peine de te faire venir ici
secrètement.

ZAMBARO.

C'est vrai : le raisonnement est juste. Que veut de moi
Votre Seigneurie?

LORD GAGE.

Savoir ce qui t'amène à Boston ; car tu n'as pas quitté
l'Europe sans dessein.

ZAMBARO.

Votre Excellence ne me croira pas ; et cependant, vrai
comme il faut être pendu un jour, je ne suis venu ici que
pour une affaire particulière, où la politique n'entre pour rien.

LORD GAGE.

Et quelle est cette affaire? Songe à ne pas me tromper.

ZAMBARO.

Je n'ai garde, car je n'y ai aucun intérêt. Je n'ai d'autre
parent que mon frère aîné Herman Zambaro, Bohémien
comme moi, et chef de notre tribu. La paix, qui enrichit tout
le monde, nous avait ruinés. Les armées autrichiennes, in-
grates de leur nature, s'étaient fort mal conduites à notre
égard ; les généraux surtout, accablés d'honneurs et de pen-
sions, avaient fini par se persuader qu'ils avaient remporté
leurs victoires à eux tout seuls, et ne nous avaient point
accordé, dans la récompense, la part que nous avions eue
dans le succès. Je n'aspirais qu'à prendre ma retraite, lorsque mon frère me dit : « Tu as raison, abandonnons la car-
« rière militaire, où il y a trop de périls, et pas assez de

MISS HENRIETTE.

Oui, monsieur : fille d'un second mariage ; toute la fortune de milord vient de sa première femme, une Anglaise, qui lui avait laissé une fille... une fille qu'il adorait et qu'il regrette sans cesse.

SIR COKNEY.

Je le sais comme vous, miss Henriette ; mais, attendu qu'elle est morte

MISS HENRIETTE.

Et si elle ne l'était pas ?

SIR COKNEY.

Qu'est-ce que cela veut dire ? Et où est-elle ?

MISS HENRIETTE.

C'est ce que nous ignorons ; mais il y a quinze ou seize ans, lors de son ambassade en Allemagne, mon père avait laissé Clara, encore enfant, dans un château qui a été la proie d'un incendie. L'appartement que ma sœur occupait n'avait pas même été atteint par les flammes, et cependant elle avait disparu. Des vagabonds qui couraient le pays ont été soupçonnés d'avoir mis le feu au château, dans l'intention de le piller. On les a poursuivis sans succès, et vingt fois mon père s'est vu sur le point de découvrir la vérité. Mais, quoique jusqu'à présent les recherches les plus actives aient été infructueuses, il n'a jamais abandonné l'espoir de retrouver sa fille, et je vous dirai même, sans accuser ici sa tendresse, que cette fille absente, inconnue, lui est beaucoup plus chère que celle qui n'a jamais quitté ses yeux, et qu'à chaque instant il s'attend à la voir reparaître. D'après cela, monsieur, vous voyez que, malgré les éloges qu'on vous a faits de moi, je n'ai qu'un mérite conditionnel, subordonné aux circonstances, et qu'en un mot il y a beaucoup à rabattre de vos espérances et de mes bonnes qualités.

SIR COKNEY.

En aucune façon, belle miss ; j'ai toujours pour vous l'es-

« profits. Je médite, avec un simple particulier, une entre-
« prise qui doit nous enrichir à jamais. Je pars pour Londres ;
« et, dès qu'il le faudra, sois prêt à me rejoindre. » Il m'é-
crivit quelque temps après qu'il m'attendait, non à Londres,
mais à la Nouvelle-Angleterre, où cette fois la fortune nous
préparait le sort le plus brillant. Il m'y donnait rendez-vous
à l'hôtel de la *Couronne*, près Boston. Je partis aussitôt, et,
quand j'arrivai dans ce pays, il n'y avait pas paru. Personne
n'avait entendu parler du Bohémien Zambaro... et je suis le
premier à solliciter les recherches les plus actives, autant
pour m'instruire du sort de mon malheureux frère, que pour
convaincre Votre Excellence de la vérité de mon récit.

LORD GAGE.

Maintenant je n'en doute plus... (Il se lève.) Mais dans le
cas où ce frère n'existerait plus, ce qui me paraît probable...

ZAMBARO.

Quoi ! milord, vous croyez ?... Ce pauvre Herman... qui
m'aurait dit qu'il mourrait... là, tout simplement !...

LORD GAGE.

Quelles seraient alors tes intentions ?

ZAMBARO.

De quitter au plus vite ce maudit pays. Malheureusement,
je ne sais comment suffire aux frais du voyage ; car, espérant
trouver ici la fortune, je ne l'ai pas amenée avec moi.

LORD GAGE.

Elle peut se présenter à tes veux plus brillante que jamais.

ZAMBARO.

Que dites-vous, milord ?

LORD GAGE.

Ton regard habile et exercé n'a-t-il pas déjà saisi la position de ce pays ? Ne t'es-tu pas aperçu de l'espèce d'inquiétude
qui s'est emparée de toutes les têtes ? Partout on parle de
réforme, de scission avec la métropole, d'indépendance de
cette colonie. Ce sont les mots d'ordre de quelques jeunes

LORD GAGE.

Oui, sir Cokney. Et en même temps vous servirez de chevalier à ma fille et à sa mère, qui n'est pas bien portante,
et qui sera mieux à la ville.

SIR COKNEY.

Deux missions à la fois, l'ordre au commandant, la main à
ces dames ; Votre Excellence peut être sûre que je m'ac-
quitterai de tout avec le même zèle, la même discrétion...

LORD GAGE.

J'y compte. (A part.) Excellent moyen pour m'en débarrasser. (Haut.) Sir Cokney, je vous souhaite un heureux voyage.

SIR COKNEY.

C'est fini ! Son Excellence ne peut plus se passer de moi,
et me voilà en faveur.

(Lord Gage sort par le fond, et sir Cokney rentre dans le cabinet de
milord.)

ACTE DEUXIÈME

Un appartement de l'auberge de *la Couronne*. Une salle commune à tous les voyageurs. Porte au fond ; et, de chaque côté de cette porte, croisées donnant sur la mer. Portes latérales conduisant à différentes chambres. Sur le devant de la scène, à droite de l'acteur, une table avec une carte géographique. Dans le fond, et du même côté, un guéridon chargé de porcelaines.

SCÈNE PREMIÈRE.

LIONEL, sans uniforme, une lorgnette à la main, et regardant par la croisée du fond.

Je ne me trompe pas, c'est un vaisseau français ; il s'est détaché du reste de la flotte, et depuis une heure il a jeté l'ancre. Si c'était M. de Courville ?... s'il m'attendait ? Mais comment me rendre à bord sans attirer sur moi l'attention de nos ennemis ? D'ailleurs ma présence est nécessaire ici... si je n'y suis pas, je les connais, on hésitera encore. Le gouverneur a déjà des soupçons ; le moindre délai peut renverser nos desseins et ruiner à jamais la cause la plus noble et la plus juste. (Se promenant avec agitation.) Ah! quel tourment! quel supplice que l'incertitude! Chaque instant d'attente abrége ma vie, et il faut encore affecter un visage serein, quand mille craintes viennent m'assaillir. Ah! que les dangers du champ de bataille sont préférables!... Des dangers qu'on affronte, une mort glorieuse qu'on n'est pas obligé d'attendre... Quel est ce bruit? Ce jeune Arthur Winkerton... Qu'est-ce qu'un pareil étourdi vient faire ici? (Il s'assied près de la table et prend un livre.) Il a pour moi une telle amitié que je ne pourrai plus m'en débarrasser.

SCÈNE II.

LIONEL, ARTHUR.

ARTHUR, à la cantonade et tenant à la main un paquet cacheté.

A moi, une semblable commission ; je le veux bien, mais du diable si jamais je m'en acquitte... Que vois-je ! notre colonel !

LIONEL.

Lui-même, mon cher Arthur ; à qui en avez-vous donc ?

(Il se lève.)

ARTHUR.

Rien ; un service que maître Williams me prie de lui rendre ; et j'y consens parce que c'est un honnête aubergiste, qui rançonne les Anglais et fait crédit à nos compatriotes. Aussi je dîne souvent chez lui, et on y dîne bien : jamais de mets étrangers ; un homme qui a une opinion et une cuisine américaines... Or, voici des papiers qu'un capitaine de vaisseau lui a remis depuis trois jours sans qu'on soit venu les réclamer, et Williams me prie de m'informer moi qui connais toute la ville... c'est vrai, je connais à peu près tout le monde, le beau monde, mais pas des Bohé miens... *Pierre Zambaro*, avez-vous quelque idée de cela ?

LIONEL.

Aucune.

ARTHUR.

Et dites-moi alors, colonel ?...

LIONEL.

Silence donc. Il n'est pas nécessaire de parler si haut, et je désire que, dans cette auberge, on ne sache pas qui je suis.

ARTHUR, mettant le paquet dans sa poche.

C'est différent ; je comprends... il y a du mystère, quel-

que rendez-vous, quelque galante aventure qui demande l'in
cognito ; car, vous, colonel, vous êtes un amateur décidé?

LIONEL.

Quand il serait vrai, est-ce trop présumer de vous que de
compter sur votre discrétion?

ARTHUR.

Non, sans doute ; je ne dis jamais rien des secrets des
autres. Pour les miens, c'est différent, c'est connu, tout le
monde les sait. Mais, en vérité, je ne vous conçois pas.
Comment faites-vous pour adresser ainsi vos hommages à
toutes les femmes? pour passer vos jours dans les fêtes et
dans les plaisirs? Est-ce que cela ne vous ennuie pas, vous,
Lionel Lincoln, notre commandant?

LIONEL.

Non, vraiment, et vous-même qui parlez?...

ARTHUR.

Oui, autrefois... je ne dis pas ; mais maintenant je n'en ai
plus le courage ; et depuis la dernière infidélité que j'ai éprouvée...

LIONEL.

Il serait possible!

ARTHUR.

Ce n'est pas pour la chose en elle-même ; je sais ce que
c'est, j'y suis fait. Qu'on soit trahi pour un ami, pour un naturel du pays, c'est trop juste ; mais pour un habit rouge,
pour un lord!...

LIONEL.

Quoi ! celle que vous aimiez ?

ARTHUR.

Oui, morbleu ! un rival galonné qui arrive de la Grande-
Bretagne pour me supplanter. Des étrangers qui nous mépri
sent, qui nous traitent de commerçants, et prétendent que
les Américains ne sauraient point manier une épée!... Qu'ils

aillent le demander à lord Ruthwen, qui, lorsque je buvais hier à la prospérité de l'Amérique, a refusé de répondre à mon toast.

LIONEL.

Quelle imprudence ! et que lui avez-vous dit ?

ARTHUR.

Rien, je l'ai tué ce matin, à cinq heures, derrière les remparts de Boston.

LIONEL.

Malheureux ! qu'avez-vous fait ?

ARTHUR.

J'ai donné l'exemple, et vous devriez le suivre, vous qui, par votre grade et vos richesses, exercez dans ce pays une influence que, par malheur, je n'ai pas. Mais au lieu de penser à sa patrie, Lionel ne songe qu'à ses plaisirs ; il s'occupe d'intrigues amoureuses.

LIONEL.

Et qui vous fait présumer que ma patrie me soit moins chère qu'à vous ? qui vous dit que dans ce moment même je ne cherche point à la délivrer ?

ARTHUR.

S'il en est ainsi, prouvez-le nous ; faites sonner le tocsin, montons à cheval, et en avant : tout le régiment nous suivra.

LIONEL.

Pour exposer ces braves gens à une perte certaine.

ARTHUR.

Qu'importe !

LIONEL.

Et qui vengera notre pays ? qui le rendra libre et heureux ? C'est peu de mourir pour lui ; il faut encore que cette mort lui soit utile ; et s'il n'avait fallu que du courage... vous connaîtriez déjà nos desseins...

ARTHUR.

Que dites-vous?

LIONEL.

Qu'il faut savoir attendre et se taire; qu'il faut surtout de la prudence, et je crains moi-même d'en manquer, en vous révélant des secrets que votre audace peut trahir. Mais le moment approche, et vous avez des droits à notre confiance, comme à nos dangers!

(Il va fermer la porte du fond.)

ARTHUR.

Parlez vite.

LIONEL.

Pouviez-vous croire, Arthur, qu'indifférent sur le sort de notre belle patrie, je la verrais d'un œil tranquille opprimée par ceux même dont l'intérêt était de la défendre? Depuis longtemps nous nous réunissions avec des amis, des compatriotes, Adams, Jefferson, Franklin, Washington, des jeunes gens, inconnus comme moi, et qui n'ont jusqu'ici d'autre mérite que leur amour pour leur pays. Nous nous bornions d'abord à faire des vœux pour lui; mais depuis ces édits tyranniques, depuis que le parlement, oubliant que nous faisons partie de la nation, se croit le droit de nous traiter en sujets conquis, nous avons pensé qu'il ne s'agissait plus de plaindre notre malheureux pays... et, ce que vous méditez, nous l'avons déjà exécuté en partie. Dans chaque province, les amis dont je vous parlais ont préparé les esprits. A Boston, c'est moi qui me suis chargé du succès de l'entreprise· j'y ai consacré la fortune de ma mère, la mienne, et j'y sacrifierai, s'il le faut, ma vie et mes plus chères affections.

ARTHUR.

Et quand viendra ce moment? quand devons-nous immoler nos oppresseurs? Moi, je suis Américain dans l'âme. Je descends, je crois, des Natchez, des Mohicans, et tous les moyens me semblent bons pour chasser les étrangers de cette terre qui nous appartient.

LIONEL.

La France, qui nous protége en secret, nous a promis son appui ! Impatiente de combattre pour nous, une noble jeunesse n'attend que le signal pour voler sur nos bords. Le roi lui-même, le plus vertueux des hommes, prend intérêt à notre cause. On m'avait annoncé que, sous prétexte de voir quelques parents qu'il a à Boston, M. le baron de Courville, un Français, devait se rendre ici, et s'entendre avec nous ; mais il n'a point paru : les jours s'écoulent ! nos ennemis peuvent tout découvrir !

ARTHUR.

Et de combien de temps encore voulez-vous différer ? Quand arriveront les secours qui vous sont promis ?

LIONEL.

Aujourd'hui peut-être !... (Il le conduit vers la fenêtre à droite.) Tenez, regardez ce vaisseau qui est en rade.

ARTHUR.

Quel bonheur ! un pavillon blanc !

LIONEL.

Là sont les nouvelles que nous attendons. (Il revient sur le devant de la scène avec Arthur, qui se trouve alors à sa droite.) Mais je ne puis me rendre à bord sans éveiller les soupçons, et si je suis arrêté, séparé des amis dont je suis le chef...

ARTHUR.

Eh bien ! moi, dont l'absence ou la perte ne doit rien compromettre, donnez-moi vos ordres, j'irai à bord ce matin même.

LIONEL.

Un officier de mon régiment ! y pensez-vous ?

ARTHUR.

Je prendrai un habit de matelot... une barque ; je passerai sans être vu sous le canon du fort.

LIONEL.

Et si on vous hêle ?

ARTHUR.

Je ne répondrai pas.

LIONEL.

S'ils tirent sur vous?

ARTHUR.

Ils me manqueront. Enfin, ce sont mes affaires, cela me
regarde. Je vous réponds d'avance d'arriver au vaisseau français, quand je devrais m'y rendre à la nage. Pour nous
autres sauvages de l'Orénoque, ce sont des expéditions toutes
naturelles. Écrivez vos dépêches, dans deux heures vous
aurez la réponse.

LIONEL.

Vous le voulez, Arthur? soit. Attendez ici; je reviens à
l'instant.

(Il entre dans la chambre à gauche.)

SCÈNE III.

ARTHUR, seul.

Et moi qui l'accusais d'indifférence! qui ne le croyais occupé que de plaisirs! C'est très-adroit à lui, et je suivrai
son exemple, par politique et par goût; sans compter qu'un
conspirateur doit toujours se dépêcher de s'amuser, et pour
cause : on ne sait pas ce qui peut arriver. (Regardant à la fenêtre
de gauche.) Eh! mais une voiture s'est arrêtée à la porte... un
monsieur en descend, un monsieur en habit bleu, une espèce de
marin, et une jeune dame l'accompagne. Quelle taille char
mante! quelle élégance dans ses manières! Allons, allons, je
peux être galant sans manquer à mes principes; car celle-
là, à coup sûr, n'est point une Anglaise.

SCÈNE IV.

ZAMBARO, BATHILDE, conduits par **JAK ; ARTHUR.**

JAK, à Zambaro et à Bathilde.

Par ici, par ici.

(Il sort.)

ZAMBARO.

Comment, morbleu! tout est pris ; il v a donc ici bien du monde ? (A Arthur.) Serviteur.

ARTHUR, saluant Bathilde, qui lui rend son salut.

Je vois que madame n'a pu trouver d'appartement.

BATHILDE.

Non, monsieur, et il nous faut attendre dans cette salle qui est commune à tous les voyageurs.

ZAMBARO.

Comme c'est commode! Je ne parle pas pour moi, je suis fait à coucher en plein air, et, à mon bord, je ne bouge pas du tillac, mais c'est pour ma nièce.

ARTHUR.

Je suis désolé d'un pareil contre-temps, et si j'osais... je proposerais à madame de lui céder l'appartement qui m'est échu en partage, appartement bien modeste, et peu digne de lui être offert ; mais enfin...

BATHILDE.

Vous êtes trop bon, monsieur, je ne veux pas abuser de votre complaisance ; et un tel service...

ARTIIUR.

En l'acceptant, madame, c'est à moi que vous en rendrez un ; c'est déjà un plaisir que d'être agréable à une jolie femme ; et qui sait? c'est peut-être un calcul de ma part ; vous voilà mon obligée ; et comme telle, vous me devez de la reconnaissance ; je dis une reconnaissance relative.

BATHILDE.

Et voilà justement, monsieur, ce qui m'engagerait à refuser.

ZAMBARO, passant entre Arthur et Bathilde.

Eh! morbleu! que de cérémonies! je n'entends rien à vos compliments. Monsieur est honnête et galant, il ne fait que son devoir; il t'offre son appartement, ça te convient, ça t'arrange; remercie-le, et n'en parlons plus. Nous acceptons, monsieur, et que ça finisse.

ARTHUR, à part.

Voilà un marin passablement brutal! (Haut à Bathilde.) Vous me permettrez du moins de me présenter, non plus chez moi, mais chez vous, pour vous offrir mes hommages, et cultiver la connaissance de monsieur votre oncle.

ZAMBARO.

Non, monsieur. Je viens ici pour mes affaires; je n'aime pas le monde, la société... Désolé si ma franchise vous déplaît, je suis comme cela, et ce que je pense, je le dis tout haut. J'aime donc mieux être seul; mais ma nièce, c'est différent, elle est sa maîtresse, et vous savez que les Françaises n'ont jamais détesté les compliments.

(Il reprend sa place à droite.)

ARTHUR.

Madame est Française! je m'en doutais! Madame se rend à Boston? elle ne connaît pas sans doute la ville, ni les sociétés. J'y suis, j'ose le dire, assez répandu; j'y jouis de quelque considération; les Dragons de Virginie sont, en général, très-bien vus; c'est mon régiment.

ZAMBARO, bas.

C'est Lionel.

ARTHUR.

Et je serai trop heureux, si vous daignez me permettre de vous présenter... de vous servir de chevalier.

SCÈNE V.

LES MÊMES ; LIONEL, tenant une lettre à la main.

LIONEL, à part.

Ce pauvre Arthur doit être d'une impatience... (Voyant Arthur qui cause avec Bathilde.) Eh! mais il me semble qu'il a trouvé moyen de s'occuper.

(Il lui frappe légèrement sur l'épaule.)

ARTHUR, se retournant et l'apercevant.

Ah! vous voilà, mon ami; une aventure délicieuse, une femme charmante.

LIONEL, bas, lui remettant une lettre.

La barque est prête à partir à l'instant.

ARTHUR.

Vous restez, vous êtes bien heureux; je vous laisse ici pour me remplacer.

BATHILDE.

Monsieur s'éloigne?

ARTHUR.

Oui, madame.

BATHILDE, bas à Zambaro.

Et avec une lettre.

ZAMBARO.

C'est vrai; je ne l'avais pas vue.

LIONEL, regardant Bathilde et passant auprès d'elle.

Eh! mais, si je ne me trompe, ces traits si distingués ne me sont pas inconnus, et j'ai déjà eu, je crois, le plaisir de voir madame.

ARTHUR.

Comment!

LIONEL.

Oui, oui.

ZAMBARO, à part.

Ah! mon Dieu! mauvaise rencontre!

BATHILDE.

Je ne le pense pas, monsieur; du moins j'ignore en quelle
occasion.

LIONEL.

Une occasion fort indifférente pour vous. Je marchais, il
y a quelques jours, dans une rue de Boston, et, fort préoccupé, je n'apercevais pas un char rapide qui s'avançait vers
moi, lorsqu'un cri de femme m'avertit du danger qui me
menaçait. Je levai les yeux, pour remercier cette voix pro-
tectrice...

ARTHUR.

Quoi! c'était cette belle inconnue, dont vous nous avez
parlé toute une soirée! Moi, qui me croyais le premier en
date, moi, qui avais déjà des idées sérieuses.

BATHILDE, souriant.

Vous êtes bien bon.

LIONEL.

Quelle folie! y pensez-vous?

ARTHUR.

Ah! mon ami, c'est bien différent, c'est une Française; et,
dans ce moment, nous avons des raisons pour aimer tout ce
qui vient de la France.

LIONEL, bas.

Imprudent!

ARTHUR, de même.

Eh! mais sans doute, nos modes, nos parures, tout ce qui
est bien nous vient de Paris. On nous croit colonie anglaise,
erreur! colonie parisienne, et pas autre chose, du moins s'il
ne tenait qu'à nous.

LIONEL.

Encore, morbleu!

ARTHUR, à voix basse.

C'est vrai, c'est plus difficile que je ne croyais. Pardon, mon colonel, je pars ; vous serez content de moi. (A Zambaro.) Je m'absente pour quelques heures, monsieur ; et je vais vous faire remettre la clef de cet appartement qui maintenant est à vous.

ZAMBARO.

Volontiers ; je vais tout disposer. (Bas à Bathilde.) Tu sais ce que je t'ai dit ?

BATHILDE.

Comptez sur moi.

ZAMBARO, se tournant vers Arthur.

Allons, mon officier.

ARTHUR.

Allons, mon capitaine, à la grâce de Dieu, et sous votre conduite.

(Arthur et Zambaro sortent par le fond, Lionel les suit quelque temps des yeux avec inquiétude.)

BATHILDE, à part.

Nons aurons de la peine ; n'importe ; essayons.

(Elle prend une chaise et s'assied.)

SCÈNE VI.

LIONEL, BATHILDE.

LIONEL, à droite, regarde Bathilde, prend une chaise qu'il place à côté d'elle, mais ne s'assied pas.

Je suis bien heureux, madame, que l'absence de mon ami et de votre oncle me permette de vous tenir compagnie.

BATHILDE.

Je vous suis obligée, monsieur ; mais je vous dirai...

(Elle lève les yeux et voit que Lionel, debout et préoccupé, ne l'écoute plus.)

LIONEL, regardant vers le fond, et à part.

Pourvu qu'il ne rencontre point d'obstacle. Tout à l'heure déjà la mer était houleuse ; j'ai vu des nuages à l'horizon, et si le vent de terre s'élevait...

BATHILDE.

Monsieur, monsieur...

LIONEL.

Pardon, madame, vous m'adressiez la parole ?

(Il s'assied auprès d'elle.)

BATHILDE.

Moi, monsieur, je serais désolée de vous déranger de vos réflexions ; mais je me disais qu'il était fort heureux que vous ne fussiez pas en ce moment dans les rues de Boston ; vous y auriez couru un bien autre danger que celui dont j'ai été assez heureuse pour vous préserver.

LIONEL.

Vous avez raison, et je ne sais comment justifier une distraction sans excuse, surtout auprès de vous.

BATHILDE.

Pourquoi donc, quand on y est sujet ?

LIONEL.

En aucune façon, et l'objet d'ailleurs en était si peu important !

BATHILDE.

C'était, peut-être, le même que l'autre jour. Vous allez me trouver bien curieuse ; mais j'ai presque acquis le droit de vous demander à quoi vous rêviez dans ce moment-là ?

LIONEL.

A quoi je rêvais ?... Après vous avoir quittée, il me serait facile de vous le dire.

BATHILDE.

Monsieur...

LIONEL.

Pourrai-je jamais m'acquitter envers vous?

BATHILDE.

Peut-être ; qui sait ? J'ai presque un service à vous demander, et, si je ne craignais d'être indiscrète...

LIONEL.

Parlez, je vous en conjure... Eh bien, madame?

BATHILDE.

Eh bien ! monsieur, ce que j'ai à vous dire va peut-être
vous paraître fort extraordinaire ; c'est pour cela, je crois, qu'il
vaut mieux agir avec franchise et vous confier ce dont il
s'agit. Je connais une personne... une dame, qui veut beaucoup de bien à votre ami, ce jeune militaire, qui sort d'ici ;
mais il est inutile de lui en parler : il se croirait destiné aux
grandes aventures, et comme ce sont simplement des infor-
mations que l'on désirerait prendre sur lui...

LIONEL.

J'y suis ; il s'agit d'un mariage.

BATHILDE.

Je ne dis pas cela ; mais on voudrait connaître ses amis
intimes.

LIONEL.

Moi d'abord.

BATHILDE.

C'est sa meilleure caution ; mais les sociétés, les maisons
qu'il fréquente?

LIONEL.

Sir Albermal Elmwood, sir Cleveland Hutkinson...

BATHILDE.

Ah ! mon Dieu ! quels noms ! je ne les retiendrai jamais.
Voudriez-vous bien me les écrire?

LIONEL.

Volontiers. (Regardant les tablettes qu'elle lui donne.) Les tablettes
d'une jolie femme, ce doit être bien précieux !

BATHILDE.

Nullement, un journal de voyage.

LIONEL.

Il doit contenir cependant...

BATHILDE.

Quelques notes, quelques observations sur ce qui m'arrive,
mon opinion sur les personnes que je rencontre.

LIONEL, lui rendant les tablettes.

Je voudrais bien le lire, ce soir.

BATHILDE.

Mais peut-être n'y mettrai-je rien.

LIONEL.

C'est peu flatteur pour moi.

BATHILDE.

Au contraire; un souvenir, c'est pour se rappeler, et peut-
être n'en aurai-je pas besoin.

LIONEL.

Eh ! quoi, madame ?...

BATHILDE.

Revenons à votre ami. Hier, dit-on, il est rentré fort tard ·
vous voyez qu'on s'inquiète aisément. Aujourd'hui il se trouve
secrètement dans cette auberge, à une lieue de la ville; ne
doit-on pas craindre qu'une autre liaison, que quelque infidélité... Bien entendu que si c'est pour tout autre motif, nous
ne demandons rien, nous ne voulons rien savoir, et nous
sommes tranquilles.

LIONEL, souriant.

A mon tour, madame, permettez-moi une seule observa-
tion. C'est moi, peut-être, que vous allez trouver bien indis-

cret ; mais ne seriez-vous pas vous-même ette personne
mystérieuse qui veut du bien à mon ami?

BATHILDE.

Moi, monsieur ! vous pourriez supposer ! Je vois que vous
ne me connaissez pas. Je n'ai jamais compris un pareil sentiment, ou plutôt une pareille faiblesse ; jamais, du moins je
crois pouvoir en répondre, jamais je n'aimerai personne.

(Ils se lèvent.)

LIONEL.

Et pourquoi donc, madame? Voilà une déclaration d'indépendance contre laquelle nous réclamerons.

BATHILDE.

Est-il donc si étonnant, monsieur, qu'on chérisse la liberté?
qu'on veuille la conserver?

LIONEL, vivement.

Non, sans doute : pour nous, du moins, qui devons avant
tout... (Se reprenant et souriant.) Mais vous, madame, c'est si différent ; nos situations se ressemblent si peu ; et quelles que
soient vos idées à cet égard, de tous les devoirs, il n'en est
point, selon moi, de plus doux et de plus respectable que ceux
d'épouse et de mère, liens sacrés de la famille, qui bientôt
forment ceux de la patrie et nous attachent au sol qui nous
a vus naître. Dans ce pays encore nouveau, si vous aviez
été témoin du bonheur de nos ménages, si vous aviez vu
nos jeunes filles, chéries comme amantes, estimées comme
épouses... si, assez heureux pour vous connaître, j'avais pu
vous présenter à ma mère ; vous l'auriez vue, au milieu de
nous, souveraine adorée, nous prêcher l'amour de l'honneur
et de notre pays, qui se confondent dans nos cœurs avec
notre amour pour elle!... Et ce bonheur intérieur, cette estime générale, cette considération, premier besoin d'une âme
noble et généreuse, qui, plus que vous, madame, serait destinée à l'appeler autour d'elle?... Eh ! mais, qu'avez-vous?

BATHILDE.

Rien, monsieur; j'avoue que vous venez d'offrir à mes
yeux un tableau nouveau pour moi, et un bonheur, si c'en
est un, auquel il ne m'est plus permis d'aspirer.

LIONEL.

Qu'ai-je fait! Je comprends : on a enchaîné votre destinée,
votre avenir, vous n'êtes plus libre?

BATHILDE.

Oui, c'est cela même; je ne suis plus libre de revenir sur
mes pas, ni de changer mon sort. Mais, n'en parlons plus, je
vous prie; recevez mes remerciements, et comme il est probable que je ne dois plus vous revoir...

LIONEL.

Quoi! madame, vous vous éloignez, vous nous quittez?

BATHILDE.

Oui, monsieur.

LIONEL.

Eh bien! une dernière grâce. Que je sache au moins qui
vous êtes; vous ne pouvez me refuser... Vous hésitez? Cette
demande-là même est-elle indiscrète?

BATHILDE.

Non, sans doute; mais il me paraît singulier que ce soit
vous, monsieur, qui m'interrogiez, quand j'ignore moi-même
votre nom.

LIONEL.

Lionel Lincoln.

BATHILDE.

Ciel!...

LIONEL.

Colonel aux dragons de Virginie.

BATHILDE.

Quoi! ce Lionel que je voulais connaître!

LIONEL, avec joie.

Que dites-vous ? Il serait possible !

BATHILDE.

Non, non, monsieur. Je voulais dire seulement que ce nom avait souvent frappé mes oreilles, et que je l'avais toujours entendu citer avec tant d'éloges...

LIONEL.

Il n'était pas digne d'un tel honneur, ou du moins jusqu'ici il ne l'avait pas encore mérité ; mais un jour viendra peut-être où ce nom ignoré brillera de quelque éclat. Alors, j'aurai assez vécu ; alors, je ne demande plus rien que de mourir au milieu de mes soldats, et dans un jour de victoire.

BATHILDE.

Quoi ! ce sont là tous vos vœux ? votre unique ambition ? et vous ne regretterez rien ?

LIONEL.

Non ; si d'autres me regrettent... et si vous-même, madame...

BATHILDE.

On vient... C'est mon oncle !

SCÈNE VII.

LES MÊMES ; ZAMBARO.

ZAMBARO, à Bathilde.

Voici les clefs de notre appartement ; tout est prêt, et quand tu voudras...

BATHILDE.

Oui, mon oncle.

ZAMBARO.

Mais je voulais te dire...

LIONEL, s'éloignant.

Comment donc, que je ne vous gêne pas.

(Il s'approche de la table et regarde sur une carte.)

ZAMBARO, bas à Bathilde.

Notre jeune officier a dirigé ses pas du côté du port, je l'ai suivi de loin ; mais il a disparu à mes yeux. Toi, tu as été plus heureuse, tu as sans doute des renseignements ?

BATHILDE.

Aucun ; impossible de rien apprendre.

ZAMBARO.

Et son ami, ce monsieur avec qui tu viens de causer, sais-tu au moins qui il est ?

BATHILDE.

Non, mon oncle, non, je ne sais rien.

ZAMBARO.

Tu as donc bien peu d'esprit aujourd'hui? Je ne te dis pas cela pour te gronder, tu sais que je ne te gronde guère... mais voilà une affaire digne de moi, et il faudra que je m'en mêle.

BATHILDE.

C'est inutile, vous ne réussirez pas.

(Le jour s'obscurcit, on voit quelques éclairs.)

ZAMBARO.

Oh ! je ne me décourage pas facilement; je vais retrouver mon jeune homme, et... (Remontant le théâtre et regardant par la croisée à droite.) Ah ! diable, voilà un grain qui s'élève, la mer devient mauvaise...

LIONEL, qui est près de la table. courant à la croisée.

Que dites-vous ?

ZAMBARO.

Je dis, morbleu! que je m'y connais, et que dans ce moment-ci je ne voudrais pas être près de la côte ; et tenez, tenez, voilà un vaisseau qui semble profiter de mon avis, car il gagne le large... Eh! mais je ne me trompe pas, c'est un bâtiment français; n'est-il pas vrai?

LIONEL, à la croisée.

Oui, je le pense comme vous... mais le vent s'élève, la tempête se déclare.

ZAMBARO.

Et voyez-vous là-bas, là-bas, portée sur le sommet des vagues, cette petite barque montée par deux hommes?

LIONEL, à part.

O ciel! serait-ce Arthur?

ZAMBARO.

Comment diable va-t-on se risquer en mer par un temps pareil? Ils ont manqué l'entrée du port; le courant qui les précipite vers nous va les jeter sur la côte.

LIONEL.

Et les briser contre ces rochers.

ZAMBARO.

C'est probable. Il y en a un qui manœuvre bien; mais l'autre ne s'en doute pas, et si on ne vient pas à leur aide...

LIONEL, aux matelots qui sont au dehors.

Mes amis, des câbles, des cordages, cinq cents guinées à celui qui ira à leur secours... Eh! quoi, vous hésitez? (Tirant son portefeuille.) Tenez.

ZAMBARO.

Y pensez-vous? les envoyer à une mort inévitable?... Les voilà qui s'éloignent.

LIONEL.

Et je les verrais périr, là, devant mes yeux!

BATHILDE.

Dieux! la barque est brisée!

LIONEL, donnant à Bathilde le portefeuille qu'il tient encore à la main.

Ah! tenez, tenez, gardez-moi ce portefeuille... Je les ramènerai, ou je resterai avec eux.

(Il défait son habit en courant et s'élance vers la porte du fond.)

SCÈNE VIII.

BATHILDE, ZAMBARO.

ZAMBARO.

Voilà, par exemple, ce qui s'appelle une folie.

BATHILDE.

Une folie ! un trait sublime ! un dévouement héroïque ! Le
malheureux ! il court à une mort certaine pour sauver deux
de ses semblables ; des gens qu'il n'a jamais vus, qu'il ne
connaît même pas.

ZAMBARO.

Qu'il ne connaît pas, qu'il ne connaît pas... cela n'est pas encore prouvé. J'ai bien remarqué son trouble, quand j'ai parlé
du vaisseau français, et cette chaloupe en venait peut-être.

BATHILDE, sans l'écouter, jetant le portefeuille qu'elle tient à la main,
et courant à la fenêtre, à droite du théâtre.

Ah ! j'ai cru l'apercevoir. Oui, c'est lui, il s'est jeté du
haut du rocher.

ZAMBARO, ramassant le portefeuille qu'elle a laissé tomber.

Eh bien ! eh bien ! qu'est-ce qu'elle fait ? Cette enfant-là a
un enthousiasme, une sensibilité... et je vous demande à quoi
bon ? C'est du luxe dans notre état.

BATHILDE.

Il a disparu. Je n'y vois plus, tout se confond à mes yeux.

ZAMBARO.

Des billets de banque !...

BATHILDE.

Je ne puis m'arracher de ce spectacle qui me tue. Ah !
ah ! je l'ai revu... il lutte contre les flots. Mon Dieu ! protégez-le...

(Elle reste à la fenêtre et semble regarder avec le plus vif intérêt.)

ZAMBARO, sur le devant du théâtre, regarde pendant ce temps les papiers qui sont sortis du portefeuille, et qu'il y remet.

Des lettres !... voyons l'adresse : *Lionel Lincoln.* O ciel ! ce n'est donc point l'autre !... nous voilà sur la trace ; lisons vite. « Le baron de Courville... » C'est un Français ; quand je disais qu'il y avait des intelligences avec la France. (Il lit.) « Il est impossible de traiter, par correspondance, l'affaire « dont vous me parlez. Vers la fin de juillet, sous prétexte « de voir un de mes parents, je serai à Boston ; et c'est « sous d'heureux auspices, je l'espère, que commencera « notre connaissance. » (Prenant une autre lettre.) Et cette autre

BATHILDE, qui regarde toujours.

Un d'eux est sauvé ; il touche le rivage. Ah ! ce n'est pas lui !...

ZAMBARO.

A merveille ; si, avec de pareils renseignements, ce soir tout n'est pas découvert, Zambaro, mon ami, tu n'es pas digne d'avoir fait tes premières armes contre le grand Frédéric.

(Il sort.)

BATHILDE, toujours à la fenêtre.

Le voilà ! le voilà !... il ramène l'autre matelot, ils ont touché ļe bord. O ciel ! ils se précipitent dans les bras l'un de l'autre. (Elle vient sur le devant de la scène.) Ah ! quel réveil ! qu'ils sont heureux ! que je le suis aussi ! Jamais je n'ai éprouvé rien de pareil, et pourtant je pleure ; oui ! des larmes de joie et de plaisir ! Il me semble qu'ayant partagé ses dangers je dois aussi partager son bonheur. Courons lui rendre ce dépôt qu'il m'avait confié... (Elle cherche le portefeuille.) Eh ! mais, où est-il ? et Zambaro, mon oncle ? Il a disparu. Ah !...

(Elle pousse un cri, et se précipite vers la porte du fond.)

ACTE TROISIÈME

Même décor.

SCÈNE PREMIÈRE.

BATHILDE, ZAMBARO. Ils sortent de la chambre à droite.

ZAMBARO.

Qu'as-tu donc?

BATHILDE.

Je ne sais; mais je ne puis rester ici.

ZAMBARO.

Pour quelle raison?

BATHILDE.

Je n'en ai pas; mais je veux quitter ce pays; retourñer en Europe.

ZAMBARO.

Sans avoir des nouvelles de Zambaro, de mon frère? Cela est impossible... C'est ton père, c'est par ses ordres que nous sommes venus ici; et pourquoi ces ordres, auxquels il y a quelques mois tu t'es soumise sans murmurer, te semblent-ils aujourd'hui si pénibles?

BATHILDE.

Je ne puis m'expliquer ce qui se passe en moi! Dans ces forêts de la Bohème, où j'ai été élevée, le premier sentiment que je connus, fut celui de la crainte qui comprimait tous les autres! Le caractère violent de mon père, ses

manières terribles me faisaient trembler ! il n'y avait que
toi qui me défendais.

ZAMBARO.

Oui, quand j'étais là, je t'empêchais d'être battue ; mais
en mon absence...

BATHILDE.

Aussi, le seul objet de mes pensées était d'obéir à mon
père, de lui complaire par une soumission aveugle ; et quand
il me disait : « On ne se méfie pas d'une enfant ; va près
« de ces voyageurs, écoute leurs discours, épie leurs ac-
« tions ; va ! ou sinon !... » j'y allais... et, quand mon zèle et
mon intelligence m'avaient valu des éloges de toute notre
tribu, j'en étais flattée, j'étais fière d'avoir réussi ; il me
semblait que c'était bien, que c'était glorieux.

ZAMBARO.

Oui, certainement.

BATHILDE.

Hier encore, je le croyais !...

ZAMBARO.

Et tu avais raison.

BATHILDE.

Eh bien ! aujourd'hui, je ne sais pourquoi, il me semble
que c'est mal !

ZAMBARO.

En quoi ? N'est-ce pas le sang bohémien qui coule dans
nos veines ? Que devons-nous aux hommes, à la société ?
Nous ont-ils accueillis ? nous ont-ils admis parmi eux ? Non !
ils nous méprisent ! nous le leur rendons, nous sommes quittes,
et personne ne se doit rien. Mais qu'est-ce qui te prend
donc ? et depuis quand t'avises-tu de raisonner ?

BATHILDE.

Tu dis vrai ! j'ai tort ! car, depuis ce moment, tout est
trouble et confusion dans mon cœur. Je souffre... je suis
malheureuse !

ZAMBARO.

Toi, mon enfant! toi, pour qui je sacrifierais tout au
monde! Et que veux-tu? que te faut-il?... des bijoux, de
belles parures?... T'en ai-je laissé manquer?... et, dès que
nous aurons de l'argent, ce sera pour toi... je te donnerai
tout ce que tu voudras.

BATHILDE.

Ne donnerez-vous une famille, une patrie?

ZAMBARO.

Que veux-tu dire?

BATHILDE.

Ne donnerez-vous des amis qui puissent m'entourer de
leur estime? Les autres femmes, on les respecte, on les honore... mais moi!

ZAMBARO.

Bathilde, y penses-tu? D'où te viennent de pareilles idées?

BATHILDE.

Je cherche en vain à les éloigner... partout je les retrouve, jusqu'en cet ouvrage que je ne connaissais pas, et
qui m'est tombé sous la main.

ZAMBARO, prenant le livre et lisant le titre.

Fénelon!... Ah! dame! si tu lis de mauvais livres. Allons!
allons! qu'est-ce que c'est que cela? Songeons à notre fortune... car, en vérité, je ne te reconnais plus! Tu n'as plus
d'esprit, plus d'imagination. Depuis ce matin, toi qui as le
coup d'œil si fin et si exercé, tu n'as rien vu, rien deviné...
et moi, en un instant, j'ai dépisté le vrai Lionel. Ce portefeuille, que tu viens de lui renvoyer et que tu n'avais pas
songé à ouvrir, m'a appris bien des choses; et maintenant
que je suis sur la voie, je te réponds qu'avant ce soir... Eh
bien! qu'as-tu donc? te voilà tout émue!...

BATHILDE.

Mon ami, vous m'avez dit tant de fois que, pour moi, vous

feriez tous les sacrifices : eh bien ! je vous en demande un, renoncez à cette maudite affaire.

ZAMBARO.

Impossible ! j'ai donné ma parole au gouverneur, qui m'a payé d'avance, et l'honneur avant tout... mon état serait perdu.

BATHILDE, vivement.

Et c'est ce que je demande ! pour vous, pour votre sûreté, promettez-moi de l'abandonner.

ZAMBARO.

Et comment vivre ?

BATHILDE.

En honnête homme.

ZAMBARO.

Quand on n'a pas pris cet état-là de bonne heure, on n'y fait rien, et j'y serai gauche ; tandis que celui-ci... Écoute, j'ai entendu parler ! Lionel et son ami sont là dans cette chambre, en conférence secrète, (Indiquant la chambre à gauche.) et peut-être qu'en prêtant l'oreille...

(Il s'approche de la porte.)

BATHILDE, à part.

Ah ! mon Dieu ! (Haut.) C'est inutile, ils sont sortis.

ZAMBARO, écoutant.

Du tout, je reconnais sa voix.

BATHILDE, à part.

Comment l'avertir ?

ZAMBARO, de même.

Ne fais pas de bruit.

BATHILDE, s'approche du guéridon, et le renverse avec les porcelaines qui se trouve dessus.

Ah !...

ZAMBARO, se retournant.

Que le diable t'emporte !

SCÈNE II.

LES MÊMES; LIONEL, ARTHUR, sortant de la chambre.

LIONEL.

Qu'y a-t-il donc?

ZAMBARO.

Rien, c'est ma nièce... (La regardant.) qui est aujourd'hui d'une maladresse... et qui, en voulant rentrer dans son appartement.

ARTHUR, avec empressement.

Eh! bon Dieu, madame désire-t-elle quelque chose?

LIONEL.

Elle est peut-être indisposée...

BATHILDE.

J'en conviens... une migraine affreuse.

ZAMBARO.

Oui, la migraine, vous savez que, pour une Parisienne, c'est de première nécessité. (A Lionel.) Aussi, c'est vous, jeune homme, c'est votre escapade qui nous fait des révolutions.

LIONEL, vivement.

Est-il possible!

BATHILDE.

J'espère au moins que votre généreux dévouement n'aura point de suites fâcheuses, et que votre santé...

LIONEL, gaiement.

Pour un bain froid?... Je n'y pense déjà plus.

ZAMBARO.

Parbleu! on ne s'en porte que mieux après! mais ce pauvre diable que vous avez sauvé?

ARTHUR, étourdiment.

Il est très-bien aussi.

LIONEL, lui serrant la main pour le faire taire.

Oui, c'était un pauvre pêcheur...

ZAMBARO, le regardant en dessous.

Un pêcheur... je m'en suis douté ; car ces matelots anglais le regardaient périr avec un flegme... j'étais indigné !

ARTHUR, amèrement.

Que voulez-vous ? un Américain, c'est si peu de chose pour eux.

BATHILDE, voulant détourner la conversation.

Peut-être ont-ils des ordres ?

ZAMBARO, feignant de s'emporter.

Des ordres !... quand un homme se noie !... des ordres ! et de qui ? de ce gouverneur qui ne vaut pas mieux que ses soldats ?

(Bathilde s'assied auprès de la table.)

ARTHUR, vivement.

Ah ! vous avez bien raison.

LIONEL, bas.

Arthur !

ZAMBARO, continuant.

D'un despote qui ne connaît d'autre loi que son caprice. Corbleu ! ça ne me regarde pas ; mais si j'avais l'honneur d'être Américain, je ne serais pas si patient, et à la première occasion...

ARTHUR, lui prenant la main.

C'est ce qui pourra lui arriver. (Se tournant du côté de Lionel qui le tire par son habit.) Eh ! non... un brave homme qui dé-teste les Anglais, une jolie nièce... il n'y a pas de danger, et je le mets de notre bord. (Haut.) Parbleu ! capitaine, votre caractère m'enchante, et si vous voulez faire un tour avec moi..,

ZAMBARO.

Volontiers, mon jeune ami. (A part.) Je le tiens.

SIR COKNEY, en dehors.

Holà, garçon... l'hôtesse.

SCÈNE III.

LES MÊMES ; SIR COKNEY.

LIONEL.

Quel est donc ce monsieur?

ARTHUR.

Cela se devine à sa mise : un de ces aimables gentlemen qui encombrent les rues de Boston.

SIR COKNEY, entrant par le fond.

Hé ! garçon ! Pardon, messieurs... un événement... une jeune dame que je conduisais à la ville...

LIONEL.

Une jeune dame !

SIR COKNEY.

C'est-à-dire une jeune personne et sa mère qui... je ne peux pas dire... une mission secrète... vous comprenez. En passant devant la porte de cette auberge, elle s'est sentie prise tout à coup d'un éblouissement, d'une faiblesse... impossible d'aller plus loin. C'est d'autant plus alarmant, qu'elle se portait à merveille il n'y a pas cinq minutes ; et maintenant elle m'envoie chercher le docteur, des sels... j'en perdrai la tête. Est-ce qu'il y a de tout ça en Amérique?

ARTHUR, à part.

Le fat ! je ne sais ce qui me retient...

LIONEL.

Mistress Williams, notre hôtesse, monsieur, vous indiquera un médecin, ici près.

SIR COKNEY.

Mille grâces, monsieur... (Apercevant Bathilde.) Une dame. (Il la salue. Reconnaissant Zambaro.) Tiens, le Bohémien !

LIONEL.

Le Bohémien !

ARTHUR.

Que dites-vous ?

ZAMBARO, à part.

Au diable l'étourdi !

BATHILDE, à part.

C'est fait de nous !

LIONEL, à Zambaro.

Un Bohémien !

ZAMBARO, bas à Lionel.

Ne dites pas le contraire ! je vous en prie.

LIONEL, à sir Cokney.

Vous connaissez donc monsieur ?

SIR COKNEY.

Si je le connais ! je le crois bien ; et le gouverneur aussi.

LIONEL et ARTHUR, regardant Zambaro.

Le gouverneur !

BATHILDE, à part.

Nous sommes perdus !

SIR COKNEY.

Puisque c'est moi qui étais chargé... Mais ce sont des affaires d'État ; je ne peux pas parler là-dessus, parce que nous autres diplomates... la discrétion... Vous dites mistress Williams... le médecin... En vous remerciant, messieurs, je cours rejoindre mon aimable malade.

(Il sort. Lionel et Arthur remontent le théâtre, et suivent des yeux sir Cokney.)

SCÈNE IV.

LES MÊMES; excepté SIR COKNEY.

BATHILDE, bas à Zambaro.

Vous le voyez, il n'y a plus moyen de les tromper.

ZAMBARO.

Peut-être.

BATHILDE, bas.

Éloignons-nous, je vous en prie.

ZAMBARO, bas.

Pas encore.

BATHILDE, à part, et regardant Lionel avec crainte.

Ah! je ne pourrai jamais supporter ses regards de mépris.

(Lionel et Arthur viennent sur le devant de la scène, Zambaro se trouve entre eux.)

LIONEL, à Zambaro, et lentement.

Comment, monsieur, vous connaissez le gouverneur?

ARTHUR, de même.

Celui dont vous nous disiez tant de mal?

ZAMBARO, gaiement.

Précisément, parce que je le connais.

LIONEL, sévèrement.

N'espérez pas nous donner le change.

BATHILDE, troublée.

Eh! quoi, messieurs! qu'y a-t-il donc?

LIONEL.

Pardon, madame; mais ceci est trop important; nous avons droit d'exiger de monsieur l'explication de sa conduite. Il s'est présenté à nous comme marin.

ARTHUR, s'emportant.

Et maintenant, le voilà Bohémien,

LIONEL vivement.

Pourquoi ce détour?

ARTHUR.

Dans quel but? je ne puis croire qu'un motif honorable...

ZAMBARO, avec hauteur.

Jeune homme, vous passez bien vite d'un excès de confiance aux soupçons les plus injurieux ; mais je ne saurais m'en plaindre ; les apparences sont contre moi.

LIONEL, vivement.

Eh bien ! monsieur ?...

ZAMBARO, regardant autour de lui.

Eh bien ! je vous crois gens d'honneur, vous ne me trahirez pas... (Baissant la voix.) Je vous avouerai donc qu'ayant besoin de passer quelque temps ici, sans éveiller l'attention des Anglais, j'ai pensé à ces vagabonds, ces Bohémiens qui courent le pays, sans papiers, sans autre passe-port que leur effronterie... ce qui ne m'a pas empêché de subir un long interrogatoire du secrétaire de lord Gage, que vous venez de voir.

LIONEL.

C'était le secrétaire du gouverneur?

ZAMBARO.

Son Excellence a voulu aussi s'en mêler, et j'ai eu de la peine à déjouer sa pénétration ; je suis si gauche quand il faut mentir... Corbleu ! c'est la première fois que le baron de Courville s'est abaissé.

ARTHUR, vivement.

Le baron de Courville !

LIONEL.

Qu'entends-je?

BATHILDE, étonnée et à part.

Le baron !...

ZAMBARO, feignant de se reprendre.

Hein ! qu'est-ce que j'ai dit là? me serais-je trahi ?

LIONEL.

Ne craignez rien.

ARTHUR.

Vous êtes en sûreté.

LIONEL.

Est-il possible ! vous seriez le brave Courville ?

ARTHUR.

Ce Français que nous attendions?

ZAMBARO, jouant l'étonnement.

Que vous attendiez? Comment, vous connaissez donc Lionel Lincoln?

LIONEL, lui ouvrant les bras.

C'est moi.

ZAMBARO.

Vous !... (S'arrêtant.) Un moment, messieurs, j'ai le droit d'être défiant à mon tour. En quittant mon bord, j'y ai laissé notre correspondance, qui pouvait me faire découvrir. Mais si vous êtes Lionel, vous devez avoir une lettre de moi.

LIONEL, tirant son portefeuille.

La voici.

ZAMBARO, la regardant.

Il serait vrai ! Oui, c'est bien elle, c'est mon écriture ; je n'ai pas besoin d'en savoir davantage. Mon cher Lionel, mes dignes amis, je vous trouve enfin.

(Ils s'embrassent.)

BATHILDE, à part.

Je n'en reviens pas ! son audace m'épouvante.

ARTHUR, enchanté.

Le baron de Courville ! eh! que ne le disiez-vous tout de suite ?

ZAMBARO, à part.

Il fallait le savoir.

LIONEL, avec joie.

Ne pardonnerez-vous? (A Bathilde.) Ah! madame, que d'excuses je vous dois!

ZAMBARO, leur serrant la main.

Et moi donc qui me défiais de vous! C'est qu'il y a tant d'intrigants! il faut prendre garde. (A Arthur.) Vous, surtout, jeune homme, vous êtes d'une imprudence!... Je parie que dans cette équipée, cet homme sauvé par le colonel, c'était vous.

ARTHUR.

Oui, vraiment; j'allais vous chercher à votre bord.

ZAMBARO, inquiet.

A mon bord? Eh bien, on a dû vous dire...

ARTHUR.

On ne m'a rien dit, je n'ai pas pu y arriver.

ZAMBARO, à part.

C'est heureux!

LIONEL.

Mais maintenant que nous vous tenons, mon cher Courville, nous avons à causer de notre grande affaire.
(Il remonte le théâtre et regarde de tous côtés si personne ne peut les entendre.)

ZAMBARO.

C'est le plus pressé.

ARTHUR, à demi-voix.

Nous allons vous communiquer nos plans, l'état de nos forces.

ZAMBARO, de même.

Oui; il est essentiel que je sache tout.

LIONEL, de même, venant auprès de Zambaro, à sa gauche.

Nos amis se réunissent ici ce soir; plusieurs d'entre eux

sont déjà arrivés dans cette auberge ; mais, avant notre conférence, il est bon que vous vous entendiez avec eux, que vous leur soyez présenté.

ARTHUR.

Je m'en charge.

ZAMBARO, gaiement.

Présenté par vous ! ah ! c'est plus encore que je n'aurais osé espérer. (Bas à Bathilde.) A merveille ! me voilà un des chefs de la conspiration. (A Lionel.) Venez-vous, colonel ?
(Il prend le bras d'Arthur, et entre avec lui dans la chambre à gauche.)

LIONEL.

Oui, oui, je vous suis.

SCÈNE V.

LIONEL, BATHILDE.

BATHILDE.

Les imprudents ! ils se livrent eux-mêmes ! Et comment les prévenir ?... Ah ! il n'y a que ce moyen.
(Elle s'assied près de la table à droite et écrit sur ses tablettes. Lionel, qui a conduit Arthur et Zambaro jusqu'au fond du théâtre, descend en ce moment ; et voyant Bathilde occupée à écrire, il s'arrête près d'elle, de l'autre côté de la table.)

LIONEL, après un instant de silence.

Pardon, madame.

BATHILDE, qui l'a regardé du coin de l'œil, feint la surprise, et se lève, en laissant ses tablettes sur la table.

Comment, monsieur, vous étiez encore là ?

LIONEL.

Je vous dérange ?

BATHILDE.

Non, sans doute ; mais je me croyais seule, et je traçais quelques mots.

LIONEL, voyant les tablettes qui sont à sa droite sur la table.

Je reconnais ces tablettes ; ce sont celles de ce matin, qui souvent contiennent vos réflexions, vos observations sur les événements de la journée ; du moins, vous me l'avez dit.

BATHILDE.

Monsieur a de la mémoire ?

LIONEL.

Beaucoup, madame ; mais j'ajouterai, quelque tort qu'un pareil aveu puisse me faire dans votre estime, que j'ai encore plus de curiosité.

BATHILDE.

Ah ! vous êtes curieux ?

LIONEL, regardant les tablettes.

Extrêmement.

BATHILDE.

C'est fort mal, monsieur. (Essayant de sourire.) Et voilà une qualité que j'ai·oublié de noter.

LIONEL, avec joie et saisissant les tablettes.

Il serait possible ! vous daignez donc vous occuper de moi ?

BATHILDE.

Que faites-vous ?

LIONEL.

Laissez-moi... je vous en supplie.

BATHILDE.

Je vous défends... (A part.) C'est ce que je voulais... le voilà prévenu.

SCÈNE VI.

LES MÊMES ; JAK.

JAK, à Lionel, à demi-voix.

Pardon, mon colonel, une lettre.

LIONEL.

De quelle part? (Jak regarde de tous côtés avec précaution, et met le doigt sur sa bouche. Lionel le regardant.) Pourquoi cet air mystérieux? tu peux parler sans crainte devant madame.

JAK.

C'est de la part d'une jeune et jolie lady.

BATHILDE, avec émotion.

Une femme!

JAK.

Que je ne connais point, mais qui vient d'arriver avec ce gentleman qui a un air si suffisant.

LIONEL.

Le secrétaire du gouverneur.

JAK.

Moi, qui suis de l'hôtel, j'entrais dans son appartement pour demander ses ordres... « A votre accent, me dit-elle, je vois que vous êtes un compatriote, un Américain. — Je m'en vante. — On peut se fier à vous. Le colonel Lincoln est-il dans cette auberge? — Depuis ce matin. — Je vous prie en grâce de lui remettre ce billet, à lui seul. »

LIONEL.

Qu'est-ce que cela signifie?

JAK.

En cet instant est entrée une dame d'une figure noble, mais pâle et souffrante, à qui elle a dit vivement : « Ma mère, je me sens mieux, on peut repartir, on peut demander les chevaux. »

LIONEL.

Il suffit. (Lui offrant de l'argent.) Tiens, mon garçon.

JAK.

A moi, mon colonel... à un patriote !

LIONEL.

Tu as raison. (Lui serrant la main.) Je te remercie ; mais laisse-nous.

(Jak sort. Lionel remonte le théâtre et ouvre la lettre.)

SCÈNE VII.

LIONEL, BATHILDE.

LIONEL, lisant la lettre à voix basse. — A Bathilde.

Vous permettez. (A part.) Voilà qui est bien singulier. (n lit encore.) Quelle horreur !

BATHILDE.

Qu'est-ce donc ?

LIONEL, revenant auprès de Bathilde, à sa gauche.

De nouveaux périls nous environnent.

BATHILDE.

O ciel !

LIONEL.

Ils ne m'effrayent point ; au contraire, ils doublent mon courage... Ce n'est plus moi seul, c'est vous maintenant qu'il faut défendre ! Nous n'avons point de secrets pour la nièce du baron de Courville. Tenez, madame.

(Il lui présente la lettre.)

BATHILDE, la repoussant.

Nonsieur !

LIONEL.

Lisez, de grâce.

BATHILDE, prenant la lettre et lisant :

« Reconnaîtrez-vous la main d'où vous vient cet avis? Je
« le désire et je le crains. J'ai tort peut-être de vous le
« donner ; mais il me semble que j'en aurais un plus grand
« encore en ne vous le donnant pas. Quels que soient vos

« projets, si vous en avez, renoncez-y, au nom du ciel, car vous
« êtes surveillé. Un espion redoutable, un nommé Zambaro,
« observe toutes vos démarches. Aidé d'une intrigante, dont
« on vante les charmes et l'adresse, il a juré... » (S'arrêtant.)
Ah! je me sens mourir !

LIONEL.

Remettez-vous ; ils ne nous tiennent pas encore.

BATHILDE, achevant de lire.

« Ce complot, le hasard me l'a fait connaître ; et si vous
« devinez d'où vient cet avis, vous verrez qu'il n'est que trop
« fondé. Profitez-en : c'est le seul prix et la seule recon-
« naissance que j'attende. »

LIONEL.

Vous le voyez, madame, nous sommes entourés de piéges,
de délateurs ; mais rassurez-vous, nous découvrirons ce Zambaro ; il ne nous faut pour cela qu'un indice.

BATHILDE, à part.

Qu'ai-je fait !

LIONEL.

Et s'il tombe entre nos mains...

BATHILDE, avec crainte.

Eh bien ?

LIONEL.

L'intérêt général avant tout ; je lui fais sauter la cervelle.

BATHILDE.

Monsieur...

LIONEL.

Eh ! mais, qu'avez-vous ?

BATHILDE, très-émue.

Rien ; qu'il ne soit plus question de cela. Voici cette lettre.
(Elle la lui rend.) Je vous prie seulement de me remettre ces
tablettes.

LIONEL.

Ne m'aviez-vous pas presque permis de les lire ?

BATHILDE.

Il est vrai ; mais je les veux.

LIONEL.

D'où vient ce changement ? Serait-ce cette lettre ?

BATHILDE.

Peut-être bien.

LIONEL.

Ah ! s'il était vrai ! que je serais heureux ! Il me serait si facile de vous désabuser, de vous prouver que cet écrit a été dicté par la seule amitié. Oui, madame, je vous l'avoue, j'ai reconnu sans peine la main qui l'avait tracé ; c'est celle d'une amie qui m'est bien chère, avec qui j'ai été élevé, dont les vertus, la noblesse, le haut rang, commandent l'estime et le respect. Peut-être lui devrais-je davantage ; peut-être sa généreuse amitié aurait-elle mérité plus encore ; mais, je le sens maintenant, jamais je n'ai connu près d'elle cet amour que mon cœur avait toujours rêvé, et qu'un seul regard de vous a fait naître.

BATHILDE.

Monsieur !...

LIONEL.

Maintenant, faut-il vous rendre vos tablettes ?

BATHILDE, se cachant la figure.

Ah ! plus que jamais.

LIONEL.

Qu'entends-je ! quel espoir ! Les voici, madame ; mais songez que les reprendre serait m'avouer que ce qu'elles contiennent me rendrait trop heureux... On vient.

BATHILDE, hors d'elle-même.

Grand Dieu !

(Elle reprend les tablettes.)

LIONEL, avec joie.

Que faites-vous?

BATHILDE, vivement.

Ah! gardez-vous de croire.

LIONEL.

Je crois tout; vous l'avez dit... Ciel! Arthur et le baron!

BATHILDE, s'enfuyant par la porte à droite.

Ah! c'est fait de moi!

SCÈNE VIII.

LIONEL, ARTHUR, ZAMBARO.

ZAMBARO.

Eh bien! colonel, nous vous attendions; mais, en votre absence, nous n'avons pas perdu notre temps; nous nous sommes concertés sur les points principaux, et je sais tout, excepté l'heure de l'attaque, et le point sur lequel nous dirigerons d'abord nos forces.

LIONEL.

Nous en conviendrons tout à l'heure quand nous serons tous réunis; mais il faut avant tout redoubler de surveillance et de discrétion; car on m'apprend qu'on a mis sur nos traces un espion redoutable, un nommé Zambaro! Connaissez-vous cela?

ZAMBARO.

Moi! connaître de pareilles gens!

ARTHUR.

Zambaro! Attendez, nous le tenons.

ZAMBARO.

Que dites-vous?

ARTHUR.

Ou nous tenons du moins les moyens de le découvrir; car

ces papiers, que ce matin m'a remis l'aubergiste, étaient adressés au nommé **Zambaro**; voyez plutôt.

ZAMBARO, à part.

Qu'est-ce que cela veut dire?

LIONEL, voyant Arthur qui brise le cachet de l'enveloppe.

Que faites-vous?... cette enveloppe?...

ARTHUR.

Je l'ouvre... Un espion, c'est hors du droit des gens. (Parcourant.) « Mein Herr... » C'est de l'allemand; entendez-vous l'allemand?

ZAMBARO.

Moi? Pas un mot.

ARTHUR.

Nous non plus, et je ne vois pas alors à quoi cela nous servira. Voici cependant une lettre d'envoi; elle est de l'aubergiste de New-York, et on peut la lire; elle annonce que Herman Zambaro, avant de mourir...

ZAMBARO, à part.

Mon frère!...

ARTHUR.

Avait prié de faire passer les papiers ci-joints, papiers fort importants, à son frère Pierre Zambaro, à Boston.

ZAMBARO, voulant les prendre.

Donnez.

ARTHUR.

Puisque vous ne savez pas l'allemand?

ZAMBARO.

C'est juste.

LIONEL.

Mais quelqu'un du régiment, quelqu'un de mes amis sera peut-être plus savant.

ARTHUR.

Vous avez raison ; ils sont là. Venez, colonel; et si, comme je l'espère, ces papiers-là nous donnent des renseignements sur notre observateur à gages, c'est moi qui me charge de lui casser la tête.

ZAMBARO.

Et vous ferez bien.

ARTHUR.

N'est-ce pas ?

ZAMBARO, à part.

Il le mérite, s'il est assez simple pour vous laisser faire.

(Lionel et Arthur entrent dans la chambre à gauche.)

SCÈNE IX.

ZAMBARO, seul.

Mais c'est ce que nous verrons. Alerte, Zambaro! il n'y a pas de temps à perdre. Quand on a une bonne tête et qu'on y tient, il n'y a qu'un moyen de la défendre, c'est de mettre en danger celle de l'ennemi, et ce ne sera pas long. J'ai assez de renseignements pour les faire arrêter; et, en faisant con naître au gouverneur ce que je sais déjà de leurs projets... Mais mon pauvre Herman, mon frère, était-ce ainsi que je devais apprendre sa mort! N'oser même pas réclamer ces papiers où il me trace sans doute ses dernières volontés et ses derniers adieux ! (Essuyant une larme.) Allons, il ne s'agit pas de pleurer sa mort, il faut la venger sur l'ennemi commun, sur tout le monde, à commencer par ceux-ci.

(Il se met à la table, et écrit.)

SCÈNE X.

ZAMBARO, à la table ; BATHILDE, sortant de la chambre.

BATHILDE.

Eh bien ! quelles nouvelles ?

ZAMBARO, écrivant toujours.

D'excellentes... ils voulaient, moi, Zambaro, me fusiller.

BATHILDE.

O ciel !

ZAMBARO.

Personnellement... mais, grâce aux petites notes que j'é-
cris là au gouverneur, c'est moi qui aurai l'honneur de les
prévenir.

BATHILDE.

Comment ! Lionel et ses amis !

ZAMBARO.

Aimes-tu mieux que ce soit moi ?

BATHILDE.

Vous, mon oncle !

ZAMBARO.

Il n'y a pas de milieu : il fallait se décider, et mon choix
est fait. (Écrivant.) Surprendre les conjurés, fermer le port...
Mais comment faire parvenir au gouverneur ces renseignements ?

BATHILDE, avec joie.

C'est impossible.

ZAMBARO.

Sans doute, impossible de nous éloigner maintenant sans
nous rendre suspects... (On entend la voix de sir Cokney qui parle
en dehors.) Le secrétaire intime ! Ah ! parbleu ! c'est le ciel qui
l'envoie !

SCÈNE XI.

ZAMBARO, écrivant ; SIR COKNEY, BATHILDE.

SIR COKNEY, à la cantonade.

Je vais payer l'aubergiste, milady, et nous partons à l'instant.

ZAMBARO, toujours assis et écrivant.

Ici, mon gentilhomme.

SIR COKNEY, se retournant.

Quoi?

ZAMBARO.

Deux mots, s'il vous plaît.

SIR COKNEY, le reconnaissant.

Ah! ah! c'est encore vous?

ZAMBARO.

Silence!

SIR COKNEY.

Qu'est-ce que c'est?

ZAMBARO, écrivant toujours.

Vous avez failli tout perdre, en me reconnaissant tantôt.

SIR COKNEY, d'un air dédaigneux.

Comment, j'ai failli...

ZAMBARO.

Oui, vous avez fait une sottise.

SIR COKNEY.

Hein ¹

ZAMBARO.

Cela vous étonne?

SIR COKNEY, avec hauteur.

Un peu.

ZAMBARO.

Mais vous pouvez tout réparer. (Pliant sa lettre et la cachetant.) Vous allez porter ceci à Son Excellence.

SIR COKNEY.

Moi!... Dieu me damne, je crois qu'il se permet de me donner des ordres.

ZAMBARO, se levant, allant à sir Cokney, et lui donnant la lettre.

Et je vous conseille de les suivre, si vous tenez à votre place... et à la vie.

SIR COKNEY, suffoqué.

Comment, si j'y tiens ? Mais certainement. C'est inouï ; il faut venir dans ce pays-ci pour entendre de pareilles choses... (Zambaro le presse.) J'y vais à l'instant.

BATHILDE, le rappelant au moment où il va sortir.

Monsieur...

SIR COKNEY, revenant.

Qu'y a-t-il ?

ZAMBARO.

Oui, un mot ; rapportez-moi la réponse de Son Excellence, et dites-lui qu'on recevra cette nuit les derniers renseignements ; partez.

SIR COKNEY.

Je n'y comprends rien ; un secrétaire d'État transformé en estafette ; c'est original ! Enfin, je suis de tous les secrets, et je n'en sais aucun.

ZAMBARO, le poussant.

Eh ! pas de réflexions ; partez vite, car les voici. (A Bathilde.) Et toi, rentre à l'instant.

BATHILDE.

Plus d'espoir !... Ah ! maudit soit le jour où je l'ai connu !
(Elle rentre dans la chambre à droite.)

SCÈNE XII.

ZAMBARO, LIONEL, ARTHUR, Officiers américains
en uniforme.

LIONEL.

Venez, mes amis. (S'adressant au fond.) Fermez les portes, poussez les volets, et que plusieurs des nôtres veillent autour de la maison. (Les rassemblant autour de lui.) Grâce au ciel, le moment est arrivé, et tout semble favoriser nos desseins. (Présentant Zambaro.) De voici ce généreux Français. A la tête d'une jeunesse avide de combats et de gloire, il n'a pas hésité à traverser les mers pour partager nos dangers ; mon trons-nous dignes d'un si noble intérêt ; plus de délais, brisons nos fers.

TOUS, avec élan.

Nous sommes prêts.

ZAMBARO.

Trop heureux de verser mon sang pour une si noble cause.

LIONEL, rapidement.

Ne perdons pas un instant. Tandis que nous allons arrêter nos dernières dispositions... (A un officier.) Vous, qu'à cinq heures le fanal de Beacon-Hill soit allumé ; c'est le signal convenu pour appeler à nous tout le Connecticut et les villages voisins.

ZAMBARO, sur le devant à droite, à part.

Le fanal.

LIONEL, à deux autres.

Smith et Andrews, courez à Lexington, rassemblez les milices provinciales...

ZAMBARO, à part.

Lexington.

LIONEL.

Qu'elles marchent toute la nuit. (A Zambaro.) Baron, vos hommes sont prêts à débarquer ?... je vais vous indiquer le point le plus favorable. (A Arthur.) Vous, Arthur, pendant que j'irai visiter les postes, vous m'attendrez dans mon apparte ment ; j'ai à vous donner quelques instructions, une lettre (A voix basse.) pour ma mère, si je succombe. (A haute voix.) A sept heures, messieurs, l'attaque générale.

ZAMBARO, à part.

A cinq, ils seront tous pris.

LIONEL, avec orgueil.

Et demain...

TOUS, avec enthousiasme.

Liberté !

LIONEL, à Bathilde qui entre en ce moment.

Ah ! madame, vous êtes là, partagez notre joie ; ce jour est le plus beau de ma vie.

BATHILDE, d'une voix tremblante.

Colonel, mes vœux vous suivront partout.

LIONEL, la regardant.

Ah ! madame, aujourd'hui mes instants sont comptés ; ils appartiennent tous à mon pays ; mais demain... demain, peut-être, il me sera permis de penser à moi.

BATHILDE, à part et douloureusement.

Demain !

(Des valets traversent le théâtre et portent dans la pièce voisine des plateaux avec du punch et des verres.)

LIONEL.

Mes amis, voici de quoi porter notre toast chéri : à la liberté de l'Amérique !

ARTHUR.

A la mort de ses oppresseurs !

LIONEL, aux officiers.

Entrez. (A Bathilde.) Madame, soyez notre ange protecteur · priez pour nous, le ciel vous exaucera.

BATHILDE, à part.

Prier pour lui !... et nous l'avons livré !

(Elle entre dans la chambre à droite en se cachant la tête dans les mains, tandis que Zambaro, Arthur et les officiers suivent Lionel du côté opposé.)

ACTE QUATRIÈME

La chambre de Lionel, dans l'auberge de *la Couronne*. A droite, la porte d'entrée, donnant sur un corridor ; à gauche, la porte d'un cabinet ; au fond, une alcôve. Sur le devant de la scène, à droite de l'acteur, une table couverte de papiers ; du côté opposé, une autre petite table et deux chaises· Il fait nuit.

SCÈNE PREMIÈRE.

BATHILDE, seule, entrant par la droite ; elle tient un flambeau qu'elle pose sur la table.

Il n'est pas rentré ; je l'attendrai. (Avec agitation.) Oui, il saura tout... (S'arrêtant.) Mais comment lui apprendre, sans exposer mon oncle à leur ressentiment?... je m'accuserai plutôt moi-même ; je dirai... Que dirai-je? Je n'en sais rien encore. N'importe! qu'il pense ce qu'il voudra, qu'il me méprise, qu'il me déteste ; mais qu'il soit sauvé... (Avec crainte.) On vient... Non, personne ! Seule... dans sa chambre... au milieu de la nuit !... Je tremble au moindre bruit. (Amèrement.) C'est la première bonne action que je fais, et je tremble ! (Elle s'approche de la table.) Une lettre commencée... (Elle y jette les yeux.) A sa mère ! Peut-être, aussi, a-t-il répondu à cette jeune et jolie miss avec qui il a été élevé. Elle est bien heureuse de l'aimer depuis si longtemps ! J'ai interrogé en tremblant... C'est miss Henriette, la fille du gouverneur ; elle a de l'or, de la naissance, des vertus ; que n'en ai-je aussi pour les lui offrir ! Mais elle venait ici pour sauver ses jours... et moi pour les livrer. Ah ! quand il me connaîtra, quel sen-

timent lui inspircrai-je ? (Avec effroi.) Je n'y veux pas penser,
je me repentirais peut-être... (Écoutant.) Cette fois, je ne me
trompe pas, j'entends marcher. (Elle va auprès de la porte.) C'est
Arthur et mon oncle. En effet, ils devaient venir ; j'oublie
tout. Comment justifier ma présence ?... Ah ! ce cabinet ; attendons qu'ils soient partis.

(Elle se cache dans le cabinet à gauche.)

SCÈNE II.

ZAMBARO, ARTHUR. Ils entrent par la droite en continuant leur
conversation.

ZAMBARO.

Il n'est pas de retour ?

ARTHUR.

Il aura voulu visiter lui-même tous les quartiers... A propos, baron, avez-vous envoyé à votre bord ?

ZAMBARO.

La chaloupe est partie devant moi. Corbleu ! vous verrez
trois cents gaillards dont vos habits rouges me diront des
nouvelles. (A part.) Si je sais où en prendre un seul...

ARTHUR.

Ma foi, je vous avoue que sans eux la partie serait dou-
teuse. Nos Américains sont pleins d'ardeur, d'enthousiasme,
mais si peu exercés au feu...

ZAMBARO, à part.

C'est bien, ça ne sera pas long. (Haut.) Et votre Zambaro,
ces papiers allemands, avez-vous tiré cela au clair ?

ARTHUR.

Je joue de malheur, personne de ma compagnie ne sait
cette maudite langue.

ZAMBARO, à part.

Grâce au ciel !

ARTHUR, les tirant de sa poche.

Et j'ai beau les retourner en tous sens, il est bien avéré que je n'y entends rien.

ZAMBARO, avec joie.

N'est-ce que cela ? Donnez-les-moi.

ARTHUR.

A vous, baron ?

ZAMBARO.

Je n'y pensais pas d'abord ; mais ma nièce nous traduira cela parfaitement.

ARTHUR.

Comment ! elle sait l'allemand... une si jolie femme ?

ZAMBARO.

Son mari, le comte de Barnheim, mort au service d'Autriche, était Allemand.

ARTHUR, lui donnant les papiers.

A merveille !

ZAMBARO, à part.

Je les tiens !

ARTHUR.

En parlant de votre nièce, mon cher baron, savez-vous qu'elle est charmante ?

ZAMBARO, indifféremment.

Elle n'est pas mal.

ARTHUR, avec feu.

Pas mal !... la physionomie la plus distinguée, une grâce, un esprit...

ZAMBARO.

Tudieu ! mon jeune ami ; quel feu ! on dirait que...

ARTHUR.

Et pourquoi pas ?... Pour être capitaine de cavalerie, on n'est pas insensible ; mais, avant tout, l'amitié et la subordination militaire... notre colonel est pris.

ZAMBARO.

Vous croyez?

ARTHUR.

Il ne faut pas que cela vous fâche.

ZAMBARO.

Moi, nullement.

ARTHUR.

C'est un singulier caractère! Lui qui a tant de calme et de sang-froid, qui raisonne si bien dans le conseil ; eh bien, sur le champ de bataille, c'est un diable, la tête n'y est plus ; et près d'une jolie femme...

ZAMBARO, riant.

C'est la même chose?

ARTHUR.

Comme vous dites, il perd la raison en un instant, et en un instant aussi elle lui revient; car il n'est pas comme moi, il n'a pas de suite dans les idées ; mais aujourd'hui, c'est sérieux, c'est la première fois que je le vois réellement amoureux, au point qu'il veut être votre neveu.

ZAMBARO.

Il serait possible!

ARTHUR.

Il me l'a dit.

ZAMBARO.

Il ne sait pas sans doute que notre position, notre peu de fortune...

ARTHUR.

N'eussiez-vous rien, peu importe! Lionel est le plus riche propriétaire de la colonie... « Oui, mon ami, me disait-il tout à l'heure, si demain nous triomphons, si j'existe encore, je l'épouse... » Eh! mais... (Allant à la porte d'entrée.)

ZAMBARO, à part, sur le devant à gauche.

Dieu ! qu'ai-je fait ! voilà qui valait bien mieux que toutes les récompenses du gouverneur. (Haut.) Ce pauvre colonel! (A part.) Et moi qui viens de les livrer! Comment faire à présent?

ARTHUR.

Le voici !

SCÈNE III.

Les mêmes; LIONEL, enveloppé d'un manteau, dont il se débarrasse en entrant et qu'il jette sur un fauteuil; en même temps il pose deux pistolets sur la table.

LIONEL.

Vous m'attendiez, messieurs?

ARTHUR.

Oui, colonel! eh bien?

LIONEL.

Tout est tranquille! nos hommes sont partis pour Lexington; la place de Funnel-Hall est déserte, pas de sentinelle anglaise; pas le moindre mouvement dans les casernes; leur sécurité est complète.

ARTHUR.

Il faut en profiter...

LIONEL.

Le mot d'ordre est donné. (A Zambaro.) Baron, j'ai recommandé de venir vous éveiller dès qu'on apercevrait votre pavillon dans la baie de Charlestown.

ZAMBARO, embarrassé.

C'est bien !

LIONEL, leur prenant la main.

Et maintenant, mes amis, allez prendre quelque repos, vous en avez besoin.

ARTHUR.

Colonel, vous me parliez d'une lettre pour votre mère...

LIONEL, s'approchant de la table.

Elle est là... (Prenant la plume.) Pardon, deux mots encore. (Écrivant.) Pauvre mère !

(Il écrit très-vite ; Arthur est appuyé sur sa chaise, Zambaro est à l'autre bout du théâtre.)

ZAMBARO, à part.

Plus j'y pense... ce projet, ce mariage... Comment à présent revenir sur mes pas ? N'importe, il le faut ; ces braves jeunes gens... une cause si juste ! faire notre fortune et le bonheur de Bathilde. Oui, je les sauverai... Ah ! et ces papiers d'Herman, je les lirai en chemin.

(Pendant ce temps Lionel a cacheté sa lettre.)

LIONEL, remettant la lettre à Arthur.

Mon cher Arthur, vous savez ce que vous avez à faire ?

ARTHUR, d'une voix émue.

Soyez tranquille, à moins que moi-même...

LIONEL, allant à Zambaro.

Monsieur le baron, j'avais des projets dont je voulais vous parler ce soir ; mais demain, demain, s'il en est temps, si nous sommes vainqueurs... et si nous ne l'étions pas, si le sort nous trahissait...

ZAMBARO.

Y pensez-vous ?

LIONEL.

Oui, oui, ne parlons pas de cela. (A Arthur.) Mon ami... (A Zambaro.) Mon père, embrassons-nous... (Il se jette dans les bras de Zambaro.) Et que demain le soleil naissant éclaire un pays libre. Adieu, mes amis.

TOUS DEUX, lui serrant la main.

Adieu, colonel.

(Il les conduit jusqu'à la porte ; Zambaro et Arthur sortent en se tenant par le bras.)

SCÈNE IV

LIONEL, ensuite BATHILDE.

LIONEL, seul, préoccupé; il ferme la porte et pousse le verrou.

Libre!... Et si nous succombons, un esclavage éternel! que de victimes! je n'ose m'arrêter à cette affreuse idée. (Se remettant.) Non, tout est prévu... Washington accourt à la tête d'une armée, les Français nous secondent, les Français que j'estimais, et que maintenant je chéris comme les frères de Bathilde... (S'arrêtant.) En vérité, je rougis de moi-même; au moment d'exécuter le plus vaste dessein, ce n'est pas lui qui m'occupe le plus... l'image de Bathilde est là sans cesse, devant mes yeux... de Bathilde que je connais à peine, et qui bannit de mon cœur cette pauvre Henriette que j'aurais tant de raisons d'aimer. (La porte du cabinet à gauche s'est ouverte; il aperçoit Bathilde.) Ciel! que vois-je!

BATHILDE, s'avançant.

Ils sont partis.

LIONEL, courant à elle.

N'est-ce point un rêve? vous, madame!

BATHILDE, très-émue,

Silence! je vous en conjure; quand vous asurez le motif...

LIONEL, avec joie.

Ah! quel qu'il soit, je le bénis, puisqu'il me rapproche de vous, (Voulant l'attirer près de lui.) de vous, dont la présence est déjà le bonheur.

BATHILDE, le repoussant.

Colonel!

LIONEL.

Ne tremblez pas; que craignez-vous? nous sommes seuls, et mon amour...

BATHILDE, se dégageant.

Monsieur, vous vous méprenez.

LIONEL, étonné.

Comment ? En effet, cette agitation... Que venez-vous donc faire ici ?

BATHILDE.

Vous sauver.

LIONEL.

)oi !

BATHILDE.

Vos projets sont connus.

LIONEL.

Qu'entends-je l

BATHILDE.

C'en est fait de vous et de vos amis.

LIONEL, atterré.

Grand Dieu !

BATHILDE, à demi-voix.

Plus bas, je vous en conjure.

LIONEL.

Ah ! madame, achevez de m'instruire... nommez le traître, il ne vivra pas une minute de plus.

BATHILDE, avec effroi.

Ne m'interrogez pas, contentez-vous de ce que je puis vous apprendre sans devenir parjure, et écoutez-moi. Le gouverneur sait tout ; si vous faites un pas, vous êtes perdu ; ainsi, gardez-vous de sortir, n'attaquez pas, ou vous êtes pris les armes à la main, et nulle puissance au monde ne pourra vous sauver.

LIONEL, après un silence.

Je ne reviens pas de ma surprise !

BATHILDE, avec anxiété.

Eh bien !... que ferez-vous ?

LIONEL, après un instant de réflexion.

J'attaquerai.

BATHILDE.

Vous attaquerez !

LIONEL.

Le sort en est jeté.

BATHILDE, les mains jointes.

Lionel, je vous en supplie, je vous le demande à genoux.

LIONEL.

Il n'est plus en mon pouvoir d'arrêter le mouvement. Comment le faire d'ailleurs, sur un avis aussi vague?... Qui a découvert nos projets? D'où le savez-vous? Qui vous l'a dit?

BATHILDE, troublée.

Je ne puis parler.

LIONEL.

Et comment croire alors à cet intérêt pour moi?

BATHILDE.

Cet intérêt est bien grand, je vous l'atteste. Ma présence ici n'en dit-elle pas assez?... N'ai-je pas tout bravé pour arriver jusqu'à vous?

LIONEL.

Ah! je vous crois; mais quelles preuves puis-je donner à mes amis? à votre oncle lui-même, qui s'est exposé pour nous?

BATHILDE.

Et s'il n'était pas M. de Courville?

LIONEL.

Que dites-vous?

BATHILDE.

Si, moi-même, je vous avais trompé?...

LIONEL.

Ce n'est pas possible!... Achevez.

BATHILDE.

Ah! ne m'en demandez pas plus.

LIONEL.

Parlez, ou je cours à l'instant même donner le signal.

BATHILDE.

Arrêtez... je dirai tout. Ah! qu'il faut aimer pour faire un pareil aveu! Lionel... (Il la regarde avec tendresse.) Voilà donc le dernier regard d'amour que tu jetteras sur moi! mais tu le veux... (A voix basse.) Je suis une misérable... la dernière des femmes... j'ai vendu ta tête.

LIONEL, terrifie.

Vous! grand Dieu !

BATHILDE.

C'est moi qui suis chargée d'épier tes démarches, de surprendre tes secrets, de les livrer au gouverneur, qui nous paye, oui Lionel, qui nous paye notre trahison.

LIONEL, la regardant.

Non, je ne puis me persuader encore...

BATHILDE, avec égarement.

Je ne vous dirai point, pour me justifier, qu'abandonnée dès l'enfance à des mains perverses, j'ai été élevée dans l'ignorance du bien et du mal; on a vendu ma jeunesse; on l'a flétrie... Oui, vous me connaissez enfin, et d'aujour d'hui seulement je me connais moi-même, d'aujourd'hui je me suis vue telle que j'étais, et j'ai fait comme vous, j'ai frémi d'horreur! j'ai connu la honte, le remords; j'ai détesté ma vie; et, décidée à y renoncer, j'ai tout bravé pour vous sauver, tout, jusqu'à votre mépris.

LIONEL.

Ah! gardez-vous de croire... il n'est pas de fautes que ne puisse expier un pareil repentir. Il vous suffisait de connaître la vertu pour y revenir, pour l'aimer.

BATHILDE.

Moi, l'aimer! Non, je me tromperais moi-même; ce n'est pas elle, c'est vous que j'aime! Ce changement en moi, ce retour vers le bien, c'est à vous seul, c'est à mon amour que je le dois ; c'est au désir de vous sauver ! Ah ! qu'au moins ma honte ne soit pas inutile... Hâtez-vous ! fuyez !

LIONEL.

Il est trop tard. Je pourrais peut-être, grâce à vos avis, me soustraire au danger ; mais exposer des malheureux à qui j'ai mis les armes à la main, et qui, dans ce moment sans doute, sont en marche pour nous rejoindre !... Non, je ne les abandonnerai point.

BATHILDE.

Et que pouvez-vous faire ?

LIONEL.

Mourir avec eux : à moins qu'un coup hardi, désespéré... Si nous pouvions prévenir le gouverneur, pénétrer dans son palais, nous emparer de sa personne.

BATHILDE, vivement.

J'en sais les moyens.

LIONEL.

Que dites-vous ?

BATHILDE.

C'est lui-même qui nous les a fournis.

LIONEL.

O mon ange tutélaire !

BATHILDE.

Écoutez... A quelque heure de la nuit que vous vous présentiez, vous serez admis auprès de lui avec ces mots : *Angleterre et Bohême.* C'est le mot d'ordre convenu.

LIONEL.

Il suffit.

BATHILDE.

Partez, sauvez vos jours, ceux de vos amis ; mais avant de nous séparer pour jamais, dites-moi que vous me pardonnez. que vous ne me méprisez plus.

LIONEL.

Moi ! te quitter !... Je te consacre désormais ces jours que
je te dois ; ils sont à toi, ils t'appartiennent.

BATHILDE.

Jamais, jamais !... Malheureuse que je suis, je ne mérite
plus... Mon cœur seul est digne de toi. Mais, puisque tu ne
me repousses pas, puisque tu me souffres auprès de toi,
je suis trop heureuse, je te suivrai, je te servirai, je serai
ton esclave. Écoute... on vient.

ARTHUR, en dehors.

Colonel, colonel, ouvrez.

BATHILDE.

Grand Dieu !

LIONEL.

C'est Arthur.

BATHILDE.

Il n'est plus temps, peut-être!

ARTHUR, en dehors et frappant.

Ouvrez... Il y va de votre salut.

BATHILDE, tremblante.

Seule... ici... je suis perdue... N'importe, ne songe qu'à
ta sûreté.

LIONEL.

A ton honneur d'abord... (Montrant l'alcôve.) Vite, cache-
toi... là...

(Il la conduit, et court ouvrir à Arthur.)

SCÈNE V.

LIONEL, ARTHUR, tenant **ZAMBARO** au collet, **BATHILDE,**
cachée, **DEUX SOLDATS** suivant Arthur.

LIONEL.

Que vois-je !

ARTHUR, vivement.

Trahison!... qu'il ne puisse s'évader. (Aux deux soldats.) Restez à cette porte.

ZAMBARO.

Monsieur....

ARTHUR, le poussant avec force.

Ne bouge pas, malheureux.

LIONEL.

Qu'y a-t-il donc?

ARTHUR.

Ce traître qui s'échappait de cette maison, et demandait à un matelot l'hôtel du gouverneur.

LIONEL.

Comment?

ZAMBARO, à part.

Malédiction! Je voulais les sauver.

ARTHUR.

Il allait livrer nos secrets.

LIONEL.

Quelles preuves en avez-vous? Le baron...

ARTHUR.

Ce n'est pas le baron.

LIONEL.

Lui!

ZAMBARO.

Vous osez...

ARTHUR.

J'en suis sûr. Tout à l'heure quelqu'un m'a fait éveiller, c'était le véritable Courville.

LIONEL.

Courville!

ZAMBARO, à part.

Oh ! maladroit ! je n'avais pas prévu...

ARTHUR, à Lionel.

Je ne puis en douter ; il m'a montré vos lettres, sa commission ; il venait nous prévenir qu'il ne pouvait rien, que mourir avec nous ! Les secours promis ne sont point arrivés ; il est seul, tout nous manque : et c'est au moment où j'accourais vous apprendre ces fâcheuses nouvelles, que j'ai surpris ce misérable...

LIONEL, vivement.

O ciel ! où est le baron ?

ARTHUR.

Retourné à son bord, pour nous envoyer de la poudre, des armes, ce qu'il pourra.

ZAMBARO, à part.

Il est parti... (Haut.) C'est une imposture : qu'on me confronte avec lui.

LIONEL, allant à Zambaro.

Un moment. (Regardant l'alcôve.) J'étais déjà instruit de cette trahison, mais cela ne suffit pas. (A Zambaro.) Tu as eu des conférences avec le gouverneur, tu connais ses desseins, il faut nous les dire à l'instant.

ZAMBARO, embarrassé.

Messieurs, vous vous trompez ; je vous jure que j'ignore absolument... je suis pour vous... et...

(On frappe à la porte.)

LIONEL.

Silence... qui vient là ?

(Il va ouvrir.)

SCÈNE VI.

LES MÊMES ; UN VALET.

LE VALET, à Lionel.

Le secrétaire du gouverneur.

TOUS, à demi-voix.

Le secrétaire...

LE VALET.

Il est enveloppé d'un manteau, et demande à parler au baron de Courville.

ZAMBARO, voulant sortir.

Je vais...

LIONEL, l'arrêtant.

Chut ! restez.

ZAMBARO.

Mais...

LIONEL.

Reste là te dis-je ; pas un mot, pas un signe, ou tu es mort. Arthur, veille sur lui.

(Arthur fait asseoir Zambaro sur une chaise auprès de la petite table à gauche, sur laquelle il prend un pistolet, et se tient auprès de lui en observant tous ses mouvements. Lionel reste debout à la droite de Zambaro.)

LIONEL, au valet.

Fais entrer.

ZAMBARO, à part.

Par ma foi, le grand Frédéric lui-même aurait de la peine à se tirer de là.

SCÈNE VII.

LES MÊMES ; SIR COKNEY, enveloppé d'un manteau.

SIR COKNEY, regardant tout le monde.

M. de Courville ?

LIONEL, montrant Zambaro.

Le voici ; ne craignez rien, nous sommes tous du parti de M. le baron.

ARTHUR, suivant tous les mouvements de Zambaro.

Et ses meilleurs amis.

SIR COKNEY, d'un air d'intelligence.

J'entends. (Souriant.) C'est son état-major ; en effet, je reconnais ces messieurs pour les avoir vus tantôt. (Se dégageant de son manteau.) Parbleu ! je suis enchanté de pouvoir enfin parler à cœur ouvert. (A Zambaro.) Son Excellence voulait vous envoyer un de ses officiers ; mais elle a pensé que, ne vous connaissant pas, il pourrait faire quelque gaucherie, tandis que moi qui sais mon affaire... je suis sûr au moins de ne pas me tromper.

ZAMBARO, à part.

Joliment.

LIONEL ET ARTHUR.

Eh bien ?

SIR COKNEY, à Zambaro.

Eh bien ! mon cher, ça va à merveille ; Son Excellence a reçu vos petites notes.

ARTHUR, bas à Zambaro.

Ah ! traître !

SIR COKNEY.

Hein... Qu'est-ce que c'est ?

LIONEL, haut et avec un mouvement.

Rien ; nous avions peur qu'elles ne fussent interceptées.

SIR COKNEY.

Du tout ; les mesures ont été prises sur-le-champ comme vous l'avez indiqué.

ARTHUR, bas à Zambaro qui veut parler.

Tais-toi.

SIR COKNEY.

Douze hommes se sont emparés de Beacon-Hill pour empêcher d'allumer se fanal ; le régiment des fusiliers et lle soldats de marine marchent sur Lexington pour désarmer ces bons Yankees... je pense que ce ne sera pas difficile.

ZAMBARO, à part, lui faisant signe des yeux.

Il ne comprend rien.

SIR KOKNEY, continuant.

Enfin, à cinq heures précises, tous les chefs seront arrêtés à domicile.

ARTHUR ET LIONEL, se regardant.

A cinq heures !

ZAMBARO, à part.

Courage, imbécile !

SIR COKNEY.

N'est-ce pas ce que vous avez demandé ?

LIONEL, prenant un pistolet sur la table.

Il suffit, nous en savons assez.

SIR COKNEY, étourdi.

Comment ? quoi ? qu'y a-t-il, messieurs ?

LIONEL, le saisissant.

Point de bruit, sir Cokney ; il est trop tard pour retourner à l'hôtel de Son Excellence, pour quelqu'un surtout qui ne connaît pas les rues de Boston. (Lui montrant le cabinet à gauche.) Entrez là. (A Arthur.) Une sentinelle sous la fenêtre.

ZAMBARO, à part.

Nous y voilà.

SIR COKNEY, résistant.

Permettez... expliquez-moi, M. le baron...

ARTHUR, le poussant.

Point d'explications.

SIR COKNEY.

Ah ! mon Dieu ! est-ce que je suis tombé dans une embuscade ? Messieurs, je demande à être traité avec les plus grands égards, si le droit des gens n'est pas inconnu dans ces climats barbares.

(On l'enferme dans le cabinet.)

ARTHUR.

Et d'un...

LIONEL, à Zambaro.

Quant à toi, misérable, rends grâce au souvenir qui pro-tége encore ta vie. (A Arthur.) Qu'il soit gardé à vue ; je vais l'envover prendre par quatre de nos soldats ; et s'il voulait fuir, point de pitié.

ARTHUR, rapidement.

Nais que faire maintenant ? le gouverneur est averti ; à cinq heures...

LIONEL.

Il nous reste deux heures, attaquons sur-le-champ. (A part.) Et Bathilde, il faut la délivrer ; éloignons d'abord Arthur. (A Arthur.) Rassemblez nos amis, courez au fanal, désarmez le poste anglais, allumez, marchez aussitôt sur Bunker's-hill : le départ des fusiliers et des soldats de marine dégarnit ce côté ; emparez-vous de la redoute qui nous rend maîtres de la baie ; si nos milices forcent le passage, elles nous y join-dront ; si elles succombent, nous nous y enterrerons, et ce ne sera pas sans vengeance. Prévenez Jackson, William, les volontaires ; pour moi, j'ai les movens d'arriver jusqu'au gouverneur.

ARTHUR.

Et lesquels ?

LIONEL.

Je te les dirai, et c'est à toi que je confie cette entreprise. Puisque le sang doit couler, commençons par le sien. Sui-vez-moi.

(Il sort précipitamment suivi d'Arthur.)

SCÈNE VIII.

ZAMBARO, seul.

Damnation ! tout est perdu ! impossible de sortir. (Il écoute à la porte.) J'entends qu'on place déjà les sentinelles. Après tout, ce que j'en dis, ce n'est pas pour moi ; fusillé ou pendu, ça revient au même ; mais Bathilde ! ma pauvre Bathilde ! comment lui apprendre la découverte que je viens de faire ? comment l'instruire ?

SCÈNE IX.

BATHILDE, qui est sortie de l'alcôve aux derniers mots de Zambaro ; ZAMBARO.

BATHILDE, pâle et agitée.
Me voici ; que me voulez-vous ?

ZAMBARO, se retournant.
C'est toi ! et d'où sors-tu donc ?

BATHILDE, troublée.
Je ne sais ; j'ai entendu votre voix, des menaces...

ZAMBARO.
Mon enfant, la chance a tourné, cela va mal pour moi ; mais te voilà, peu m'importe. Prends ces papiers, que je craignais qu'on ne me ravît, et qui assurent à jamais ton sort. Toi, tu es libre... ces sentinelles te laisseront sortir. S'il est encore temps de me sauver, essaye-le ; sinon, s'il faut mourir, je le ferai sans regrets ; car tu n'as plus besoin de moi.

BATHILDE.
Que dites-vous ?

ZAMBARO.
Que tu as maintenant des parents, un appui ; que ces pa-

piers que mon frère m'adressait te feront reconnaître d'une illustre famille.

BATHILDE, avec joie.

Il serait vrai Lionel ! Lionel !... je l'appelle en vain, il est parti ; il va surprendre le gouverneur !

ZAMBARO, avec effroi.

Que dis-tu ?

BATHILDE, avec joie et exaltation.

Oui, oui, c'est moi, moi qui lui en ai donné les moyens ! Grâce au mot d'ordre que je lui ai confié, il peut parvenir jusqu'à lui et l'immoler.

ZAMBARO.

L'immoler... qui ? ton père !

BATHILDE.

Milord Gage !

ZAMBARO.

Lui-même.

BATHILDE, reculant d'effroi.

Ah ! je devais donc trahir tout le monde ! J'ai beau faire, le crime m'environne et j'y retombe toujours. Courons, courons, il est peut-être temps encore ; courons sauver mon père, et mourir avec Lionel.

(Elle s'élance vers la porte et disparaît. Zambaro veut la suivre ; deux factionnaires se présentent et croisent leurs fusils pour lui fermer le passage.)

ACTE CINQUIÈME

Un salon du palais du gouverneur.

SCÈNE PREMIÈRE.

LORD GAGE, plusieurs Officiers.

LORD GAGE, parlant aux officiers.

Allez, qu'on exécute mes ordres, qu'on éveille le colonel
Clinton, qu'il coure aux casernes, qu'il fasse mettre les
soldats sous les armes. (Rappelant un officier.) Burgoyne, encore
un mot. Si le peuple faisait mine de se joindre aux rebelles,
ces trois officiers que nous venons de prendre les armes à
la main... vous entendez... sur-le-champ... (Les officiers sortent. Lord Gage reste seul, se promenant avec agitation, et tenant une lettre à la main.) Non, je n'éprouvai jamais rien de pareil ;
cette lettre, cette lettre fatale... Mon émotion est telle que
j'ai eu à peine la force et le sang-froid de m'occuper des
dangers dont elle vient de m'avertir.

(Lisant.)

« Milord,

« Une fille que vous avez longtemps pleurée, et qui ne
« méritait point vos regrets, n'ose en ce moment se jeter
« aux pieds d'un père qui aurait le droit de la repousser ;
« mais elle veut, elle doit le prévenir des dangers qui le
« menacent, et qu'elle vient d'apprendre. Zambaro est arrêté ·
« le mot d'ordre, qui lui permettait d'arriver près de vous,
« est connu de vos ennemis, qui peuvent par ce moyen

« pénétrer jusqu'en votre appartement. Je ne vous en dis
« pas davantage, mais tenez-vous sur vos gardes, et défendez
« des jours sur lesquels désormais mon devoir est de veiller. »

N'est-ce point un songe ? est-ce bien de la main de Clara
que me vient un pareil avis ? L'unique objet de mes regrets,
ma fille me serait rendue ! et dans quel moment !... Qui
vient là ? Henriette !

SCÈNE II.

MISS HENRIETTE, LORD GAGE.

MISS HENRIETTE.

Comment ! mon père, déjà levé ?

LORD GAGE.

Mais toi-même ?

MISS HENRIETTE.

J'entendais aller et venir dans votre appartement c'est là
ce qui m'a inquiétée ; car de si bonne heure, et avant le
jour...

LORD GAGE.

J'ai été réveillé en sursaut par un messager qui avait fait
près de deux milles en dix minutes pour m'apporter cette
lettre.

MISS HENRIETTE.

Elle était donc bien importante ?

LORD GAGE.

Sans doute. Elle m'annonçait un complot que je viens de
déjouer ; mais ce messager n'a pu rien m'apprendre sur la
personne qui m'adressait cet avis salutaire. Pourvu qu'il
puisse la rejoindre et lui porter mes ordres ! Quelle qu'elle
soit, qu'elle vienne, et mes bras lui sont ouverts... (A part, et
écoutant.) Eh ! mais, qu'entends-je ?

MISS HENRIETTE.

Qu'est-ce donc, mon père?

LORD GAGE.

Rien, rien, mon enfant. (A part.) Il paraît que, malgré la modération que je lui ai ordonnée, lord Clinton a été obligé de tirer sur les rebelles. J'aime mieux cela que des arrestations, des jugements; personne n'est responsable d'une émeute. si ce n'est ceux qui en sont victimes.

MISS HENRIETTE.

Le bruit augmente; qu'est-ce que cela veut dire ?

SCÈNE III.

LES MÊMES; SIR COKNEY.

SIR COKNEY.

C'est une horreur ! Il n'y a donc pas de constables?

LORD GAGE.

Qu'est-ce donc, sir Cokney?

SIR COKNEY.

Ah ! vous voilà, milord; je vous demande satisfaction on a violé le droit des gens; on m'a arrêté.

LORD GAGE.

Et qui donc?

SIR COKNEY.

Ce Zambaro vers qui vous m'avez envoyé... c'est-à-dire non, ses amis à lui, qui se trouvent être ses ennemis et les vôtres; car on n'y conçoit rien, et l'on ne devrait jamais avoir affaire à de pareils gens.

LORD GAGE, froidement.

Vous avez peut-être raison.

MISS HENRIETTE.

Et comment vous êtes-vous échappé?

SIR COKNEY.

Par une fenêtre basse qui donnait sur les champs, huit pieds de haut ; mais dans ces moments-là on a une énergie… et je me suis mis à courir jusqu'à la grande route, où j'ai rencontré deux compagnies du régiment des gardes qui s'avançaient en bon ordre et l'arme au bras ; et, à la vue des habits rouges, je me suis dit : « Ne voilà chez moi, je suis sauvé. »

LORD GAGE.

Je l'espère bien.

SIR COKNEY.

Eh bien ! pas du tout, ça été bien pire.

LORD GAGE.

Que me dites-vous ?

SIR COKNEY.

Nous marchions sur Lexington, lorsque plusieurs coups de feu.

LORD GAGE.

Des Américains ont osé tirer les premiers sur nos troupes !

SIR COKNEY.

Une vingtaine de paysans armés de fusils de chasse… et nous allions les châtier comme ils le méritaient, lorsque des deux côtés de la chaussée nous sommes salués de la même manière. Nous entendons sonner le tocsin, et de tous les villages voisins nous voyons accourir, à travers champs, les habitants armés de bâtons, de haches et de faux… Le commandant crie à haute voix : « Volte-face ! »

LORD GAGE.

C'était bien.

SIR COKNEY.

C'était mal ; car moi qui étais à la queue de la colonne je me trouvai ainsi à la tête, et j'entendais les cris de ces furieux : « A bas les Anglais ! à bas les habits rouges ! » Et notre commandant qui criait encore plus haut : « Canaille américaine, retirez-vous, ou je vous mitraille. »

LORD GAGE.

C'est ce qu'il fallait faire.

SIR COKNEY.

C'est ce qu'il a fait. « Feu ! » a-t-il dit, et j'en ai vu tomber une vingtaine des plus acharnés ; mais les autres sont revenus à la charge de plus belle. A chaque instant leur nombre augmentait, les pierres pleuvaient de toutes parts, et le détachement a pris le pas accéléré, puis le pas de course.

LORD GAGE.

Fuir devant des Américains !... Et les rebelles ?...

SIR COKNEY.

Sont maintenant à la porte de votre palais, où ils forment un rassemblement.

LORD GAGE.

Que bientôt j'aurai dissipé.

MISS HENRIETTE.

Et par quels moyens ?

LORD GAGE.

Les seuls que me commande mon devoir : on ne transige point avec des révoltés. Venez, Cokney, suivez-moi.

SIR COKNEY.

Oui, milord. (A miss Henriette.) Pardon, mademoiselle.

(Il sort avec lord Gage.)

SCÈNE IV.

MISS HENRIETTE, seule.

Oh ! mon Dieu ! que devenir ? Trembler à la fois pour mon père et pour mon pays ! pour un autre encore, que je n'ose nommer. Aura-t-il profité de mes avis? aura-t-il renoncé à ses projets?... Mais quelle est cette femme?

SCÈNE V.

MISS HENRIETTE, BATHILDE.

BATHILDE, entrant par le fond.

Le gouverneur m'appelle auprès de lui ; son messager me l'a dit ; il veut me voir. Ah ! je me soutiens à peine.

MISS HENRIETTE.

Madame, qu'avez-vous ?

BATHILDE.

Pardon, je venais ici par ordre du gouverneur à qui j'aurais voulu parler.

MISS HENRIETTE.

Des soins importants l'occupent en ce moment; mais je vais le faire venir.

BATHILDE.

Non, j'attendrai. (Elle s'assied sur le devant du théâtre à gauche. Miss Henriette passe derrière elle en la regardant avec intérêt et s'en approche au moment où elle lui parle. — Bathilde, à part.) Dieu merci, ce sont du moins quelques instants de gagnés. Me voilà donc sous le toit paternel !... Étrangère, inconnue, je m'y glisse en tremblant, et qui sait? peut-être quand il m'aura reconnue, quand il saura qui je suis...

MISS HENRIETTE.

Mon Dieu ! vous paraissez souffrir.

BATHILDE.

Oui, beaucoup.

MISS HENRIETTE.

Si jeune, et quelle est la cause?... (Bathilde se lève.) Ah! pardonnez mon indiscrétion, si je pouvais vous être utile, si je pouvais vous servir auprès de mon père...

BATHILDE.

Quoi ! vous seriez ?

MISS HENRIETTE.

La fille du gouverneur.

BATHILDE, à part.

Ma sœur ! Ah ! qu'elle est belle !

(Elle la regarde.)

MISS HENRIETTE.

Qu'avez-vous à me regarder ainsi ?

BATHILDE.

Votre vue me fait plaisir et me fait mal. (A part.) C'est l'amie d'enfance de Lionel, c'est miss Henriette !

MISS HENRIETTE.

Vous me connaissez ?

BATHILDE.

Oui, par ceux qui vous admirent et qui chérissent vos vertus. Ils ont raison ! Les premiers mots de consolation et d'amitié que j'aie entendus en ces lieux m'ont été adressés par vous ; je ne l'oublierai jamais.

MISS HENRIETTE.

Qui donc êtes-vous ? (On entend le bruit éloigné du canon.)

BATHILDE.

Milord vous le dira ; moi je n'ose... (Prêtant l'oreille.) Écoutez, écoutez ce bruit lointain !

MISS HENRIETTE.

C'est le bruit du canon...

BATHILDE.

Il vient de Bunker's-hill, cette redoute où, tout à l'heure encore, j'ai vu six cents Américains, décidés à mourir, se défendre contre toute l'armée anglaise.

MISS HENRIETTE, étonnée.

Eh quoi ! étiez-vous donc parmi eux ?

BATHILDE.

Oui, je les avais suivis; les balles ont atteint bien des braves! d'honnêtes et de vertueux citoyens! moi, elles m'ont épargnée; et quand leur chef m'a aperçue : « Retirez-vous, retirez-vous! » a-t-il dit; il a pensé que je n'étais pas digne de mourir avec eux, ni pour une si belle cause.

MISS HENRIETTE.

Ce chef, quel est-il?

BATHILDE.

Ne me le demandez pas.

MISS HENRIETTE, vivement.

Serait-ce Lionel?

BATHILDE.

Ah! votre cœur vous l'a dit.

MISS HENRIETTE.

Achevez, de grâce! Où est-il?

BATHILDE.

Là-haut, peut-être.

(On entend le canon, et un grand bruit à la porte du palais.)

MISS HENRIETTE.

Je me meurs.

BATHILDE.

Dieu! qu'ai-je fait! malheureuse que je suis! elle l'aime autant que moi... Mais quel bruit! (Regardant en dehors.) Lionel, Lionel; je l'ai vu; il s'élance à la tête du peuple; ils ont brisé les portes du palais...

(Miss Henriette tombe évanouie sur un fauteuil.)

SCÈNE VI.

LES MÊMES; LIONEL, PLUSIEURS OFFICIERS.

LIONEL.

Que personne ne me suive. Vous, Lechmère, prévenez lord Gage que toute résistance est inutile et pourrait deve-

nir dangereuse; qu'il est mon prisonnier, et que, seul, je
veux lui parler. Pour vous, messieurs, point de désordres,
point de violence; qu'on place des sentinelles à toutes les
portes, qu'aucun excès ne déshonore la cause de la liberté;
nous avons pris les armes, non pour violer les lois, mais
pour les défendre... (Apercevant Bathilde.) Ah! Bathilde! c'est
vous que je revois, Zambaro m'a tout appris, je sais qui
vous êtes, maintenant vous serez à moi.

BATHILDE.

Que dites-vous? Moi consentir à votre honte! non; la
compagne du noble Lionel doit être pure aux yeux du ciel
comme aux siens... Tenez... (Lui montrant miss Henriette.) Regardez.

LIONEL, la voyant.

Miss Henriette!

BATHILDE, à demi-voix.

Oui, miss Henriette; elle est belle, noble, vertueuse; elle
est bien heureuse, elle est digne de vous.

SCÈNE VII.

LES MÊMES; ARTHUR, PLUSIEURS OFFICIERS ET SOLDATS.

ARTHUR.

Nous les vengerons! c'est moi qui vous le promets.

LIONEL.

Qui s'est permis d'enfreindre mes ordres? Que voulez-
vous? Que demandez-vous?

ARTHUR.

Justice... Trois officiers de notre régiment, tombés ce
matin entre les mains du gouverneur, ont été amenés sous
les murs de la citadelle, et là, en présence du peuple, vous
ne le croiriez jamais, ils ont été fusillés.

LIONEL.

Des prisonniers de guerre !

ARTHUR.

On a pensé que des Américains étaient hors du droit des gens.

LIONEL.

Quelle indignité !

ARTHUR.

Eh bien l le sang pavera le sang, et voici la victime que nous réclamons.

SCÈNE VIII.

LES MÊMES; LORD GAGE.

LIONEL.

Milord Gage !

BATHILDE ET HENRIETTE, se jetant dans les bras de lord Gage.

Mon père !

TOUS, se précipitant vers lui.

Mort au gouverneur !

BATHILDE, s'élançant entre eux et lord Gage.

Arrêtez !

LORD GAGE, à part.

Qu'ai-je vu ! la nièce de ce Zambaro !

BATHILDE.

Arrêtez, nobles Américains, n'imitez pas les forfaits que vous détestiez tout à l'heure. (A Lionel.) Et vous qui venez de délivrer la patrie, si j'ai sauvé vos jours et ceux de vos amis, j'en réclame le prix. (Montrant lord Gage.) Protégez-le, défendez sa vie, ne déshonorez pas votre gloire.

LIONEL.

Ah ! s'il ne dépendait que de moi, croyez que la pitié...

ARTHUR.

La pitié ! en a-t-il eu pour nos frères ? Point de grâce !

TOUS.

Non, point de grâce !

ARTHUR.

Il faut un exemple ; il faut apprendre à l'univers entier...

BATHILDE.

Que vous avez su vaincre et n'avez pas su pardonner...
que vous êtes indignes de la victoire, que vous l'avez souillée
par un crime. Ah ! ce n'est pas la liberté qu'il vous faut,
c'est du sang. Eh bien ! vous serez satisfaits ; je vous offre
une nouvelle victime : frappez à la fois et le père et la fille.

LORD GAGE.

Ma fille !

MISS HENRIETTE.

Ma sœur !

BATHILDE.

Oh ! ne me désavouez pas. Je ne demande que l'honneur
de mourir avec vous. (Aux soldats.) Frappez maintenant.

(Mouvement général.)

LIONEL, aux Américains.

Non, vous épargnerez leurs jours. Dans une cause aussi
sainte que la nôtre, le sang ne doit couler que sur les champs
de bataille... et plutôt briser cette épée.

(Tous font un mouvement.)

ARTHUR, l'arrètant.

L'instrument de notre délivrance ! Non, colonel, la patrie
en a trop besoin ! conservez-le pour elle, nous vous obéis-
sons.

LIONEL, à lord Gage.

Milord, vous êtes libre. Portez au roi et au parlement
d'Angleterre les vœux de cette colonie : égalité des droits,

égalité des impôts, liberté selon les lois, voilà ce que nous demandons les armes à la main.

BATHILDE.

Vous partez, mon père ! Qu'ordonnez-vous de moi ?

LORD GAGE.

Tu me suivras, ma fille.

BATHILDE, se jetant dans ses bras.

Ah ! ce mot efface tout.

LORD GAGE.

Sous un autre ciel, dans un monde nouveau, nous parviendrons à oublier le passé... et peut-être un heureux avenir nous est-il permis. (A Lionel et aux Américains.) Messieurs, tout ce que je puis faire, c'est de porter vos demandes au parlement, et de faire des vœux pour qu'elles soient accueillies.

LIONEL.

Dites-lui que d'aujourd'hui tous les Américains sont soldats ; que vous avez vu en eux, non des esclaves révoltés, mais des citoyens, des hommes libres, qui, à la face de l'univers, proclament leur indépendance, et sauront la défendre.

TOUS LES AMÉRICAINS.

Oui, nous le jurons !

LES

INCONSOLABLES

COMÉDIE EN UN ACTE

Théatre - Français. — 8 Décembre 1829.

PERSONNAGES.	ACTEURS.
M. DE COURCELLES, receveur général.	MM. MICHELOT.
LE COMTE DE BUSSIÈRES	ARMAND.
Mme DE BLANGY jeune veuve.	Mmes MARS.
SOPHIE, sa femme de chambre	DEMERSON.

UN DOMESTIQUE.

Dans un pavillon du bois de Meudon.

LES

INCONSOLABLES

Un salon de campagne. A gauche du spectateur une table; à droite, un piano. Porte au fond, donnant sur des jardins; portes latérales conduisant dans d'autres appartements.

SCÈNE PREMIÈRE.

M. DE COURCELLES, SOPHIE.

SOPHIE.

Enfin vous voilà, monsieur; qu'il y a longtemps que vous n'êtes venu... trois mois pour le moins.

M. DE COURCELLES..

Huit jours tout au plus.

SOPHIE.

C'est possible! Mais au milieu des bois de Meudon, dans ce pavillon isolé où l'on ne voit personne...

M. DE COURCELLES.

Une visite fait événement! Comment se porte ta maîtresse?

SOPHIE.

Toujours de même. Conçoit-on une chose pareille ! Une si jolie femme se désoler, à vingt-cinq ans, pour un mari... et un mari qui est mort encore ! Je vous demande à quoi cela sert? Vous qui l'avez connu, monsieur, il était donc bien aimable?

M. DE COURCELLES.

Rien d'extraordinaire. De son vivant, c'était un mari comme un autre ; mais depuis qu'il est mort, c'est bien différent ! Avec le temps, et dans l'éloignement, les défauts s'effacent, les bonnes qualités ressortent, et il en résulte un portrait qui ne ressemble plus qu'en beau... Les grands hommes, les artistes et les maris gagnent cent pour cent à mourir

SOPHIE.

Je ne conçois pas alors qu'ils tiennent à vivre.

M. DE COURCELLES.

Par habitude. Notre jeune veuve est donc toujours bien désolée?

SOPHIE.

Je crois que cela augmente ; ce qui est terrible, parce que nous autres femmes nous ne pouvons en voir pleurer une autre sans nous mettre de la partie, et cela me gagne malgré moi, sans que j'en aie envie.

M. DE COURCELLES.

Pauvre Sophie!

SOPHIE.

Que voulez-vous ? Cela fait plaisir à madame, et je pleure vaguement, sans but déterminé, et pour les chagrins à venir : sans compter que la maison est bonne ; avec ma maîtresse, on fait ce qu'on veut : la douleur n'y regarde pas de si près : mais je dis néanmoins que pleurer toute la semaine c'est trop fort, et que si on avait seulement le dimanche pour rire...

M. DE COURCELLES.

Çela viendra. Comment se sont passés ces huit derniers jours?

SOPHIE.

Lundi, madame a rêvé que son mari revenait...

M. DE COURCELLES.

Quelle folie !

SOPHIE.

Pourquoi donc? Il y a si loin d'ici en Amérique... Il ne nous est pas encore prouvé qu'il soit défunt.

M. DE COURCELLES.

Quand, depuis plus d'un an, nous l'avons appris par les lettres du commerce et les journaux du pays!

SOPHIE.

Vous qui êtes un homme de finance, vous savez bien que le commerce se trompe quelquefois.

M. DE COURCELLES.

Bien rarement.

SOPHIE.

Oui, mais les journaux ?

M. DE COURCELLES.

Ah! je ne dis pas non.

SOPHIE.

Voilà ce qui nous donne de l'espoir. Mardi et mercredi, madame ne savait que faire; elle a passé toute la journée dans un désœuvrement et un ennui continuels; j'en bâille encore de souvenir.

M. DE COURCELLES.

Tant mieux.

SOPHIE.

Comment, tant mieux ?

M. DE COURCELLES.

Les grandes douleurs n'ont pas le temps de s'ennuyer, et
cela annonce un mieux sensible.

SOPHIE.

C'est ce mieux-là qui me rendrait malade! Jeudi, même
état. Je conseillai à madame de se mettre à son piano... impossible.

M. DE COURCELLES.

Pourquoi?

SOPHIE, montrant le violon qui est sur le piano.

Parce que... parce que son mari n'est plus là pour l'accompagner. Vendredi elle a mis un chapeau neuf.

M. DE COURCELLES.

De la toilette! bien...

SOPHIE.

Du bien perdu; car c'était pour son homme d'affaires
avec qui elle a eu une grande conférence.

M. DE COURCELLES.

Je le sais; au sujet de cette maison qu'elle veut quitter.

SOPHIE, avec joie.

Nous quitterions un lieu si triste?

M. DE COURCELLES.

Ta maîtresse le trouve trop gai, trop près de Paris; et j'ai
loué pour elle, dans la forêt de Fontainebleau, au milieu des
rochers, une habitation affreuse dont elle raffole.

SOPHIE.

Et vous trouvez qu'elle va mieux?

M. DE COURCELLES.

Sans contredit. Pour bien s'affliger, tous les lieux sont
bons, même les lieux les plus gais; car tant qu'elle existe, la
douleur se suffit à elle-même; mais dès qu'elle éprouve le
besoin du changement, dès qu'elle cherche à s'entourer d'ob-

jets tristes et lugubres, c'est qu'elle se sent faiblir et qu'elle appelle à son secours.

SOPHIE.

Savez-vous, monsieur, que pour un receveur général vous connaissez bien les femmes !

M. DE COURCELLES.

C'est que, nous autres financiers, nous avons plus que personne l'occasion de les étudier.

SOPHIE.

Tenez, voici madame. . toujours en noir.

M. DE COURCELLES.

Laisse-nous.

SOPHIE, la regardant.

Déjà à soupirer ! et il n'est encore que neuf heures du matin !... La journée sera bonne.

(Elle sort.)

SCÈNE II.

M DE COURCELLES, Mme DE BLANGY.

Mme DE BLANGY, l'apercevant.

M. de Courcelles !... C'est vous, mon ami ?

M. DE COURCELLES.

Et quoi ! toujours de même ?

Mme DE BLANGY.

Toujours. (Après un moment de silence.) Vous venez de Paris ?

M. DE COURCELLES.

Oui, madame.

Mme DE BLANGY.

Quelle nouvelle ?

M. DE COURCELLES.

Aucune.

Mme DE BLANGY.

Vous craignez de me le dire : avouez-le-moi franchement :
on y blâme mes projets de retraite et de solitude ; on pense,
comme vous, qu'ils ne dureront pas ?

M. DE COURCELLES.

C'est ce qu'on a dit d'abord.

Mme DE BLANGY.

Et maintenant que dit-on ?

M. DE COURCELLES.

Rien ; on n'en parle plus.

Mme DE BLANGY.

Ah ! je suis déjà oubliée ?

M. DE COURCELLES.

Excepté de vos amis. Mais les événements se succèdent
avec tant de rapidité... L'hiver a été brillant ; il y a eu beaucoup de bals... vous seule y manquiez ; et, en conscience, si
vous étiez raisonnable.

Mme DE BLANGY.

Raisonnable ! vous n'avez jamais d'autre mot, comme si
cela dépendait de moi. En vérité, monsieur, vous êtes désolant.

M. DE COURCELLES.

Désolant ! l'expression est charmante, il n'y a que moi qui
cherche à vous faire oublier vos chagrins, à vous consoler...

Mme DE BLANGY.

Voilà justement ce qui me met en colère contre vous ! Vous
savez que je n'ai qu'un plaisir, qu'un bonheur au monde,
celui de m'affliger, et vous voulez le troubler.

M. DE COURCELLES.

Encore faut-il de la modération, même dans ses plaisirs,
et quand depuis une année entière

Mme DE BLANGY.

Quoi, monsieur, après une perte pareille, vous ne croyez pas à une douleur profonde, éternelle?...

M. DE COURCELLES.

Profonde, oui; éternelle, non.

Mme DE BLANGY.

Et pourquoi?

M. DE COURCELLES.

Parce que... heureusement ce n'est pas possible; le ciel est trop juste pour le permettre. La santé, la jeunesse, le plaisir, rien n'est stable dans la nature humaine; aucune de nos affections n'est durable. Pourquoi la douleur le serait-elle? Il n'y aurait pas de proportions. Bien plus, je lisais l'autre jour, dans La Bruyère, cette pensée que voici, ou à peu près : « Si, au bout d'un certain temps, les personnes « que nous avons aimées et regrettées le plus s'avisaient de « revenir au monde, Dieu sait souvent quel accueil on leur « ferait! »

Mme DE BLANGY.

Quelle indignité !

M. DE COURCELLES.

Ce n'est pas moi, madame, qui dis cela, c'est La Bruyère et vous voyez donc bien...

Mme DE BLANGY.

Je vois, monsieur, que vous êtes le cœur le plus froid, le plus égoïste, le plus insensible.

M. DE COURCELLES.

Insensible ! non pas, et vous le savez bien; car longtemps avant qu'Édouard, votre mari, s'offrit à vos yeux, je vous aimais déjà; c'est même moi qui vous l'ai présenté comme mon meilleur ami, confiance qu'il a reconnue en se faisant aimer de vous.

Mᵐᵉ DE BLANGY

Ce n'était pas sa faute.

M. DE COURCELLES.

C'était peut-être la mienne ?

Mᵐᵉ DE BLANGY.

Ce pauvre Édouard !

M. DE COURCELLES.

Il me semble que, dans cette occasion-là, il n'était pas le
plus à plaindre ; aussi, depuis ce temps, j'ai pris en haine les
grandes passions ; j'ai prudemment battu en retraite, moi
qui ne pouvais vous offrir qu'un amour raisonnable, et jamais
je n'aurais pensé à faire revivre mes anciennes prétentions
s'il ne s'agissait aujourd'hui de vos intérêts.

Mᵐᵉ DE BLANGY.

Que voulez-vous dire ?

M. DE COURCELLES.

Édouard n'était pas riche, et je le suis beaucoup, ce qui
ne vous a pas empêchée de me le préférer, parce que l'amour
ne calcule pas ; mais, en allant au delà des mers chercher la
fortune, il vous a laissé des affaires très-difficiles, très-em-
brouillées, auxquelles votre douleur ne vous permettait pas
de songer, et, en votre absence, c'est moi qui me suis chargé
de la liquidation.

Mᵐᵉ DE BLANGY.

Ah ! mon ami !

M. DE COURCELLES.

Je ne dis pas cela pour qu'on me remercie, mais pour
qu'on m'écoute. Tout compte fait, tout le monde payé, il
vous reste à peine trois ou quatre mille livres de rente.

Mᵐᵉ DE BLANGY.

C'est plus qu'il ne m'en faut pour vivre dans la solitude, et
pour pleurer Édouard.

M. DE COURCELLES.

Oui, tant que vous le pleurerez ; mais si vous venez à sécher vos larmes ?

Mme DE BLANGY.

Jamais ! ce n'est pas possible.

M. DE COURCELLES.

Vous le crovez ; mais, malgré vous, et sans que vous vous en doutiez, un matin ou un soir, vous serez tout étonnée de vous trouver consolée... c'est affligeant, mais c'est comme cela.

Mme DE BLANGY.

Plutôt mourir !

M. DE COURCELLES.

Vous ne mourrez pas, et vous vous consolerez.

Mme DE BLANGY.

Je ne me consolerai pas.

M. DE COURCELLES.

Je vous dis que si.

Mme DE BLANGY.

Je vous dis que non.

M. DE COURCELLES.

Eh bien ! ne vous fâchez pas, vous voilà justement au point où je voulais en venir : si vous restez renfermée dans votre douleur, rien de mieux ; mais si vous devez en sortir, que ce soit pour vous acquitter envers moi, pour accepter ma main et les soixante mille livres de rente que je vous offre. Souscrivez-vous à mon traité ?

Mme DE BLANGY.

A quoi bon ?... Je sens là que je n'oublierai jamais Édouard.

M. DE COURCELLES.

Soit. Je demande seulement la préférence, et j'attendrai tant que vous voudrez. Ne donnez-vous votre parole ?

Mme DE BLANGY.

Oui, je vous la donne; et je voudrais pouvoir reconnaître autrement tant d'amitié et de dévouement.

M. DE COURCELLES.

C'est moi maintenant que cela regarde, c'est à moi de tâcher de vous consoler, de vous égayer. Chaque éclat de rire avancera mon bonheur, et sera presque une déclaration.

Mme DE BLANGY, souriant.

Vraiment?

M. DE COURCELLES.

Et voici déjà un demi-sourire que je regarde comme un à-compte.

SCÈNE III

Les mêmes; SOPHIE.

SOPHIE.

Quand madame voudra, son déjeuner est servi.

Mme DE BLANGY.

Il suffit; je n'ai pas faim.

SOPHIE.

C'est tous les jours de même... Le moyen de vivre ainsi?

Mme DE BLANGY.

Que veux-tu? L'air qu'on respire ici ne vaut rien, tout m'y déplaît.

SOPHIE.

Une forêt charmante! Et, depuis Montalais jusqu'à Chaville, des promenades délicieuses!

Mme DE BLANGY.

Justement, c'est pour cela. Quand je vois passer dans nos bois ces habitants de Paris, ces heureux du jour...

SOPHIE.

Ces couples qui vont se promener le dimanche ?

Mme DE BLANGY.

Cela m'impatiente.

SOPHIE, à part.

Moi, il n'y a que cela qui m'amuse.

Mme DE BLANGY.

Heureusement nous n'avons pas longtemps à rester ici.
(A M. de Courcelles.) Vous êtes-vous occupé de la maison de
Fontainebleau ?

M. DE COURCELLES.

C'est une affaire terminée.

Mme DE BLANGY.

Tant mieux ! Je pourrai donc dès demain m'y établir.

M. DE COURCELLES.

Il faut que la maison soit vacante ; ce qui, malgré mes
instances, n'aura peut-être lieu qu'à la fin de la semaine. Du
reste, on doit vous écrire à ce sujet aujourd'hui ou demain...

Mme DE BLANGY.

Voilà qui me contrarie beaucoup.

M. DE COURCELLES.

Pourquoi donc?

Mme DE BLANGY.

C'est que celle-ci est déjà louée.

M. DE COURCELLES.

Vraiment ?

Mme DE BLANGY.

Le jour même où j'en avais parlé à mon homme d'affaires,
un monsieur s'est présenté chez lui, qui l'a louée sur-le-champ,
toute meublée et telle qu'elle est... le comte de Bussières, le
connaissez-vous ?

M. DE COURCELLES.

M. de Bussières, un jeune pair de France : je le connais

fort peu ; mais des relations d'affaires m'ont lié avec son père, à qui j'ai eu le bonheur de rendre service. Pour le fils, on en parle dans le monde comme d'un charmant jeune homme ! je crois même qu'il était marié, car il a épousé, ou dû épouser, il y a six mois, mademoiselle Hortense de Rinville.

Mme DE BLANGY.

Je ne connais pas cette famille.

M. DE COURCELLES.

Moi non plus ; mais cela a fait du bruit, l'hiver dernier : il v a eu un duel...

Mme DE BLANGY.

M. de Bussières ? En effet, cette affaire où il s'est si noblement conduit... Ah ! c'est lui !

M. DE COURCELLES.

Oui, madame ; un fou, un étourdi, dont on vante l esprit et la gaieté... jouissant du reste d'une fortune immense.

Mme DE BLANGY.

Ce qui m'étonne alors, c'est qu'il se contente d'un séjour aussi modeste.

M. DE COURCELLES.

Peut-être a-t-il des idées...

Mme DE BLANGY.

Comment ?

M. DE COURCELLES.

Les jeunes seigneurs de son âge et de son caractère ont souvent des habitations qu'ils n'habitent point par eux-mêmes .. et celle-ci, par sa position mystérieuse...

Mme DE BLANGY.

Il suffit, monsieur, il suffit ; je ne vous demande point de détails

SOPHIE.

Par exemple, je sais bien qui sera étonné d'entendre rire ; ce sera l'appartement de madame.

Mme DE BLANGY.

Que dites-vous?

SOPHIE.

Moi.. rien du tout, sinon que le déjeuner sera froid, et que si madame ne veut pas en entendre parler, voilà monsieur qui sera peut-être de meilleure composition.

M. DE COURCELLES.

Elle a raison, car je tombe de faiblesse, et j'espère bien que vous me tiendrez compagnie.

Mme DE BLANGY.

A quoi bon? Je ne trouve rien d'absurde et d'humiliant comme cette obligation de soutenir des jours qui vous sont insupportables. Trop faible ou trop timide pour m'ôter la vie, j'ai formé vingt fois le projet de me laisser mourir de faim ; et ce projet-là, autant vaudrait peut-être l'exécuter dès aujourd'hui.

SOPHIE.

O ciel !

Mme DE BLANGY.

Qu'en dites-vous?

M. DE COURCELLES.

Je dis, madame, que si vous ne devez plus jamais manger, à la bonne heure ; mais si vous devez manger un jour, je vous conseille de commencer tout de suite.

Mme DE BLANGY.

Ah ! monsieur, qu'il y a en vous peu d'illusions !

M. DE COURCELLES, lui présentant la main.

C'est vrai, je suis pour le positif, surtout quand j'ai faim ; et j'espère bien, si le déjeuner est bon, vous faire revenir à mon avis.

(Ils sortent.)

SCÈNE IV.

SOPHIE, seule.

Allons, c'est toujours ça de gagné ; elle va déjeuner, cela soutiendra sa douleur. Mais la forêt de Fontainebleau, et les rochers en perspective, c'est terrible, et je suis bien plus malheureuse que ma maîtresse : car enfin elle a perdu son mari, elle est veuve, c'est bien ; mais moi, je ne le suis pas, et, à vivre ainsi loin du monde et des humains, je n'ai pas l'espoir de jamais l'être un jour. (Écoutant.) Ah ! mon Dieu ! j'entends le bruit d'une voiture. Oui, vraiment, un jeune homme en descend. Un jeune homme ! quel bonheur ! Mais d'où vient-il ? car madame n'attend ni ne voit personne. C'est sans doute ce nouveau locataire dont on parlait tout à l'heure. Est-ce qu'il voudrait déjà prendre possession ? Ma foi, tant mieux, car un jeune homme qui est la folie et a gaieté même, ça ne peut pas faire de mal. Il y a si longtemps que je n'ai vu de physionomie joyeuse, et la sienne du moins...

SCÈNE V.

SOPHIE, M. DE BUSSIÈRES, en grand deuil, pâle et le mouchoir à la main.

SOPHIE.

Ah ! mon Dieu ! quel air sinistre ! Il est impossible qu'une figure comme celle-là annonce de bonnes nouvelles... Monsieur... Il soupire et s'arrête ; maintenant le voilà qui se promène, et l'on dirait d'un enterrement qui se met en marche. Monsieur, que demandez-vous ?

M. DE BUSSIÈRES, d'un air distrait et égaré.

Vous êtes de la maison ?

SOPHIE.

Oui, monsieur.

M. DE BUSSIÈRES.

Alors... (Il a l'air de réfléchir.) Laissez-moi.
(Il se jette sur un fauteuil et cache ses yeux dans son mouchoir.)

SOPHIE.

Il n'est pas bavard; et le voilà déjà établi comme chez lui.
Est-ce que monsieur serait le comte de Bussières, celui qui
a loué cette maison?

M. DE BUSSIÈRES.

Oui, mon enfant.

SOPHIE.

Ce n'est pas possible.

M. DE BUSSIÈRES.

Et pourquoi?

SOPHIE.

Ce jeune homme qu'on disait si gai, si étourdi?

M. DE BUSSIÈRES, souriant avec amertume.

Oui, autrefois je l'étais.

SOPHIE.

A moins que ce ne soit déjà l'air de la maison... Tenez,
monsieur, sans vous connaître, je m'intéresse à vous; et s'il
y a moyen de revenir sur votre marché, je vous le conseille;
c'est bien l'endroit le plus triste et le plus solitaire...

M. DE BUSSIÈRES.

C'est ce qu'on m'a dit, et je suis content qu'on ne m'ait
pas trompé.

SOPHIE.

Oui; mais c'est humide, c'est malsain.

M. DE BUSSIÈRES.

Tant mieux; le temps de l'exil y sera moins long.

SOPHIE.

Et puis il y a à peine un arpent ; c'est très-petit.

M. DE BUSSIÈRES.

Il y a toujours assez de place pour un tombeau.

SOPHIE.

Ah ! mon Dieu ! qu'est-ce que ça signifie ?. . Vous qu'on disait si heureux et si riche ? Est-ce que vous auriez perdu votre fortune ?

M. DE BUSSIÈRES.

Ma fortune... hélas, non ! Ces trésors, ces richesses... me restent encore.

SOPHIE.

A la bonne heure.

M. DE BUSSIÈRES.

Mais celle à qui je devais les offrir... à la veille de l'épouser... cette pauvre Hortense, au moment de la conduire à l'autel... la perdre pour jamais !

SOPHIE.

Et vous l'aimiez ?

M. DE BUSSIÈRES.

Plus que la vie !... Et, depuis six mois que je l'ai perdue, j'ai juré de l'aimer toujours... j'ai juré de mourir de douleur

SOPHIE.

Pauvre jeune homme !

M. DE BUSSIÈRES.

Vous pleurez ?

SOPHIE.

Oui, monsieur, de vous voir dans cet état-là !... (A part.) Et puis, l'habitude : moi, ça ne me coûte plus rien...

M. DE BUSSIÈRES.

Maintenant, montrez-moi la maison ; conduisez-moi dans la

chambre à coucher... j'ai la tête pesante; je ne serais pas
fâché de me jeter sur mon lit.

SOPHIE, troublée.

Tout de suite ?

M. DE BUSSIÈRES.

Eh oui ! sans doute... Qu'avez-vous donc ?

SOPHIE.

C'est que dans ce moment... ce lit est celui de madame.

M. DE BUSSIÈRES.

Madame !... Qu'est-ce que cela veut dire ?

SOPHIE.

Madame de Blangy ; c'est elle qui vous a loué.

M. DE BUSSIÈRES.

On m'avait dit que la maison était libre, que je pouvais y
entrer sur-le-champ.

SOPHIE.

Cela ne tardera pas ; mais si, en attendant, monsieur veut
parler à ma maîtresse ?

M. DE BUSSIÈRES.

Lui parler ! le ciel m'en garde. Madame de Blangy ..
Qu'est-ce que c'est que cela ? une vieille douairière ?

SOPHIE.

Non, monsieur ; elle est jeune et jolie.

M. DE BUSSIÈRES.

Jeune ou vieille, peu m'importe ; je suis venu ici pour ne
voir personne, encore moins pour m'occuper d'affaires. Dites
à votre maîtresse qu'elle en agisse à son aise, quand elle
voudra... le plus tôt sera le mieux ; seulement qu'elle me fasse
savoir le jour, je viendrai alors.

SOPHIE.

Et mais, monsieur, vous pouvez le dire vous-même à madame : car la voilà qui sort de déjeuner.

λ. DE BUSSIÈRES.

Non, chargez-vous de cela; je vais demander mes chevaux.
En attendant qu'ils soient attelés, puis-je faire le tour du
parc ?

SOPHIE.

Oui, monsieur, ça ne sera pas long.

λ. DE BUSSIÈRES, soupirant.

Ah ![1]

(Il sort.)

SCÈNE VI.

SOPHIE, puis Mᵐᵉ DE BLANGY.

SOPHIE.

Il est bien malheureux qu'un si joli cavalier ait des chagrins. Ah! madame, vous voici, apprenez un événement...

Mᵐᵉ DE BLANGY.

Quel est-il ?

SOPHIE.

L'événement le plus étonnant, le plus singulier, et qui ne
nous était pas arrivé ici depuis longtemps.

Mᵐᵉ DE BLANGY.

Qu'est-ce donc ?

SOPHIE.

Un jeune homme... une physionomie charmante, M. de
Bussières, qui vient prendre possession de la maison.

Mᵐᵉ DE BLANGY.

Déjà! quand j'y suis encore !

SOPHIE.

C'est ce que je lui ai dit; mais il m'a répondu qu'il ne voulait point gêner madame, qu'elle y resterait tant qu'elle voudrait; car il est impossible d'avoir des procédés plus gra-
cieux, et surtout des manières plus distinguées.

Mme DE BLANGY.

Tant pis ; me voilà désolée d'être son obligée.

SOPHIE.

Et pourquoi ?

Mme DE BLANGY.

Parce que, pendant le peu de temps que j'ai à rester ici, il sera impossible, s'il se présente, de ne pas le recevoir ; et l'apparence même d'une visite est pour moi une chose si ennuyeuse.

SOPHIE.

Oh ! si ce n'est que cela, rassurez-vous ; il a été au-devant de vos vœux, et vous n'aurez pas même ce désagrément-là à redouter de lui.

Mme DE BLANGY.

Comment cela ?

SOPHIE.

Il va partir pour Paris, et ne reviendra ici que quand vous n'y serez plus.

Mme DE BLANGY.

A la bonne heure ; mais je vais lui expliquer...

SOPHIE.

Impossible ! car, à votre approche, il s'est hâté de s'éloigner ; il ne veut voir personne au monde, et m'a chargée de vous le dire.

Mme DE BLANGY.

Il en est bien le maître ; mais il me semble que cela s'accorde mal avec cette politesse et ces manières si distinguées dont tu me parlais tout à l'heure.

SOPHIE.

Comme il ne vous connaît pas... Il croyait d'abord que madame était une douairière.

Mme DE BLANGY.

Je comprends.

SOPHIE.

Mais quoique je lui aie répété que vous étiez jeune et jolie, ça n'y a rien fait ; et je n'ai jamais pu le décider à se présenter chez madame.

Mme DE BLANGY.

A quoi bon, s'il vous plaît ? et de quoi vous mêlez-vous ? Je vous trouve bien singulière de vouloir me forcer à recevoir des gens dont je ne me soucie pas ; et je trouve plus étonnant encore que vous vous croyiez obligée de leur faire les frais de ma personne, et de leur donner mon signalement. Ce monsieur vient pour voir des appartements, des meubles, un jardin ; il fallait donc lui parler de la maison, et non pas de moi ; car je ne pense pas que je sois comprise dans le mobilier.

SOPHIE.

Je ne croyais pas fâcher madame en disant qu'elle est jolie ; cela ne m'arrivera plus ; et, si je rencontre M. de Bussières, je lui dirai tout le contraire.

Mme DE BLANGY.

Et qui vous parle de cela ? et à quoi cela ressemble-t-il ? Je vous prie, en grâce, qu'il ne soit question de moi ni en bien ni en mal ; car je vous répète que je ne veux pas entendre parler de cet étranger, et que je ne veux pas le voir.

SOPHIE, avec impatience.

Eh bien, madame, lui non plus ne veut pas...

Mme DE BLANGY.

Tant mieux, c'est ce que je désire.

SOPHIE.

Vous voilà d'accord, et vous n'aurez pas de dispute ensemble ; car il est comme vous dans les larmes, dans les soupirs, et il ne pense à rien qu'à se désoler.

Mme DE BLANGY.

Vraiment ! Que me dis-tu là ?

SOPHIE.

Il a perdu une jeune personne charmante qu'il allait épouser et qu'il adorait.

Mme DE BLANGY.

Qu'il adorait ! Ah! que je le plains ! qu'il doit être malheureux ! Je ne lui en veux plus de son impolitesse ; au contraire. cela prouve que, tout entier à sa douleur, il ne compte le reste pour rien : qu'il s'éloigne, qu'il me fuie, je le lui permets.

SOPHIE.

Tenez, tenez, madame, le voilà qui revient par cette allée.

Mme DE BLANGY, sans changer de place.

Éloignons-nous, respectons son chagrin; car, je m'y connais !... il a l'air bien triste et bien malheureux !

SOPHIE.

Déjà ! à son âge ; car il a tout au plus trente ans.

Mme DE BLANGY.

Crois-tu qu'il les ait ?

SOPHIE.

Oh ! oui, madame.

(Pendant ce temps, M. de Bussières est arrivé jusque sur le devant du théâtre ; il aperçoit Sophie et Mme de Blangy, qui sont toujours restées à la même place ; il s'incline respectueusement, mais sans les regarder.)

SCÈNE VII.

LES MÊMES; M. DE BUSSIÈRES.

Mme DE BLANGY.

Pardon, monsieur, de vous déranger dans votre promenade.

M. DE BUSSIÈRES.

A qui ai-je l'honneur de parler ?

SOPHIE.

A la maîtresse de la maison, madame de Blangy.

M. DE BUSSIÈRES, la regardant.

Madame de Blangy! Eh! mon Dieu! ces vêtements de deuil!... Je vois que vous aussi, madame, vous avez à déplorer quelque perte?

Mme DE BLANGY.

Oui, monsieur, et quand j'ai appris le motif qui vous faisait rechercher la solitude, je l'ai trouvé si naturel, que j'ai été désolée de ma présence ici, et je ne sais comment vous en demander excuse.

M. DE BUSSIÈRES.

Vous ne m'en devez aucune, madame.

Mme DE BLANGY.

Ce sera pour très-peu de temps; j'ai loué moi-même une campagne qui, d'un instant à l'autre, peut être libre; demain, aujourd'hui, j'espère en recevoir la nouvelle.

M. DE BUSSIÈRES.

Que cela ne vous gène pas, madame, je puis attendre maintenant.

Mme DE BLANGY.

Et comment cela?

M. DE BUSSIÈRES.

Tout à l'heure, en franchissant la haie du jardin, j'ai vu à cinquante pas, en face, au milieu des rochers, une maisonnette où je suis entré, et comme ce pays me plaît beaucoup, je m'y établirai en attendant.

Mme DE BLANGY.

Y pensez-vous? une maison de paysan; vous y serez horriblement mal.

M. DE BUSSIÈRES.

Tant mieux, on ne viendra pas m'y trouver, on m'y laissera seul, et quand je suis seul, je suis avec elle!...

Mᵐᵉ DE BLANGY.

Je le conçois, et ce n'est pas moi qui vous enlèverai cette consolation; j'en connais trop le prix.

ʌ. DE BUSSIÈRES.

Quoi! votre cœur a connu, comme le mien, le malheur sans espoir, et les regrets éternels?

Mᵐᵉ DE BLANGY.

Jugez-en, monsieur! j'ai perdu tout ce que j'aimais.

ʌ. DE BUSSIÈRES.

C'est comme moi.

Mᵐᵉ DE BLANGY.

J'en étais adorée.

ʌ. DE BUSSIÈRES.

Comme moi.

Mᵐᵉ DE BLANGY.

Ma vie entière se passera à pleurer.

ʌ. DE BUSSIÈRES.

Eh bien! madame, ce sera aussi ma seule occupation.

Mᵐᵉ DE BLANGY.

Je ne reviens pas de ma surprise! Une telle rencontre! une situation aussi exactement pareille!...

ʌ. DE DUSSIÈRES.

Pareille! Oh! non, elle ne peut pas l'être. On n'a jamais vu de fatalité égale à la mienne!... Perdre ce qu'on aime la veille d'un mariage!

Mᵐᵉ DE BLANGY.

Le perdre une année après, est bien plus cruel encore.

M. DE BUSSIÈRES.

Vous avez beau dire, il n'y a pas de comparaison; c'est moi qui souffre le plus, madame.

Mᵐᵉ DE BLANGY.

C'est moi, monsieur.

SOPHIE, à part et travaillant.

S'ils pouvaient se disputer! cela les distrairait.

A. DE BUSSIÈRES.

Enfin, ce qu'il y a de certain, c'est que tous deux nous sommes bien à plaindre.

Mme DE BLANGY.

Bien malheureux.

A. DE BUSSIÈRES.

Et vous le dirai-je?... Voilà le premier soulagement que j'aie trouvé à ma douleur, c'est de penser qu'il y a quelqu'un qui l'éprouve...

Mme DE BLANGY.

Et surtout qui peut la comprendre!... car, jusqu'à présent, je n'ai trouvé que des cœurs froids, indifférents, qui me reprochaient ma tristesse, qui semblaient m'en faire un crime. « Quelle folie! quelle extravagance! » disaient-ils, comme si c'était ma faute, à moi, si je suis malheureuse! Mais on fuit la douleur, on la craint; il est plus facile de blâmer ses amis que de pleurer avec eux.

A. DE BUSSIÈRES.

C'est aussi ce qui m'arrive. Parmi tous ces jeunes gens à la mode, ces intimes à qui je donnais à dîner, je n'en ai pas trouvé un seul qui eût le temps de s'affliger avec moi... Ils s'éloignent tous sous le prétexte qu'ils ont leurs affaires, leurs plaisirs, leurs maîtresses... (Pleurant.) Moi je n'en ai plus, j'ai tout perdu.

Mme DE BLANGY.

Pauvre jeune homme! Elle était donc bien jolie?

A. DE BUSSIÈRES, avec douleur.

Plus que je ne peux vous dire!...

Mme DE BLANGY.

Eh bien! nous parlerons d'elle... et souvent... c'est facile, puisque nous serons voisins.

M. DE BUSSIÈRES.

En effet, je n'aurai qu'à franchir la haie de votre jardin.

Mme DE BLANGY.

Dites du vôtre; car il vous appartient.

M. DE BUSSIÈRES.

Eh bien! madame, du nôtre.

Mme DE BLANGY.

C'est mieux. Nous voici à l'automne, et les soirées sont si longues!

M. DE BUSSIÈRES.

Nos souvenirs les abrégeront... Nous causerons, nous lirons ensemble.

Mme DE BLANGY.

C'est à deux surtout qu'on peut bien apprécier le charme de la douleur.

M. DE BUSSIÈRES.

Et de la solitude. Ah! que j'ai été bien inspiré en cherchant cet asile!

Mme DE BLANGY, avec impatience.

Qui vient là?

SCÈNE VIII.

LES MÊMES; UN DOMESTIQUE, tenant une lettre à la main.

(Sophie se lève, va à lui, et prend la lettre. Le domestique sort.)

Mme DE BLANGY.

Qu'est-ce donc?

SOPHIE.

Une lettre qu'on apporte; elle est timbrée de Fontainebleau.

Mme DE BLANGY, qui a pris la lettre, et qui l'ouvre.

De Fontainebleau! Serait-ce la réponse que j'attendais?

(A M. de Bussières.) Vous permettez ?... (Lisant.) « Madame,
« pressés par les instances de M. de Courcelles, qui se plai-
« gnait en votre nom de notre lenteur et de nos re-
« tards, etc... etc..... » (Elle achève de lire à voix basse.) Ah! la
maison que j'avais retenue est entièrement vacante.

M. DE BUSSIÈRES, à part.

Ah! mon Dieu!

Mme DE BLANGY.

Et elle peut me recevoir dès demain.

SOPHIE.

Madame doit être bien contente, car c'est tout ce qu'elle
désirait.

Mme DE BLANGY.

Certainement; mais M. de Courcelles, qui n'a de tact ni
de mesure en rien, aura pressé ces braves gens avec une
rigueur dont je vais être responsable; on croira que je n'ai
nul égard, nul procédé...

SOPHIE.

Les procédés d'un locataire qui arrive   vous ferez à Fontainebleau ce que monsieur fait ici.

M. DE BUSSIÈRES.

Quoi, madame, votre intention serait de partir demain ?

Mme DE BLANGY.

Mais oui, monsieur, il le faut bien; je ne puis abuser de
votre complaisance, ni rester plus longtemps chez vous.

M. DE BUSSIÈRES.

Chez moi ?

Mme DE BLANGY.

C'est le mot. Dès demain cette maison sera à votre disposition; et pour les arrangements à prendre...

M. DE BUSSIÈRES.

Rien ne presse; nous pourrons en parler à loisir.

Mme DE BLANGY.

A loisir, c'est-à-dire aujourd'hui... Mais je me mêle peu
de mes affaires, auxquelles du reste je n'entends rien ; c'est
un ami de mon mari, M. de Courcelles, qui veut bien prendre
ce soin.

M. DE BUSSIÈRES.

M. de Courcelles, le receveur général ?

Mme DE BLANGY.

Oui, monsieur. Vous le connaissez ?

M. DE BUSSIÈRES.

Un excellent homme, qui a rendu à ma famille d'importants services ; et je serai charmé de cette occasion de re-
nouer avec lui.

Mme DE BLANGY.

Sophie, prévenez M. de Courcelles...

SOPHIE.

Je viens de le voir sortir tout à l'heure.

Mme DE BLANGY

Tâchez qu'on le rejoigne, et dites-lui que M. de Bussières
l'attend.

SOPHIE.

Oui, madame, j'y vais. C'est donc demain que décidément
nous partons ?

Mme DE BLANGY, sèchement.

Sans doute !... Est-ce que cela ne vous convient pas ?
Est-ce que vous avez quelque chose à dire ?

SOPHIE.

Rien, madame. (A part.) Je dis seulement que c'est dommage, et que voilà, selon moi, une lettre bien maladroite.

(Elle sort.)

SCÈNE IX.

Mme DE BLANGY, M. DE BUSSIÈRES.

M. DE BUSSIÈRES.

Vous le voyez, madame, je suis né pour être malheureux ! Dès qu'il s'offre un adoucissement à mes peines, le sort semble me l'envier.

Mme DE BLANGY.

Que voulez-vous? il faut se résigner... Après tout, dans notre situation, qu'est-ce qu'un chagrin de plus ?

M. DE BUSSIÈRES.

Vous avez raison... c'est bien peu de chose.

Mme DE BLANGY.

Depuis longtemps j'y suis habituée.

M. DE BUSSIÈRES.

C'est comme moi, le bonheur ne me semble plus possible ; je n'y crois plus, même quand il existe ; et tout à l'heure, pendant que nous formions ces projets si séduisants, je ne sais quelle voix intérieure me disait que l'instant d'après devait les détruire.

Mme DE BLANGY.

Vous croyez donc comme moi à la fatalité, aux pressentiments?

M. DE BUSSIÈRES.

J'ai tant de raisons d'y ajouter foi ! Tenez, madame, la veille du jour où elle est tombée malade...

Mme DE BLANGY, distraite.

Qui donc ?

M. DE BUSSIÈRES.

Hortense...

Mme DE BLANGY.

Pardon !

M. DE BUSSIÈRES.

J'étais près d'elle dans un bal charmant; elle venait de
danser avec un autre, et, à ce sujet-là même, nous avions eu
une querelle...

Mᵐᵉ DE BLANGY, d'un air satisfait.

Ah! vous vous disputiez donc quelquefois?

M. DE BUSSIÈRES.

Nous nous aimions tant! Et puis, elle avait un peu de
coquetterie, bien innocente sans doute; car elle était si
bonne! Et me voyant sombre et rêveur, poursuivi de je ne
sais quelle vague inquiétude... elle me disait, en me prenant
la main : Édouard! Édouard!

Mᵐᵉ DE BLANGY.

Ah! l'on vous nomme Édouard?

M. DE BUSSIÈRES.

Oui, madame.

Mᵐᵉ DE BLANGY.

C'est singulier!

M. DE BUSSIÈRES.

Qu'avez-vous donc?

Mᵐᵉ DE BLANGY.

Moi? rien.

M. DE BUSSIÈRES.

Si vraiment, vous êtes troublée. Pour quelle raison?

Mᵐᵉ DE BLANGY.

Je ne puis vous le dire.

M. DE BUSSIÈRES.

Pardon, madame, de mon indiscrétion.

Mᵐᵉ DE BLANGY.

Il n'y en a aucune.

M. DE BUSSIÈRES.

Si vraiment! car je vous connais à peine; je vous vois

d'aujourd'hui seulement, et, par un charme que je ne puis rendre, j'éprouve auprès de vous une confiance qui est plus forte que moi, et dont vous, madame, savez si bien vous défendre.

Mme DE BLANGY, avec un sourire aimable.

Vous m'accusez à tort. Mais quelle que soit l'estime, ou, si vous l'aimez mieux, la confiance que nous inspirent les gens... les connaître davantage serait souvent se préparer un regret ; surtout quand on doit se séparer et ne plus se revoir.

M. DE BUSSIÈRES.

Qu'importe l'éloignement entre personnes que les mêmes chagrins, les mêmes sentiments unissent et rapprochent? Ne peut-on pas, quoique séparés, se communiquer ses pensées, ses souvenirs, les vœux que l'on forme l'un pour l'autre? Accordez-moi cette permission ; elle seule, dans ces lieux où je vous ai vue, me dédommagera de votre absence · je vous le demande au nom de nos malheurs et de notre nouvelle amitié.

Mme DE BLANGY.

N'est-ce pas là une amitié bien prompte ?

M. DE BUSSIÈRES.

Faut-il donc tant de jours pour se juger, pour s'apprécier? L'amour, dit-on, peut naître d'un coup d'œil, pourquoi n'en serait-il pas de même de l'amitié? Et pourquoi n'aurait-elle pas les mêmes priviléges, elle qui vaut mieux? Cela serait bien injuste. Et ces projets que tout à l'heure nous formions ici, nous les réaliserons de loin. Les confidences, les épanchements du cœur sont ainsi plus doux et plus faciles ; le papier est discret, et c'est causer avec soi-même qu'écrire à son ami.

Mme DE BLANGY.

Eh bien, soit ; mais vous me promettez de tout me dire, de tout me confier ?

M. DE BUSSIÈRES.

Je le jure. Vous aussi ?

Mme DE BLANGY, s'asseyant à gauche, près de la table.

Sans cela il y aurait trahison ; et, pour commencer, voyons, mon nouvel ami, que ferez-vous dans cette solitude où je vous laisse ?

M. DE BUSSIÈRES va prendre une chaise près du piano et vient s'asseoir près de Mme de Blangy.

Mais d'abord je penserai à vous.

Mme DE BLANGY.

Oh ! non... d'abord à elle.

M. DE BUSSIÈRES.

Cela va sans dire. Et vous à lui.

Mme DE BLANGY.

Certainement. Les souvenirs qu'elle vous a laissés doivent être si doux !

M. DE BUSSIÈRES.

Moins que les vôtres, j'en suis sûr. Songez donc que je l'ai perdue à la veille d'un mariage, lorsque son cœur m'était presque inconnu ; tandis que vous, qui avez passé plusieurs mois près d'un époux adoré, quelle différence !

Mme DE BLANGY.

Peut-être est-elle à votre avantage. Le bonheur qu'on espère est plus doux que celui qu'on possède. Vous étiez plein d'amour et d'avenir ; tout était bien, tout était beau à vos yeux, et, malgré votre malheur, l'espèce d'enivrement que vous éprouviez alors, vous l'éprouvez encore ; un peu plus tard, peut-être, le rêve pouvait se dissiper, l'illusion se détruire ; car le ménage, même le meilleur, n'est pas tel que l'amour se le représente. L'amour, c'est le ciel, et l'hymen, c'est la terre. Vous y retrouvez toutes les imperfections de ce bas monde : les petits moments de vivacité, d'humeur, de querelle...

M. DE BUSSIÈRES, souriant.

Ah ! vous vous disputiez donc aussi ?

Mme DE BLANGY.

Quelquefois... il le fallait bien, ne fût-ce que pour se raccommoder.

M. DE BUSSIÈRES.

Ah ! c'est vrai. Je n'aime pas cette idée-là.

Mme DE BLANGY.

Pourquoi ?

M. DE BUSSIÈRES.

Je ne sais... j'aimais mieux l'autre. Vous dites donc qu'il y avait des moments de brouille ? C'est bien, mais cela m'effraye. Si, nous aussi, nous allions nous brouiller ?

Mme DE BLANGY.

Pour quel motif ? puisque nous sommes convenus de tout nous dire franchement.

M. DE BUSSIÈRES.

Mais il pourrait arriver tel événement...

Mme DE BLANGY

Lequel ?

M. DE BUSSIÈRES.

Une veuve telle que vous est bientôt entourée, malgré elle, de tant de gens qui aspirent à l'emploi de confident en chef et sans partage !

Mme DE BLANGY.

Ah ! quelle idée ! Je croyais que mon nouvel ami avait meilleure opinion de ses amis.

M. DE BUSSIÈRES.

Celle-ci n'a rien qui doive vous offenser.

Mme DE BLANGY.

Si vraiment ; car vous devez croire à ma promesse. et j'ai juré, je jure à vous-même de conserver toujours ma liberté.

M. DE BUSSIERES.

C'est comme moi, j'en ai fait le serment; et je renonce à votre estime, à votre amitié, si j'y manque jamais.

Mme DE BLANGY.

Moi de même.

M. DE BUSSIÈRES.

Il serait vrai?

Mme DE BLANGY.

Je vous l'atteste.

M. DE BUSSIÈRES.

Ah! que je suis heureux! me voilà rassuré; et maintenant, certains l'un de l'autre, nous pouvons, sans crainte et sans danger, croire à une amitié que rien ne viendra troubler.

Mme DE BLANGY se lève.

Oh! non, rien au monde; et je n'y ai pas de mérite, car un pareil serment ne me coûtera rien à tenir.

M. DE BUSSIÈRES rapporte la chaise près du piano, qui est ouvert, et jette les yeux sur un papier de musique.

Ah! mon Dieu!

Mme DE BLANGY.

Qu'est-ce donc?

M. DE BUSSIÈRES.

Cet air que je viens d'apercevoir sur votre piano : un air de *la Muette de Portici!*

Mme DE BLANGY.

Eh bien, qu'y a-t-il d'étonnant, et d'où vient votre trouble?

M. DE BUSSIÈRES.

C'est celui que je lui ai entendu chanter au dernier concert où nous avons été ensemble.

Mme DE BLANGY.

Combien je suis fâchée que le hasard vous ait offert un pareil souvenir!

M. DE BUSSIÈRES.

Non, non, il n'est pas pénible, au contraire ; car, depuis elle, je ne l'ai pas entendu une seule fois sans éprouver une émotion délicieuse et indéfinissable. (Pendant qu'il parle, Mme de Blangy s'est mise à son piano et a joué les premières mesures.) Ah ! que je vous remercie, que votre amitié est ingénieuse !... Oui, c'est elle que je crois entendre ; c'est mieux d'exécution... mais c'est égal, c'est toujours le même air, et j'éprouve un bonheur

(Pendant qu'elle joue, il prend le violon qui est sur le piano, et l'accompagne.)

Mme DE BLANGY, continuant à jouer, et le regardant.

Comment, monsieur, mais c'est fort bien ; je ne vous aurais pas cru un pareil talent. Prenez garde, vous vous trompez ; c'est un *si naturel*.

M. DE BUSSIÈRES.

Non, madame, *si bémol*.

(En ce moment entre M. de Courcelles, qui s'arrête au fond du théâtre.)

Mme DE BLANGY.

Mais regardez donc.

M. DE BUSSIÈRES, riant.

C'est vrai, c'est vrai ; je ne regardais pas le cahier.

Mme DE BLANGY, de même.

Vous êtes distrait.

M. DE BUSSIÈRES.

Je tâcherai de ne plus l'être

Mme DE BLANGY.

Recommençons, et faites attention.

(Ils jouent ensemble. M. de Courcelles s'assied au fond du théâtre, les bras croisés et écoute.)

M. DE BUSSIÈRES.

Le mouvement est plus vif.

Mᵐᵉ DE BLANGY.

Du tout.

M. DE BUSSIÈRES.

Je vous l'atteste, c'est un air de danse, on danse sur l'air de la Princesse espagnole, et il serait impossible de danser aussi lentement.

Mᵐᵉ DE BLANGY.

Rien n'est plus facile; la mesure est si marquée!

M. DE BUSSIÈRES.

Non, madame.

(Tout en chantant il forme quelques pas.)

Mᵐᵉ DE BLANGY.

Et si, monsieur. (Chantant en s'accompagnant.) Tra la la la la la la la.

SCÈNE X.

LES MÊMES; M. DE COURCELLES.

M. DE COURCELLES, applaudissant.

Bravo! bravo!

Mᵐᵉ DE BLANGY ET M. DE BUSSIÈRES, s'éloignant l'un de l'autre.

Ah! mon Dieu!

M. DE COURCELLES.

Continuez, de grâce; que je ne vous dérange pas.

Mᵐᵉ DE BLANGY.

Est-ce qu'il y a longtemps que vous étiez là?

M. DE COURCELLES.

Depuis le *si bémol*, et je vous demande pardon de mon indiscrétion, car je n'étais pas invité au concert, ni au bal.

Mᵐᵉ DE BLANGY.

Monsieur...

M. DE COURCELLES.

Je venais pour parler d'affaires... avec monsieur; mais nous pouvons remettre...

Mme DE BLANGY.

Non, monsieur; et quant à ce que vous venez d'entendre, quand vous saurez dans quelle intention...

M. DE COURCELLES.

Eh! mon Dieu! madame, vous n'avez pas besoin de justifier auprès de moi un oubli... de douleur; et je ne puis trop remercier monsieur, dont l'entretien et dont l'aimable gaieté ont contribué à vous distraire.

M. DE BUSSIÈRES.

Monsieur...

Mme DE BLANGY.

Vous avez à parler d'affaires, à renouveler connaissance, je vous laisse; j'espère que monsieur nous restera à dîner.

M. DE BUSSIÈRES.

Je n'ai garde de refuser.

M. DE COURCELLES.

A merveille, à condition que ce soir on achèvera le morceau que j'ai interrompu; j'y tiens.

Mme DE BLANGY, souriant.

Comme monsieur voudra.

M. DE BUSSIÈRES, s'inclinant.

Je suis à vos ordres.

Mme DE BLANGY.

A ce soir.

M. DE BUSSIÈRES.

A ce soir.

M. DE COURCELLES.

Vous êtes charmante.

Mᵐᵉ DE BLANGY.

Vous trouvez ?

M. DE COURCELLES.

Le sourire vous va si bien (A demi-voix.) qu'il y a longtemps que vous devriez être consolée, ne fût-ce que par
coquetterie.

Mᵐᵉ DE BLANGY.

Voilà en effet un motif déterminant ; j'y songerai.

(Elle salue, et sort.)

SCÈNE XI.

M. DE BUSSIÈRES, M. DE COURCELLES.

M. DE BUSSIÈRES.

Que je suis heureux de vous retrouver chez madame de
Blangy ! vous, monsieur, un ami de mon père ; car il me
parlait souvent de vous, de sa fortune qu'il vous devait ; et
j'ai pu paraître bien ingrat en vous négligeant ainsi.

M. DE COURCELLES.

En aucune façon ; vous êtes plus jeune que moi, et à votre
âge, les plaisirs, les voyages... Car vous avez été longtemps
absent ?

M. DE BUSSIÈRES.

Oui, monsieur, ce qui ne m'excuse point.

M. DE COURCELLES.

Si vraiment ; en amitié, il est toujours temps de commencer, et si vous vous croyez en retard, vous me rendrez tout
à la fois, intérêt et capital... Je vous parle là en style de
receveur général.

M. DE BUSSIÈRES.

C'est le plus solide.

M. DE COURCELLES.

N'est-il pas vrai? Ah çà! il s'agit d'affaires. Vous louez donc la maison de madame de Blangy?

M. DE BUSSIÈRES.

Oui, monsieur. (Avec un peu d'embarras.) Y a-t-il longtemps que vous la connaissez?

M. DE COURCELLES.

Cette propriété?

M. DE BUSSIÈRES.

Non. Celle qui l'habitait.

M. DE COURCELLES.

J'étais l'ami de sa famille et de son mari. Une femme adorable, qui mériterait les hommages du monde entier. Si vous la connaissiez comme moi, si vous saviez quel charmant caractère, que de vertus, que de talents, et comme elle s'est conduite envers son mari! un excellent garçon, j'en conviens, mais qui, après tout, n'était pas aimable tous les jours.

M. DE BUSSIÈRES.

On me l'avait dit.

M. DE COURCELLES.

Bon cœur, mais une tête chaude; un homme terrible quand il était en colère, et il avait tant d'occasions de s'y mettre! De fausses spéculations, de mauvaises affaires...

M. DE BUSSIÈRES.

Que dites-vous là?... Et nous souffririons que madame de Blangy...

M. DE COURCELLES.

Y pensez-vous!... avec son caractère, avec sa fierté, elle n'a besoin de rien, elle ne veut rien. Sans cela, monsieur, je vous prie de le croire, elle ne manquerait pas d'amis qui seraient trop heureux... Mais revenons à notre affaire... Vous avez loué, combien?

M. DE BUSSIÈRES.

Ce que vous voudrez... ce qu'il vous plaira... le plus sera le mieux.

M. DE COURCELLES.

Non, monsieur, le prix qu'elle en donnait elle-même · douze cents francs.

M. DE BUSSIÈRES.

Soit; je vous les remettrai... Mais vous disiez que ses amis... elle en a beaucoup?

M. DE COURCELLES.

Tous ceux qui la connaissent. Quant à ses adorateurs. tous ceux qui la voient, et il n'aurait tenu qu'à elle d'accepter les partis les plus beaux, les plus riches...

M. DE BUSSIÈRES.

Il serait possible?

M. DE COURCELLES.

J'en sais quelque chose ; car c'est toujours à moi que les soupirants s'adressent... Il faut croire qu'il y a dans ma physionomie quelque chose de paternel qui les attire et les encourage ; mais elle les a tous refusés.

M. DE BUSSIÈRES, gaiement.

Quoi ! tous ?

M. DE COURCELLES.

L'un après l'autre... elle ne veut aucun de ces messieurs.

M. DE BUSSIÈRES, riant.

C'est charmant !

M. DE COURCELLES, confidentiellement.

Car si elle se prononce, je sais en faveur de qui...

M. DE BUSSIÈRES, avec émotion.

Ah ! vous savez ?

M. DE COURCELLES.

Oui, mon jeune ami, quelqu'un qui a sa parole, sa promesse formelle, et elle n'y a jamais manqué.

M. DE BUSSIÈRES, troublé.

Vous connaissez cette personne?

M. DE COURCELLES.

C'est moi.

M. DE BUSSIÈRES.

Que me dites-vous là?

M. DE COURCELLES.

Je dois l'épouser dès qu'elle sera consolée, et déjà cela va mieux ; déjà, grâce au ciel, sa douleur éternelle a des absences : témoin, tout à l'heure ce piano où elle oubliait de s'affliger ; c'est à vous que je le dois, je le sais ; mais je voudrais vous devoir plus encore , et puisque vous avez daigné me parler d'amitié... je viens vous en demander une preuve.

M. DE BUSSIÈRES.

Monsieur...

M. DE COURCELLES.

Il n'y a que moi, auprès d'elle, qui plaide en ma faveur, et on a toujours l'air gauche quand on parle à la première personne. J'ai beau lui répéter que je suis un honnète homme, que j'ai quelques bonnes qualités, un bon caractère, elle peut croire que je suis seul de mon avis ; mais si ma proposition était appuyée, si j'avais une voix de plus.... la vôtre, par exemple l

M. DE BUSSIÈRES.

Moi l monsieur ?...

M. DE COURCELLES.

Le tout est de la décider... Elle y viendra, j'en suis sûr ; car elle m'aime au fond, elle me le disait encore ce matin.

M. DE BUSSIÈRES.

Ce matin?

M. DE COURCELLES.

Mais les convenances... le respect humain...

A. DE BUSSIÈRES.

Quoi ! cette retraite, ce deuil qu'elle s'était imposés...

A. DE COURCELLES.

Voilà la seule chose qui l'arrête, je le parierais.

A. DE BUSSIÈRES, avec dépit.

Croyez donc après cela aux douleurs éternelles !... Cela ne m'étonne pas, les femmes sont toutes ainsi.

M. DE COURCELLES.

Et nous de même.

A. DE BUSSIÈRES.

Non, monsieur, non, ne le croyez pas ; il est des hommes chez qui les sentiments profonds ne s'effacent point aussi aisément.

M. DE COURCELLES, avec indifférence.

C'est possible ! mais cela m'est égal. (Avec chaleur.) Pour en revenir à madame de Blangy, elle ne me croira peut-être pas, je suis trop intéressé dans la question... vous, c'est différent... et puis un grand avantage que vous avez, c'est que vous l'amusez, vous la faites rire, et cela avance mes affaires.

A. DE BUSSIÈRES.

Je suis trop heureux d'être bon à quelque chose, et s'il ne faut que hâter les bonnes dispositions où l'on est pour vous, je tâcherai de me tirer avec honneur de la mission que vous voulez bien me confier.

M. DE COURCELLES.

Je ne sais comment vous remercier.

A. DE BUSSIÈRES.

En aucune façon... cela m'amusera.

M. DE COURCELLES.

Je crois que le moment est favorable, elle est seule, et si, avant de nous mettre à table, vous obteniez pour moi une bonne réponse, il me semble que je dînerais mieux.

Þ. DE BUSSIÈRES.

Il est de fait que voilà une raison...

Þ. DE COURCELLES.

Positive, n'est-il pas vrai? Adieu, mon jeune ami, du courage. (Lui donnant une poignée de main.) Et à charge de revanche dans l'occasion.

(M. de Bussières sort.)

SCÈNE XII.

M. DE COURCELLES, seul.

Je crois que j'ai eu là une bonne idée ! En affaires, en diplomatie, tout dépend du choix de l'avocat ou de l'ambassadeur ! C'est peut-être pour cela que, depuis quelque temps, il s'est perdu tant de bonnes causes, et c'est pour cela que je gagnerai la mienne ! Madame de Blangy tient à l'opinion du monde ; mais, pour une jolie femme, le monde, ce sont les gens à la mode, c'est la jeunesse... corps respectable dont je ne suis plus ; mais c'est égal, la jeunesse est pour moi, je l'ai pour alliée, elle parle en ma faveur, cela revient au même !

SCÈNE XIII.

M. DE COURCELLES, SOPHIE.

M. DE COURCELLES.

Qu'est-ce que c'est, mademoiselle Sophie?

SOPHIE.

C'est aujourd'hui le jour aux visites; en voici une nouvelle.

Þ. DE COURCELLES.

Pour madame de Blangy?

SOPHIE.

Ou pour vous, si cela vous convient.

M. DE COURCELLES.

Qu'est-ce que cela veut dire ?

SOPHIE.

Qu'il y a chez Duval, le jardinier, un monsieur, un jeune homme...

M. DE COURCELLES.

Encore un ! nous sommes déjà ici assez de jeunes gens. Que demande-t-il ?

SOPHIE.

Il ne voudrait pas déranger madame, mais il désirerait parler à quelqu'un de la maison ; et comme c'est probablement pour affaires, si vous vouliez voir...

M. DE COURCELLES.

Des affaires ! je n'ai pas le temps. J'en ai une en ce moment qui m'intéresse personnellement, une réponse que j'attends de madame de Blangy.

SOPHIE, regardant de côté.

Ah ! c'est différent... Justement elle vient de ce côté.

M. DE COURCELLES.

Madame de Blangy ?...

SOPHIE.

Elle cause, et d'une manière très-animée, avec M. de Bussières.

M. DE COURCELLES, à part.

A merveille, on s'occupe de moi.

SOPHIE.

Il la salue... il la quitte...

M. DE COURCELLES.

Il vient de la quitter ; allons demander à M. de Bussières ce qui s'est passé.

(Il sort par la porte du fond.)

SCÈNE XIV.

SOPHIE, Mme DE BLANGY.

SOPHIE, regardant sortir M. de Courcelles.

Monsieur, monsieur, voilà madame... Eh bien! lui qui
voulait lui parler, il s'en va quand elle arrive. Est-il singulier! on n'y comprend plus rien.

Mme DE BLANGY, entrant et sans voir Sophie.

Je ne reviens pas de ma surprise! Quel changement dans
son ton et dans ses manières; cet air d'ironie en me parlant
de mes chagrins, de ma douleur... Eh! mais, sans doute,
j'en ai beaucoup, de m'être ainsi trompée sur son compte.

SOPHIE.

Madame...

Mme DE BLANGY, sans l'entendre.

Et puis, quel ton d'amertume, et presque de reproche, en
me rappelant la promesse que j'ai faite ce matin à M. de
Courcelles, qui, à coup sûr, est plus aimable que lui, qui a
un meilleur caractère. Un homme excellent!

SOPHIE, de même.

Madame...

Mme DE BLANGY.

Et me parler en sa faveur!... Me presser d'un air si leste.
si dégagé, comme s'il suffisait de sa recommandation pour
me décider!... Ce qui serait peut-être, après tout, le parti le
plus sage... Mais qui lui demandait son avis? personne. Je
sais ce que j'ai à faire, et je n'ai pas besoin que l'on règle
ma conduite ou mes sentiments.

SOPHIE, plus haut.

Madame...

Mme DE BLANGY, avec impatience.

Qu'est-ce que c'est?

SOPHIE.

Voilà trois fois que je prends la liberté d'adresser la parole à madame.

Mme DE BLANGY.

Qu'y a-t-il?

SOPHIE.

Quelqu'un demande à vous parler.

Mme DE BLANGY, avec dépit.

M. de Bussières... tant pis!

SOPHIE.

Non, madame.

Mme DE BLANGY, avec impatience.

Ah! M. de Courcelles?

SOPHIE.

Non, madame.

Mme DE BLANGY.

Tant mieux!

SOPHIE.

C'est une autre personne, un étranger.

Mme DE BLANGY.

Je n'y suis pas, je ne puis recevoir.

SOPHIE.

C'est qu'il attend... là-bas, chez le jardinier.

Mme DE BLANGY, avec impatience.

Voyez alors ce que c'est; parlez-lui, répondez-lui, pourvu que je ne le voie pas, car tout le monde m'excède, et il me tarde d'être seule.

SOPHIE.

Madame sera satisfaite, car il paraît que M. de Bussières a demandé sa voiture.

Mme DE BLANGY.

Ah!

SOPHIE, regardant par la porte du fond.

Du moins les chevaux sont attelés.

Mme DE BLANGY.

C'est bien, laissez-moi.

(Sophie sort.)

SCÈNE XV

Mme DE BLANGY, M. DE BUSSIÈRES.

M. DE BUSSIÈRES.

Je viens, madame, de faire part à M. de Courcelles de vos bonnes intentions à son égard.

Mme DE BLANGY, froidement.

Vous avez bien fait.

M. DE BUSSIÈRES.

J'ai ajouté que vous n'étiez pas du tout éloignée de tenir la promesse que vous lui aviez faite ce matin...

Mme DE BLANGY.

Moi !

M. DE BUSSIÈRES.

Du moins vous me l'aviez dit.

Mme DE BLANGY.

Allons, me voilà engagée avec lui.

M. DE BUSSIÈRES.

Et dans sa joie, dans son ravissement, il vous demande la permission de se présenter devant vous pour vous remercier.

Mme DE BLANGY, à part.

Me remercier ! il ne manquait plus que cela. (Haut.) Eh ! monsieur, qui vous avait chargé de ce soin ?

M. DE BUSSIÈRES.

Mon amitié pour lui et pour vous, madame.

Mme DE BLANGY.

Je vous suis obligée.

M. DE BUSSIÈRES.

C'est ce que je voulais vous annoncer, avant d'avoir l'honneur de prendre congé de vous.

Mme DE BLANGY.

Ah ! vous partez ?

M. DE BUSSIÈRES.

Une affaire importante me rappelle à Paris.

Mme DE BLANGY.

Liberté entière.

M. DE BUSSIÈRES salue Mme de Blangy, qui lui fait la révérence.

Adieu, madame. (Il reste à la même place, et, après un instant de silence, il salue une seconde fois, puis, prêt à partir, il s'arrête.) Madame n'a pas d'ordres à me donner ?

Mme DE BLANGY.

Aucun. J'avais des lettres que je n'ai pas encore écrites, croyant que vous nous resteriez à dîner.

M. DE BUSSIÈRES.

J'ai dû changer d'avis : j'étais venu chercher ici la solitude et la douleur, je dois fuir quand la joie et le bonheur arrivent. Pauvre Hortense ! jamais je n'ai senti plus vivement la perte que j'ai faite.

Mme DE BLANGY.

Et moi donc ! *Lui*, du moins, savait *autrement* reconnaître mon estime et ma confiance.

M. DE BUSSIÈRES.

Ce n'est pas *elle* qui m'eût abandonné !

Mme DE BLANGY.

Ce n'est pas *lui* qui se fût conduit ainsi ! qui m'eût traitée avec tant d'injustice !

M. DE BUSSIÈRES.

Moi, injuste ?... Rappelez-vous que, ce matin encore, nous jurions ici que notre vie entière se passerait dans un éternel veuvage : notre amitié était à ce prix. Eh bien l ce serment, qui de nous deux y a manqué?

Mme DE BLANGY.

N'est-ce pas vous, en me parlant en faveur d'une personne à laquelle je n'aurais jamais pensé?

M. DE BUSSIÈRES.

Et cependant cette promesse, vous la lui avez faite?

Mme DE BLANGY.

Dans le cas où je renoncerais à ma liberté ; mais comme j'y tiens plus que jamais

M. DE BUSSIÈRES.

Il serait possible?

Mme DE BLANGY.

Oui, monsieur, et j'y tiendrai toujours ; car tous les hommes me sont odieux, à commencer par vous. Êtes-vous content maintenant?

M. DE BUSSIÈRES.

Ah ! que vous êtes bonne ! et que je suis coupable !...

Mme DE BLANGY.

Bien coupable, sans doute ; car enfin, entre amis, on parle franchement, on demande des explications. Est-ce que je vous les aurais refusées?

M. DE BUSSIÈRES.

Oui, vous avez raison ; mais je ne puis vous exprimer ce que j'éprouvais... ce qui s'est passé en moi, quand j'ai entendu M. de Courcelles se vanter d'une préférence que l'ancienneté de son amitié lui méritait peut-être ; mais enfin, moi aussi, j'étais votre ami, j'espérais que personne au monde ne l'était plus que moi ; et voir un autre me disputer ce titre !... L'amitié a aussi sa jalousie.

Mme DE BLANGY.

Encore faudrait-il qu'elle ne ressemblât pas à de la

tyrannie... vous que ce matin encore je trouvais si bon, si aimable !...

M. DE BUSSIÈRES.

Que dites-vous ?

Mme DE BLANGY.

Je ne vous reconnaissais plus : c'était du dépit, de la colère, de l'impatience ; on aurait dit d'un mari !

M. DE BUSSIÈRES.

Vraiment ! c'est inconcevable !... comme l'amitié nous change !... Jusqu'à ce pauvre M. de Courcelles à qui j'en voulais sans savoir pourquoi ; mais en revanche, je lui voue dès ce moment une affection !

Mme DE BLANGY.

Qui va me faire du tort, et c'est maintenant mon amitié qui sera jalouse...

M. DE BUSSIÈRES.

Oh ! non, ce que j'éprouve pour vous est un sentiment à part, qui ne peut se définir, qui ne ressemble à rien... cela est si différent de ce que j'éprouvais pour Hortense !

Mme DE BLANGY, sévèrement.

Je l'espère bien.

M. DE BUSSIÈRES.

Il n'y a aucune comparaison... c'est quelque chose de... de bien mieux encore.

Mme DE BLANGY.

A la bonne heure ! Sans cela, songez-y bien, je le dis à vous, comme je le dirai à M. de Courcelles, il faudrait à l'instant même se quitter, ne plus se voir ! De l'amitié, rien que de l'amitié !... Et comme la mienne n'est pas exigeante, je vous rappellerai que votre voiture vous attend.

M. DE BUSSIÈRES.

Ah ! madame !

Mme DE BLANGY.

Il ne faut vous gêner en rien, et puisque vous avez à Paris des affaires importantes...

M. DE BUSSIÈRES.

Ma seule affaire, c'était d'être fâché avec vous... et comme, grâce au ciel, elle est terminée

Mme DE BLANGY.

Vous restez?

M. DE BUSSIÈRES.

J'en ai bien envie; et si vous le désiriez...

Mme DE BLANGY.

Est-ce que je ne vous l'ai pas dit?

M. DE BUSSIÈRES, vivement.

Que vous êtes bonne! Je vais décommander ma voiture. Dieu! M. de Courcelles qui vient de ce côté! quel ennui!

Mme DE BLANGY.

Vous qui deviez tant l'aimer...

M. DE BUSSIÈRES.

Pas quand il vient. Eh! mais, j'y pense, c'est pour vous remercier de ce que je lui ai dit.

Mme DE BLANGY.

Voyez ce dont vous êtes cause... Comment faire à présent?

M. DE BUSSIÈRES.

Je n'en sais rien. Mais songez que, s'il y a de la justice, vous devez, comme à moi, lui ôter tout espoir.

SCÈNE XVI.

LES MÊMES; M. DE COURCELLES.

M. DE COURCELLES, bas à M. de Bussières.

Puis-je entrer?

M. DE BUSSIÈRES.

Oui, sans doute ; je vous laisse.

(Il sort en faisant à Mme de Blangy des signes d'intelligence).

SCÈNE XVII.

Mme DE BLANGY, M. DE COURCELLES.

M. DE COURCELLES.

Ah ! madame, comment m'acquitter jamais de ce que je dois à vous et à M. de Bussières ?

Mme DE BLANGY, à part.

Pauvre homme !

M. DE COURCELLES.

Je suis si ému que, pour vous remercier, je ne puis trouver de phrases... d'ailleurs, je n'ai jamais su en faire, et j'irai droit au but ! A quand la fin du deuil ? à quand notre mariage ? le jour est-il fixé ?

Mme DE BLANGY.

Pas encore.

M. DE COURCELLES.

Est-ee bientôt ?

Mme DE BLANGY.

Non, mon ami ; avec vous je dois parler franchement, et je sens là, quoi qu'on ait pu me dire, que je ne suis pas du tout déterminée...

M. DE COURCELLES.

Il ne faut pas que cela vous fâche, j'attendrai...

Mme DE BLANGY, avec embarras, et d'un air suppl'ant.

Non, n'attendez pas.

M. DE COURCELLES.

Et pourquoi ?

Mᵐᵉ DE BLANGY.

Parce que, *décidément*, j'ai idée que je ne me *déciderai* jamais.

M. DE COURCELLES.

Vous vous trompez.

Mᵐᵉ DE BLANGY.

Je ne le pense pas.

M. DE COURCELLES.

Je vous dis que si... je m'y connais... d'aujourd'hui déjà, et sans que vous vous en doutiez, il y a dans votre état un mieux sensible.

Mᵐᵉ DE BLANGY.

Vous croyez?

M. DE COURCELLES.

J'en suis sûr, et quoique vous refusiez d'en convenir, votre conversation avec M. de Bussières a avancé mes affaires.

Mᵐᵉ DE BLANGY.

Au contraire.

M. DE COURCELLES.

Qu'est-ce que cela signifie?

Mᵐᵉ DE BLANGY.

Cela m'a confirmée plus que jamais dans mon idée de rester libre.

M. DE COURCELLES.

Comment, lorsqu'il vous parlait... et de si près... ce n'était pas pour mon compte?

Mᵐᵉ DE BLANGY, avec embarras.

Il l'avait fait d'abord... et puis...

M. DE COURCELLES.

Il a parlé pour le sien?

Mme DE BLANGY.

Pas comme vous l'entendez.

N. DE COURCELLES, brusquement.

Il me semble qu'il n'y a pas deux manières de l'entendre.

Mme DE BLANGY, vivement.

Si vraiment, vous êtes dans l'erreur. Vous ne savez donc pas qu'il a perdu aussi quelqu'un qu'il aimait, et qu'il aimera toujours?... Et une rencontre pareille, la même situation, le même malheur... c'était charmant! De sorte que du premier moment, du premier coup d'œil, il semblait que depuis long-temps nous nous connaissions tous deux.

M. DE COURCELLES.

Vraiment?

Mme DE BLANGY.

Le malheur vieillit si vite!... Et puis la douleur dispose à l'amitié.

M. DE COURCELLES.

De l'amitié! vous en êtes déjà là?

Mme DE BLANGY.

Eh! pourquoi pas? Rien que de l'amitié, je vous l'atteste, jamais autre chose.

SCÈNE XVIII.

LES MÊMES; SOPHIE.

SOPHIE.

Ah! par exemple! si je sais ce que cela veut dire...

Mme DE BLANGY.

Qu'est-ce donc?

SOPHIE.

Je viens du logement du jardinier où, depuis un quart d'heure, attendait ce monsieur dont on vous a parlé : une trentaine d'années, une figure agréable, mais moins bien ce-

pendant que celui de ce matin, que N. le comte de Bussières...

Mᵐᵉ DE BLANGY, avec impatience.

Après?

SOPHIE.

Beaucoup moins bien certainement... — Nadame de
Blangy est donc ici? — Oui, monsieur. — Êtes-vous à son
service? — Depuis trois mois   Alors, je vous prie, pré-
venez-la... Puis il s'est arrêté en ajoutant : Non, je crains
pour elle la surprise, l'émotion... il vaut mieux lui écrire. .
Il trace à la hâte quelques lignes; puis, il les a rayées,
en a écrit d'autres, s'est levé, a déchiré le papier, s'est pro-
mené en long et en large, en répétant : En vérité, je ne
sais que faire. Enfin, s'adressant à moi : Attendez, m'a-t-il
dit, je reviens. . Et il s'est élancé vivement dans l'autre
pièce...

N. DE COURCELLES.

Qu'est-ce que cela veut dire?

Mᵐᵉ DE BLANGY.

Voilà qui commence à m'inquiéter .. Achevez...

SOPHIE.

Il est sorti quelque temps après en me disant : Décidément, portez cette lettre à votre maîtresse, j'attendrai ici
qu'elle l'ait lue avant de me présenter chez elle. J'ai pris ce
billet, je l'apporte, et le voici.

Mᵐᵉ DE BLANGY.

Eh! donnez donc. (Jetant les yeux sur l'adresse.) Dieu!

M. DE COURCELLES, la voyant prê'e à se trouver mal et courant à elle.

Qu'avez-vous donc?

Mᵐᵉ DE BLANGY.

Ce que j'ai?... Touez, tenez, voyez plutôt...

(Elle lui donne la lettre.)

N. DE COURCELLES, poussant un cri.

O ciel! c'est lui! c'est son écriture! c'est N. de Blangy!

SOPHIE.

Cet époux si chéri! si longtemps regretté!... Madame, vous vous trouvez mal!...

Mme DE BLANGY, se levant vivement.

Moi!... du tout... Mais la joie, l'émotion... (A M. de Courcelles.) Mon ami, conseillez-moi... que faire?

M. DE COURCELLES.

Courons au-devant de lui!... Ce cher ami!

Mme DE BLANGY, hors d'elle-même.

Oui, vous avez raison... courons... venez... soutenez-moi... (Elle fait quelques pas pour sortir.) Dieu! N. de Bussières!

SCÈNE XIX.

LES MÊMES; M. DE BUSSIÈRES, entrant d'un air agité.

N. DE BUSSIÈRES, vivement, à Mme de Blangy.

Je n'y tiens plus, il faut que je connaisse mon sort.

N. DE COURCELLES.

Qu'y a-t-il donc?

N. DE BUSSIÈRES.

J'ignore ce que madame vous a dit, ce que vous avez décidé; mais pendant ce temps, je me suis rendu compte de ce que j'éprouvais; j'ai vu clair dans mon cœur. Cette amitié dont je me vantais n'était qu'un vain mot, un prétexte; je l'avoue ici devant vous, devant monsieur... je vous aime !

Mme DE BLANGY.

Monsieur !

M. DE BUSSIÈRES.

De l'amour le plus tendre, le plus ardent; je vous offre ma main, ma fortune, tout ce que je possède... ne me réduisez pas au désespoir. De grâce, monsieur, parlez en ma faveur.

M. DE COURCELLES.

Moi?

M. DE BUSSIÈRES.

J'ai bien parlé pour vous.

M. DE COURCELLES.

Eh! monsieur, ce n'est plus à moi qu'il faut vous adresser, c'est à son mari.

M. DE BUSSIÈRES.

Son mari?

SOPHIE.

Il est de retour, il est ici.

M. DE BUSSIÈRES, atterré.

M. de Blangy!

M. DE COURCELLES.

Lui-même.

Mme DE BLANGY, avec émotion.

Oui, monsieur, il est des devoirs qui me sont imposés, devoirs que je respecte, que je chéris... Et vous sentez que votre présence ici...

M. DE BUSSIÈRES, après un moment de silence.

Je suis anéanti, frappé de la foudre; mais puisque je suis voué au malheur, puisque le sort s'acharne à me poursuivre, c'en est fait.

Mme DE BLANGY.

Où allez-vous?

M. DE BUSSIÈRES.

La vie m'est odieuse.

M. DE COURCELLES, l'arrêtant.

Jeune homme, y pensez-vous?

Mme DE BLANGY.

Je vous en supplie, Édouard! Ah! qu'ai-je dit? pas ce nom-là. Mon ami, mon ami, daignez m'écouter.

M. DE BUSSIÈRES.

Je suis trop malheureux !

Mme DE BLANGY.

Eh ! monsieur, ne le suis-je pas moi-même?...

M. DE BUSSIÈRES, avec joie.

Vous !

Mme DE BLANGY, vivement.

Du désespoir où je vous vois? Mais voulez-vous me perdre, me compromettre, m'ôter le seul bien qui me reste? Vous qui prétendez m'aimer (Geste de M. de Bussières.), je le crois, monsieur, je veux bien le croire; le ciel m'est témoin que je n'y suis pour rien, et j'ignore encore comment cela a pu arriver; enfin ce n'est pas votre faute, je veux bien vous pardonner, à une condition, c'est que vous partirez à l'instant même, et que jamais je ne vous reverrai.

M. DE BUSSIÈRES.

Quoi, madame!

Mme DE BLANGY.

C'est tout ce que je puis faire pour vous, c'est beaucoup encore... (A M. de Courcelles.) Mon ami, venez, guidez-moi. (Ils vont pour sortir.) Rejoignons-le.

SOPHIE.

Mais si, avant de le voir, vous lisiez ce qu'il vous écrit, puisqu'il l'exige?

M. DE COURCELLES.

Elle a raison ; tenez.

Mme DE BLANGY.

C'est vrai... Je ne sais plus où j'en suis ; (A M. de Courcelles.) lisez, mon ami, lisez vous-même.

M. DE COURCELLES, décachetant la lettre.

« Ma chère Élise, ma femme. » C'est bien de lui.

Mme DE BLANGY.

C'est de lui !

M. DE COURCELLES, à part, et regardant madame de Blangy.

Elle a frémi... Ce mari que ce matin encore... Oh! La
Bruyère ! (Haut.) Lisons : « Ma chère Élise, ma femme, toi qui
« aimais tant un époux qui le méritait si peu, toi que mes
« emportements, mon caractère et mes folles dissipations ont
« dû rendre si malheureuse... quand tu recevras cette lettre.
« j'aurai succombé à la maladie dont je suis atteint. »

TOUS.

O ciel !

M. DE BUSSIÈRES.

Achevez.

SOPHIE.

Qu'est-ce que cela veut dire ?

M. DE COURCELLES, qui a parcouru la lettre.

Que la lettre est datée de New-York, écrite par lui à
ses derniers moments.

M. DE BUSSIÈRES.

Il serait vrai ?

M. DE COURCELLES.

Et qu'il en a chargé le fils de son associé, un jeune homme
qui, plus tard, devait se rendre en France, pour régler et
liquider avec vous ses affaires de commerce.

M. DE BUSSIÈRES, hors de lui.

Ah! Sophie ! que je suis heureux !

Mme DE BLANGY, à M. de Courcelles

Ah! mon ami, je n'ose lever les yeux sur vous... Qu'allez-vous penser du trouble où tout à l'heure vous m'avez vue?

M. DE COURCELLES.

Je penserai qu'un peu plus tôt, un peu plus tard, cela devait être ainsi. Quand je vous disais, ce matin, qu'un beau jour, et sans que vous vous en doutiez, vous vous trouveriez consolée, j'avais raison; mais je croyais que vous le seriez par moi, et j'avais tort.

Mme DE BLANGY, vivement.

Je vous jure cependant que j'ignore encore ce que je ferai. ce que je déciderai.

M. DE COURCELLES.

Oui, c'est possible, mais nous... (Regardant M. de Bussières.) n'est-il pas vrai? nous le savons, et quelque peine que j'en éprouve, il y a si longtemps que je suis votre ami, que c'est une habitude dont je ne pourrai pas me défaire, et qui mourra avec moi.

M. DE BUSSIÈRES, à M. de Courcelles.

Ah! monsieur, comment reconnaître tant de générosité?... Je vous dois le bonheur de ma vie; car s'il avait fallu renoncer à elle, rien au monde ne m'en aurait consolé.

M. DE COURCELLES, à part, et secouant la tête.

Peut-être.

M. DE BUSSIÈRES ET Mme DE BLANGY.

Que dites-vous?

M. DE COURCELLES.

Rien, rien, mes amis; tout est pour le mieux dans le meilleur des mondes, et je me le répéterai chaque fois que je reverrai ces lieux.

M. DE BUSSIÈRES.

Nous v reviendrons souvent, car je veux qu'ils m'appartiennent pour y établir un château, un parc...

M. DE COURCELLES.

Et, à cette place, nous ferons élever un pavillon consacré à deux divinités.

Mme DE BLANGY.

Lesquelles?

M. DE COURCELLES.

Le Temps et l'Amour, avec cette inscription

AUX DEUX CONSOLATEURS!

DIX ANS

DE

LA VIE D'UNE FEMME

OU

LES MAUVAIS CONSEILS

DRAME EN CINQ ACTES ET NEUF TABLEAUX

EN SOCIÉTÉ AVEC M. TERRIER

THÉATRE DE LA PORTE SAINT-MARTIN. — 17 Mars 1832.

PERSONNAGES.	ACTEURS.
DARCEY, riche propriétaire.	MM. FERVILLE.
VALDÉJA, son ami.	LOCKROY.
RODOLPHE, fashionable	DELAFOSSE.
ÉVRARD, négociant, père de Mme Darcey. .	AUGUSTE.
DUSSEUIL, magistrat, beau-frère d'Évrard	HÉRÈT.
ALBERT MELVILLE, neveu d'Évrard	CHILLY.
HIPPOLYTE GONZOLI. . . .	FÉLIX.
RIALTO, banquier étranger	SERRES
LÉOPOLD.	JEMMA.
ACHILLE GROSBOIS, jeune docteur fashio-nable	SÉVRIN.
MOURAVIEF, Kalmouk au service de Valdéja.	MONVAL.
LAURENT, domestique d'Adèle.	ALFRED.
UN AGENT DE POLICE	AUGUSTE Z.
UN DOMESTIQUE de Mme de Laferrier	CH. HOSTER.
UN DOMESTIQUE d'hôtel garni. . .	RIFFAUT.
ADÈLE ÉVRARD, femme de Darcey.	Mmes DORVAL.
CLARISSE ÉVRARD, sa sœur. . .	NOBLET.
SOPHIE MARINI.	amies de pen-	ZÉLIE-PAUL.
AMÉLIE DE LAFERRIER.	sion d'Adèle.	DELATTRE.
Mme DUSSEUIL, sœur d'Évrard.	SAINT-AMAND
CRÉPONNE, jardinière, puis femme de cham-bre d'Adèle	ADOLPHE.

DOMESTIQUES, AGENTS DE POLICE.

A Viroflay, au premier acte. — A Paris, aux actes suivants.

DIX ANS

DE

LA VIE D'UNE FEMME

OU

LES MAUVAIS CONSEILS

ACTE PREMIER

Un parc.

SCÈNE PREMIÈRE.

CLARISSE, ADÈLE, assises sur un banc.

ADÈLE.

Oui, je suis la plus malheureuse des femmes !

CLARISSE.

Que dis-tu, ma sœur ? toi, mariée depuis deux ans à un homme excellent, jeune encore, immensément riche, et qui ne songe qu'à prévenir tous tes désirs, que te manque-t-il donc ?

ADÈLE.

Je ne sais... l'ennui m'obsède ; des idées vagues et indociles s'emparent de mon imagination qu'elles fatiguent, et, quoi que je fasse, je ne puis m'y soustraire.

CLARISSE.

Aurais-tu des chagrins ?

ADÈLE.

Plût au ciel ! cela me distrairait.

CLARISSE, souriant.

Il me semble qu'en fait de distractions tu pourrais aisément en trouver qui ne te coûteraient pas aussi cher. Mais, il y a quelques mois encore, tu étais si heureuse !... tu n'avais pas de pareilles idées !... Qui donc a pu te les donner ?

ADÈLE.

Toutes les jeunes femmes que je vois, qui ont su autrement arranger leur existence et se rendre maîtresses de leur avenir... Amélie de Laferrier, Sophie Marini, des amies intimes, qui me sont dévouées...

CLARISSE.

Cependant nous autres femmes, combien en ménage nous sommes mieux partagées que les hommes ! Les embarras de l'avenir, les soins de la fortune, notre rang et notre considé ration dans la société, ce n'est pas nous que cela regarde... c'est eux... Ils sont responsables de notre sort, de notre bonheur, et nous n'avons rien à faire qu'à nous laisser être heureuses.

ADÈLE.

Ah ! voilà bien ces idées de jeunes filles que jamais tu ne pourras réaliser.

CLARISSE.

Pourquoi donc ?... Il me semble à moi que cela est possible... et même que déjà cela commence.

ADÈLE.

Serait-il vrai?

CLARISSE.

Oui... je peux te le dire à toi, ma meilleure amie... Tu sais bien, quand M. Darcey, ton mari, venait il y a trois ans chez mon père pour te faire la cour, il était souvent accompagné d'un de ses amis.

ADÈLE.

Oui, je me le rappelle, M. Valdéja... un Espagnol.

CLARISSE.

Son père était Espagnol... mais lui est né en France.

ADÈLE.

On ne s'en serait pas douté... Toujours sombre, rêveur, misanthrope...

CLARISSE.

Il avait eu tant de malheurs... tant de chagrins de toute espèce... Mais à travers l'ironie amère qui dictait tous ses discours, que de nobles et généreux sentiments lui échappaient, comme malgré lui, et semblaient le trahir !

ADÈLE.

Eh ! mon Dieu, ma chère amie, quel enthousiasme !

CLARISSE.

Il était si malheureux ! et puis, lui, qui détestait tout le monde, il semblait m'avoir prise en amitié.

ADÈLE.

Ce qui flattait ton amour-propre.

CLARISSE.

Non... je n'ai jamais pensé à être fière de cette préférence mais j'en étais contente.

ADÈLE.

Je comprends, et ce qu'on disait de lui était donc vrai; i aura tout employé pour te séduire.

CLARISSE.

Lui !... il ne m'a jamais dit qu'il m'aimait... et de mon côté...
Je crois cependant que nous nous sommes compris ; car, il
y a plus de deux ans, au moment où il allait partir pour la
Russie, il me dit seulement : Attendez-moi, et si, dans trois
ans, je ne reviens pas digne de vous, oubliez un malheureux.

ADÈLE.

Et depuis, as-tu reçu de ses nouvelles ?

CLARISSE.

Mais oui... sans en demander, j'en avais de temps en temps
par ton mari qui est son meilleur ami, et à qui il écrivait
souvent. Je sais qu'il a fait un chemin rapide... une belle
fortune... qu'il est secrétaire d'ambassade... et, hier, est arrivée chez mon père une grande lettre, timbrée de Saint-Pé
tersbourg, dont on ne m'a pas encore parlé ; mais je suis
sûre que c'est une demande en mariage.

ADÈLE.

Tu le crois ?

CLARISSE.

Sans doute... Voilà bientôt les trois ans écoulés ; il ne s'en
faut plus que de six mois.

ADÈLE.

Et tu accepterais ?..... Tu deviendrais la femme de
M. Valdéja ?

CLARISSE.

De grand cœur...

ADÈLE.

Le ciel t'en préserve ! et si tu savais comme moi ce que
c'est que le mariage... Tais-toi, c'est M. Darcey... c'est
mon mari... Tu vois si on peut être seule et libre un instant
dans la journée.

SCÈNE II.

LES MÊMES; DARCEY.

DARCEY.

Vous voilà, ma chère belle-sœur ! Que vous êtes aimable de vous être rendue à notre invitation et de venir passer quel ques jours avec ma femme !... Bonjour, Adèle... Es-tu encore fâchée contre moi ?... (A Clarisse.) Nous avons eu une petite discussion ce matin.

CLARISSE.

Je m'en doutais, et j'espère que cela se passera.

ADÈLE.

Jamais !

DARCEY.

Ce serait bien long... Mon seul crime, autant que j'ai pu le comprendre, est de t'avoir amenée à trois lieues de Paris... à la campagne... comme tu le désirais...

ADÈLE.

Je désirais y être, mais non pas seule...

DARCEY.

Et moi... ne suis-je rien pour toi ?

ADÈLE, avec dépit.

Oh ! beaucoup, sans contredit... Un mari et une femme ne font qu'un ; mais, comme je vous l'ai dit, je m'ennuie quand je suis seule.

DARCEY.

Langage de femme conseillée, dont je ne tiendrai nul compte.

ADÈLE.

Exigences de mari auxquelles certainement je ne me soumettrai pas.

DARCEY.

Des rigueurs !... Un seul fait, et je me rends.

ADÈLE.

Mille, s'il le fallait !

DARCEY.

Encore ?...

ADÈLE.

Vous n'avez jamais été du même avis que moi. Au moindre de mes désirs, vous avez toujours eu une objection à faire.

DARCEY.

Tout ceci n'est que vague ; tu ne précises rien, et je te demande des faits.

ADÈLE.

Des faits ! des faits ! (Pleurant.) Dieu ! que je suis malheureuse !

DARCEY.

A la bonne heure, voilà du positif ; et puisque tu crains de m'accuser, je me charge moi-même de ce soin... Je veux avouer tous mes torts devant ta sœur... Depuis quelque temps, tu reçois chez toi une foule de jeunes coquettes dont la vie n'est qu'une déplorable erreur ; tu n'aimes que leur société... tu ne suis que leurs conseils ; et ce n'est jamais par elle-même qu'une femme se perd : c'est par ses amies intimes ; c'est par celles qui l'entourent. Les mauvais exemples commencent sa ruine en la décourageant, en la dégoûtant de ce qui est bien ; puis viennent les mauvais conseils qui la conduisent à ce qui est mal... Déjà elles ont détruit chez toi le bonheur intérieur... Tu jettes un regard d'envie sur leur folle existence... Tu voudrais les imiter... Tu brûles de briller et de t'afficher comme elles ; et moi qui suis ton ami, moi qui suis chargé de veiller sur ton honneur, qui m'appartient, qui est le mien, je dois d'une main sévère t'arrêter au bord de l'abîme et t'empêcher d'y tomber... Voilà mes torts, n'est-il pas vrai ? ceux que tu n'osais me reprocher devant Clarisse.

CLARISSE.

Mon frère !

DARCEY.

Après cela, qu'elle m'en veuille, qu'elle soit fâchée contre moi... je trouve cela tout naturel... Pour être raisonnable, il faut du courage. (A Adèle.) Mais crois-tu qu'il ne m'en faille pas à moi, pour te causer du chagrin ?... et cependant j'y suis décidé.

ADÈLE.

Vous, monsieur !

DARCEY, froidement.

Tu sais qu'avec moi une décision prise est toujours exécutée, et voici ce que j'avais à te dire : je vais souvent à Paris pour mes affaires, j'y vais même aujourd'hui, pour toute la journée, et je voudrais qu'en mon absence ces dames... tu sais de qui je veux parler, ne vinssent ici qu'invitées par moi.

ADÈLE.

Vous ne les inviterez jamais.

DARCEY.

Si, vraiment. Il en est quelques-unes qui ne sont que folles et étourdies, celles-là sont peu dangereuses... mais il en est d'autres que je redoute... madame de Laferrier, par exemple...

ADÈLE.

Mais son mari est un riche banquier en relation d'affaires avec vous.

DARCEY.

Oui, un fort honnête homme, que je verrai le matin dans son cabinet ou dans le mien ; mais tu m'obligeras de ne plus voir sa femme... je t'en prie. Quant à madame Marini, ton autre intime, elle a fait, dit-on, la fortune de son mari par son crédit auprès des ministres, et son mari, par reconnaissance, croit devoir fermer les yeux sur la conduite de sa femme ; moi qui n'ai pas les mêmes motifs d'indulgence, je te défends de voir madame Narini.

ADÈLE.

Ne le défendre [1]

DARCEY, avec tendresse.

Oui, mon amie, et tu m'en remercieras un jour. Après cela, crois que mon amour te tiendra compte d'un pareil sacrifice.

ADÈLE, sèchement.

Je ne demande rien, monsieur.

DARCEY, avec douceur.

Je le vois, et tu m'obéiras sans cela... (Avec fermeté.) Car tu sais que, si j'ai de l'indulgence pour des caprices, je suis inexorable pour des fautes. Adieu, je pars. Mais auparavant, ma chère Clarisse, je voudrais vous parler un instant.

CLARISSE.

Très-volontiers.

ADÈLE.

Encore quelque complot contre moi ?

DARCEY.

Probablement... mais le complice que je choisis doit vous rassurer.

(Il veut lui baiser la main, qu'elle retire avec humeur. — Darcey sort avec Clarisse qui fait signe à sa sœur de se modérer.)

SCÈNE III.

ADÈLE, seule.

Et je souffrirais une pareille tyrannie ? J'obéirais à mon mari quand toutes les femmes que je vois commandent aux leurs ?... Oh ! non, cela n'est pas possible !... Je ne pourrais jamais vivre ainsi, il faut que cela finisse.

SCÈNE IV.

ADÉLE, AMÉLIE, ACHILLE.

AMÉLIE, à Achille.

Ne l'avais-je pas dit, que nous la trouverions en médi-
tation ?

ADÈLE.

Dieu !... madame de Laferrier !

AMÉLIE.

Bonjour, ermite.

ADÈLE, s'efforçant de rire.

C'est bien aimable à toi de ne pas m'abandonner ; à vous
aussi, monsieur Grosbois.

ACHILLE.

Nous causons de vous à chaque instant du jour, madame.

AMÉLIE.

Puisque tu ne viens pas, il faut bien que je fasse la route.
J'ai amené le docteur avec moi, ne sachant pas voyager
seule. Eh ! mais, qu'as-tu donc ? Est-ce que tu aurais pleuré,
par hasard ?

ADÈLE.

Ah ! ma bonne Amélie, j'ai bien du chagrin !

AMÉLIE.

Et quelle en est la cause ?

ADÈLE.

Tu me le demandes ?

AMÉLIE.

Ton mari... C'est juste : j'aurais dû le deviner.

ADÈLE.

J'ai besoin que tu diriges le cours de mes idées... Je

voudrais... je n'ose, ou plutôt, je ne sais ce que je voudrais...
à quel parti m'arrêter. Conseille-moi, de grâce[1]

AMÉLIE.

Adèle, tu connais mes principes à cet égard : je n'empêche
personne de me regarder faire ; mais pour des conseils, je
n'en donne jamais.

ADÈLE.

Cependant...

AMÉLIE.

Ma chère amie, c'est comme cela ; et puis, parler raison à
une enfant, à quoi bon?

ADÈLE, piquée.

Comment, à une enfant?

AMÉLIE.

Oui, à une enfant. Je puis bien le dire devant lui, (Montrant
Achille.) il est discret. Tu es encore ce que tu étais chez
madame Destournelles, notre maîtresse de pension.

ADÈLE.

Tu veux rire?

AMÉLIE.

Non, ma chère, petite fille de la tête aux pieds, à cela
près de la gaieté perdue, du nom changé, du professeur
aussi, lequel, au lieu de t'apprendre, comme l'autre, de
l'histoire et de la grammaire, t'enseigne l'art de périr d'ennui entre quatre murs.

ACHILLE.

Dommage ! vraiment dommage !

AMÉLIE.

Tu es sous le joug.

ADÈLE.

Et comment m'y soustraire, puisque, pour le rendre plus
pesant encore, il veut me séparer de celles qui m'aidaient à
le supporter, de mes meilleures amies !

AMÉLIE, riant.

C'est une plaisanterie, je pense?

ADÈLE.

Non vraiment... il m'a priée de ne plus te voir, et m'a défendu de recevoir Sophie Marini.

AMÉLIE.

Ah! moi, je suis seulement priée... Comment donc! mais il y a là une nuance très-délicate dont je lui sais un gré infini. Tu lui as ri au nez, j'espère?

ADÈLE, timidement et baissant les yeux.

Non vraiment... je n'ai pas osé.

AMÉLIE, riant.

Elle n'a pas osé... c'est délicieux!... Alors, à ce compte-là, il faut donc que nous nous en allions?

ADÈLE, avec crainte.

Tu vas m'en vouloir de ma faiblesse?

AMÉLIE, gaiement.

Moi, du tout; je trouve l'aventure charmante... et je la raconterai partout... C'est une bonne fortune.

ADÈLE, effrayée.

Y penses-tu?

AMÉLIE.

Oui, sans doute... car c'est bien plus gai encore que tu ne crois... Imagine-toi que Sophie Marini, sachant par moi que je devais, ce matin, te faire visite à la campagne... doit venir aussi.

ADÈLE.

Ah! mon Dieu!

AMÉLIE.

Avec M. Rodolphe.

ACHILLE.

M. Rodolphe!... Il me semble que je connais cela et que je l'ai vu...

AMÉLIE.

Oh ! sans doute... à Tortoni. .

ACHILLE.

Qu'est-ce qu'il est ?

AMÉLIE.

Il va à Tortoni.

ACHILLE.

J'entends bien... mais qu'est-ce qu'il fait?

AMÉLIE.

Il déjeune chez Tortoni le matin... et le soir, nous le trouvons en gants jaunes aux balcons de tous nos théâtres. Du reste, il est garçon, a vingt mille livres de rente... et c'est un adorateur d'Adèle...

ADÈLE.

De moi ?

AMÉLIE.

Il te poursuit partout sans pouvoir t'atteindre, et, en désespoir de cause, nous adore, Sophie et moi, parce que nous sommes tes meilleures amies.

ADÈLE.

M. Rodolphe ! Mais je ne veux ni ne dois le recevoir... et maintenant surtout que je connais ses sentiments... C'est un parti que je prends de moi-même.

AMÉLIE.

De toi-même ? Non pas... c'est un détour indirect pour obéir à ton mari.

ADÈLE.

En aucune façon.

AMÉLIE.

Et moi, j'en suis sûre. Je te connais trop bien... Et voici le moment de développer toutes tes vertus conjugales, à commencer par la soumission, car j'aperçois Sophie et M. Rodolphe.

SCÈNE V.

LES MÊMES; SOPHIE, RODOLPHE.

SOPHIE.

Charmant ! délicieux ! Quel séjour admirable ! n'est-il pas vrai ?

RODOLPHE.

Moi, je n'admire jamais ! (Apercevant Adèle qu'il salue.) Et il ne faut pas moins que la vue de madame pour me faire déroger à mes principes.

AMÉLIE, bas à Adèle, qui baisse les yeux avec embarras.

Ne crains rien... tu peux lui faire la révérence... ton mari n'est pas là.

SOPHIE, passant près d'Adèle.

Que dis-tu, chère amie, de notre visite impromptue ? J'adore les parties de campagne.

RODOLPHE.

Et celle-ci a rendu à madame toute sa bonne humeur.

ADÈLE.

Est-ce que tu avais quelque chagrin... quelque contrariété ?

RODOLPHE.

Une très-grande ! Quand je suis arrivé chez madame, elle venait de voir dans le journal une place importante donnée à quelqu'un qu'elle ne peut souffrir.

ACHILLE.

Il y a de quoi avoir une migraine !

RODOLPHE.

Un M. Valdéja...

ADÈLE.

M. Valdéja... le secrétaire d'ambassade à Saint-Pétersbourg ?

SOPHIE.

Tu le connais?

ADÈLE.

Fort peu!... Mais il a pour ma sœur une passion romanes-
que qui la flatte infiniment. Je vous le dis en confidence et
entre amies.

AMÉLIE.

Sois tranquille, ce n'est pas par moi que M. Valdéja en
sera instruit, car je ne le connais pas.

RODOLPHE, montrant Sophie.

Madame ne peut pas en dire autant.

SOPHIE.

Rodolphe! c'en est assez...

RODOLPHE.

Et pourquoi donc? Moi je ne cache jamais ni ma haine,
(En regardant Adèle.) ni mon amour. J'aime à vous croire la
même franchise, et vous pouvez bien avouer que M. Valdéja
est votre ennemi déclaré.

AMÉLIE.

Vraiment?

RODOLPHE.

Et d'honneur je le plains; car madame n'a jamais pardonné aux gens qu'elle n'aime pas... ou qu'elle n'aime plus.
Il n'y a qu'elle pour ces noirceurs délicieuses qui rappellent
les roueries de la régence : c'est un genre qui n'était plus
de notre siècle et que vous nous avez rendu.

SOPHIE.

Vous voulez me fâcher.

RODOLPHE.

Vous auriez bien tort... C'est le moyen de se distinguer
et d'avoir une physionomie dans le monde. Il y a tant de
gens qui n'en ont pas! (A Achille.) N'est-il pas vrai, docteur?

ACHILLE.

Oui, monsieur. (A part.) Eh bien ! par exemple... pourquoi me demande-t-il cela à moi ?

ADÈLE.

Silence, voici ma sœur.

SCÈNE VI.

LES MÊMES; CLARISSE.

CLARISSE.

Ma sœur ! ma sœur ! viens donc vite ! Est-ce que tu n'as pas entendu une voiture qui entrait dans la cour ?

ADÈLE, avec effroi.

Quoi ! déjà mon mari ?

CLARISSE.

Mon Dieu non ! pas encore !... (Apercevant Amélie et madame Marini.) O ciel ! (Elle leur fait la révérence et dit bas à sa sœur.) Y penses-tu ?... quand ce matin encore M. Darcey t'a défendu...

ADÈLE, l'interrompant.

Il suffit !... Je sais ce que j'ai à faire. Que venais-tu m'annoncer ?

CLARISSE.

Une galanterie charmante de ton mari. C'est aujourd'hui ta fête, tu ne le savais pas ?

AMÉLIE ET SOPHIE.

Nous l'ignorions aussi

CLARISSE.

Et il avait commandé pour toi un coupé délicieux qui vient d'arriver.

ADÈLE, avec joie.

Est-il possible ?

CLARISSE.

Et deux chevaux gris magnifiques! Oh! le bel attelage!

ADÈLE, avec satisfaction.

J'avoue que je ne m'y attendais pas.

SOPHIE, sèchement.

Il me semble cependant que c'était de droit !

AMÉLIE.

Comment! tu n'avais pas encore de coupé? Mais c'était une indignité!... Moi j'en ai un depuis trois ans, et cependant mon mari n'est pas si riche que le tien, il s'en faut de beaucoup.

ADÈLE, froidement.

C'est vrai.

SOPHIE.

Et s'il te le donne, c'est pour ne pas rougir.

AMÉLIE.

C'est par respect humain.

CLARISSE.

Non, mesdames : c'est par affection, par amitié pour elle ; (A Adèle.) et tu ne sais pas qui vient d'arriver dans ce bel équipage?

ADÈLE.

Eh! qui donc?

CLARISSE.

Mon père, qui attend avec impatience que tu ailles l'embrasser.

ADÈLE.

Je le voudrais... mais ces dames, que je ne puis abandonner...

CLARISSE.

Je me chargerai de leur tenir compagnie et de leur faire les honneurs.,. Va vite,

ADÈLE.

A la bonne heure !... Je reviens dans l'instant, mes amies.

AMÉLIE.

Et moi je ne te quitte pas ; je veux voir tes chevaux, et puis nous avons ensemble une conversation à achever.

(Adèle et Amélie sortent.)

SCÈNE VII.

LES MÊMES; excepté Adèle et Amélie.

(Achille examine les jardins. Rodolphe s'est étendu sur trois chaises, et bâille en jouant avec sa canne.)

RODOLPHE, regardant Clarisse.

Elle est jolie, la petite sœur ! et je l'aimerais autant que l'autre ! Moi je ne tiens pas au droit d'aînesse.

SOPHIE, à Clarisse.

Je suis bien heureuse de vous voir, ma chère Clarisse, j'ai à vous remercier de ce que vous m'avez envoyé lors de ma dernière quête.

CLARISSE.

C'était si peu de chose !... mes économies de demoiselle ; et l'on doit rendre grâce à celles qui comme vous, madame. veulent bien se dévouer pour remplir un devoir si pieux.

SOPHIE.

Cette fois du moins, et c'est assez rare, l'argent de cette collecte aura été bien placé. Une pauvre jeune fille, une orpheline, que l'inexpérience et la misère avaient livrée à la séduction...

RODOLPHE, toujours étendu sur sa chaise.

Voilà qui est horrible...

SOPHIE.

D'autant plus que son séducteur l'a indignement aban-

donnée... Je ne vous le nommerai pas, quoique je le connaisse... mais ce serait inutile, il n'est plus en France... il
est très-loin... à l'étranger... en Russie...

CLARISSE, vivement.

En Russie ?

SOPHIE.

Où il occupe une fort belle place ; et certainement ce Valdéja aurait bien pu...

CLARISSE.

Valdéja ?

SOPHIE.

Est-ce que je l'ai nommé ?... Pardon, c'est sous le sceau
du secret... parce que cette jeune personne est vraiment d'une
fort bonne famille... Vous la verrez, vous l'entendrez...

CLARISSE.

Non, madame... c'est inutile.

SOPHIE.

Et puis, qui sait ?... il peut revenir en France et l'épouser :
c'est peut-être son dessein, et il ne faut désespérer de
rien... Eh ! mais, qu'avez-vous donc ?

CLARISSE.

Bien, madame, rien... Il fait froid dans ce jardin, et je ne
me sens pas bien.

(Elle s'appuie sur une chaise à gauche ; et pendant ce temps, Rodolphe,
qui s'est levé, s'approche de Sophie.)

RODOLPHE, froidement et à demi-voix.

Je ferais un pari.

SOPHIE.

Et lequel ?

RODOLPHE.

C'est que dans ce que vous venez de lui raconter il n'y a
pas un mot de vrai.

SOPHIE.

Et qui vous le fait croire ?

RODOLPHE, souriant.

D'abord, c'est que vous l'avez dit ; mais, vrai ou non, c'est bien trouvé, bonne perfidie pour perdre Valdéja dans l'esprit de celle qui l'aime. Mais prenez garde, si jamais j'ai à me plaindre de vous, je le justifie.

SOPHIE.

Quelle idée !

RODOLPHE.

Je ferai leur bonheur par vengeance.

SOPHIE.

C'est-à-dire que vous me menacez ?

RODOLPHE.

Du tout ; mais avec vous il faut toujours être sur le pied de guerre, on ne peut jamais désarmer. Voici madame Darcev, la belle des belles

(Il va au-devant d'Adèle qui entre pensive.)

SCÈNE VIII.

LES MÊMES ; ADÈLE.

ADÈLE, entrant et rêvant.

Oui, certainement, Amélie a raison, je montrerai du caractère et nous verrons. (Levant les yeux et apercevant Rodolphe.) Pardon, monsieur ; (A Sophie.) pardon, ma chère Sophie, de vous avoir laissés aussi longtemps... Je viens de faire préparer pour vous, dans le petit pavillon, quelques rafraîchissements dont vous devez avoir besoin.

ACHILLE.

A la campagne, et par cette chaleur napolitaine, cela ne fera pas de mal.

ADÈLE, à Sophie.

Et puis vous me resterez tous à dîner...

SOPHIE.

Nous y comptions bien.

ACHILLE.

C'était notre intention.

RODOLPHE.

Je n'osais l'espérer.

ADÈLE.

Pourquoi donc, monsieur?..... Présenté par ces dames..

RODOLPHE, lui présentant la main.

Oserais-je vous offrir la main?

ADELE.

Je reste ici... j'ai des ordres à donner, des détails de ménage ; mais voici ma sœur qui voudra bien continuer à
me remplacer. Clarisse, Clarisse, tu ne m'entends pas?

CLARISSE, se levant brusquement.

Si, ma sœur. (A part.) Ah ! pourquoi m'a-t-elle rappelée à
moi?... J'espérais mourir.

RODOLPHE, à part, lui donnant la main.

Pauvre jeune fille !... elle me fait de la peine, je vais la
consoler. (Haut. à Achille et entraînant Clarisse.) Monsieur Achille,
nous vous montrons le chemin.

(Achille et Sophie les suivent.)

SCÈNE IX.

ADÈLE, seule.

Oui, oui, le sort en est jeté... je suivrai ses conseils, je ferai
comme elle, je serai maîtresse chez moi, je recevrai mes
amies, et pour commencer je les garde aujourd'hui à
dîner ; et une fois que le pli eu sera pris, mon mari fera

comme les autres maris, il obéira ; je ne vois pas pourquoi il
y aurait exception pour lui. Holà ! quelqu'un... Hé ! Créponne ! la jardinière !

SCÈNE X.

ADÈLE, CRÉPONNE.

ADÈLE.

Viens vite ici ; où est ton mari ?

CRÉPONNE.

Là-bas, près des melons, où il travaille   je vais l'appeler.

ADÈLE.

C'est inutile, j'ai du monde à dîner.

CRÉPONNE.

Beaucoup ?

ADÈLE.

Neuf ou dix personnes... Il me faut un dessert de choix,
va cueillir dans le verger ce qu'il y a de mieux... ces pêches
du coin à droite.

CRÉPONNE.

Je vais les demander à mon mari.

ADÈLE.

A quoi bon ?

CRÉPONNE.

Parce que, excepté lui, il défend que personne v touche.

ADÈLE.

Quand c'est moi qui te le dis, ne dois-tu pas m'obéir ?

CRÉPONNE.

Oui, madame, car je suis votre sœur de lait et je vous
aime bien ; mais faut aussi obéir à son mari, et surtout au
mien ; sans cela il me battrait.

ADÈLE.

C'est ce que nous verrions.

CRÉPONNE.

C'est pas vous qui le verriez, c'est moi.

ADÈLE.

S'il avait cette audace...

CRÉPONNE.

Il l'aura.

ADÈLE.

N'importe, fais ce que je te dis.

CRÉPONNE.

Mais, madame...

SCÈNE XI.

LES MÊMES; DARCEY, qui est entre vers la fin de la scène
précédente.

DARCEY.

Eh! oui sans doute, Créponne, fais ce qu'ordonne ta
maîtresse.

ADELE.

Quoi! monsieur, vous étiez là? Vous voilà de retour?

DARCEY.

Oui, ma chère amie; j'ai bien vite expédié mes affaires,
car il me tardait, surtout aujourd'hui, de revenir prés de
toi. (A Créponne.) Va vite, Créponne.

CRÉPONNE.

Ça ne sera pas long, car il ne s'agit que de cueillir des
pêches... Mais si monsieur voulait seulemen me permettre
d'en demander la permission à mon mari.

DARCEY.

Certainement, la permission d'un mari, ça ne peut jamais faire de mal.

CRÉPONNE.

C'est que, voyez-vous, ce sont nos plus belles ; et il paraît qu'il en faudra beaucoup, car madame a dit que vous seriez une dizaine de personnes.

DARCEY, regardant Adèle.

Ah ! nous serons dix ?

ADÈLE, cherchant à s'enhardir.

Oui, monsieur.

DARCEY.

C'est bien, ma chère amie. (A Créponne.) Je t'ai déjà priée de nous laisser.

CRÉPONNE, s'en allant.

Oui, monsieur...

SCÈNE XII.

ADÈLE, DARCEY.

DARCEY.

Je croyais que nous ne dînerions qu'en famille ; mais je vois que de ton côté tu m'as aussi ménagé une surprise... sans doute quelques amis communs que tu as invités pour le jour de ta fête ?

ADÈLE, avec émotion.

Oui, monsieur, des amies.

DARCEY.

Et lesquelles ? à moins que ce ne soit un secret, et alors je n'insiste plus, je ferai même l'étonné, si tu le désires.

ADÈLE, avec crainte.

Peut-être le serez-vous en effet ?

DARCEY.

Et pourquoi donc, ma chère amie?

ADÈLE.

Pourquoi?... (A part.) Allons, et comme Amélie me l'a conseillé, tâchons de vaincre cette sotte timidité.

DARCEY.

Achève!

ADÈLE, avec embarras.

C'est que... je ne sais comment vous l'avouer; mais franchement je n'ai pu m'en défendre; elles sont venues me demander à dîner.

DARCEY.

Et qui donc?

ADÈLE.

Madame de Laferrier et madame Narini.

DARCEY.

Tu ne parles pas sérieusement?

ADÈLE, avec vivacité.

Si, monsieur; je les ai invitées, et maintenant il n'y a plus à s'en dédire. (A part.) Grâce au ciel! j'ai tout dit, m'en voilà quitte.

DARCEY, avec une colère concentrée.

Adèle!... Adèle! ton intention n'a pas été de me braver? Tu avais oublié ma défense, dis-le-moi.

ADÈLE.

Non, monsieur; mais cette défense était injuste et injurieuse pour moi, et ce serait m'humilier à mes propres yeux et aux vôtres que de renvoyer mes meilleures amies.

DARCEY, avec chaleur.

Vos meilleures amies? Rien au monde ne m'est plus pénible que de vous entendre les appeler ainsi; mais j'espère que bientôt vous connaîtrez ceux qui vous aiment véritablement.

ADÈLE.

Ce sont ceux qui me plaignent, ceux qui cherchent à calmer mes souffrances ; à mon tour, je dois les défendre quand on les calomnie, et les préférer à ceux qui ne veulent que m'affliger et me tyranniser.... Le trouvez-vous surprenant ?

DARCEY, avec douleur.

Surprenant ! non, Adèle ; depuis longtemps il n'y a plus rien qui me surprenne, et l'ingratitude d'une femme ne saurait faire exception....

ADÈLE, avec fierté.

Monsieur !

DARCEY.

Pardon... j'ai tort de vous laisser voir ce que je souffre.

ADÈLE.

Des reproches ! Ai-je trahi mes devoirs ?

DARCEY, avec douleur.

Je lui parle de tendresse, elle me parle de devoirs.

ADÈLE, froidement.

Et que voulez-vous de plus ? Le reste dépend-il de ma volonté ?

DARCEY, s'eloignant d'elle.

Ah !... qu'il n'en soit plus question ! cette épreuve est la dernière. Désormais je ne vous demanderai plus que des devoirs, madame ; nous verrons comment vous saurez les remplir. Le premier de tous était la soumission à mes volontés ; et si vous avez pensé que, dans un jour comme celui-ci, j'oublierais de vous le rappeler, vous avez eu tort... Un jour, une heure de faiblesse compromettrait toutes les heures de ma vie, et je ne transige jamais avec ce que je crois raisonnable et nécessaire ; je vais vous le prouver.

ADÈLE.

Dieu ! ce sont mes amies !

SCÈNE XIII.

Les mêmes ; AMÉLIE, SOPHIE, ACHILLE.

AMÉLIE.

Nous voici revenus au point d'où nous étions partis... Il est charmant, ce parc... mais c'est un véritable labyrinthe.

SOPHIE.

Heureusement nous n'y avons pas rencontré le Minotaure.

ACHILLE, riant.

Il est à Paris.

DARCEY, qui jusque-là s'est tenu à l'écart, s'avance près d'Achille.

Non, monsieur.

(Exclamation générale.)

ACHILLE.

Ma foi, monsieur, qui se serait douté que vous étiez là à m'écouter ? Rien n'est plus désobligeant que d'être écouté... Vous excuserez la plaisanterie, j'espère.

DARCEY.

Monsieur !...

ACHILLE.

L'air de la campagne pousse singulièrement aux bons mots ; et, sans examiner s'ils sont exacts, la langue s'en débarrasse.

DARCEY.

Je comprends cela à merveille, mais...

ACHILLE.

Trop bon, en vérité.

DARCEY.

Mais j'ai un grand travers d'esprit, je n'aime pas les fats...

ACHILLE.

Ah ! vous n'aimez pas ?...

DARCEY.

Non, je ne les aime pas ; et quand ils s'introduisent chez moi (Regardant les deux dames) dans quelque compagnie qu'ils se trouvent, je les chasse sans balancer.

ACHILLE, sur les épines.

Fort bien, fort bien ; je disais tout à l'heure...

DARCEY, élevant la voix.

Monsieur, vous m'avez compris...

SOPHIE, à Amélie.

Il n'y a pas moyen d'y tenir ; sortons, ma chére.

(Elle sort en donnant la main à Achille.)

DARCEY.

Je serais désolé de vous retenir.

AMÉLIE.

Monsieur, un pareil outragé...

DARCEY.

Madame de Laferrier me permettra-t-elle de la reconduire jusqu'à sa voiture ?

(Il sort en donnant la main à Amélie.)

SCÈNE XIV.

ADÈLE, seule, puis RODOLPHE.

ADÈLE.

Quelle horreur ! quelle indignité !... Pouvais-je jamais m'attendre à un affront aussi sanglant ? Je m'en vengerai !

RODOLPHE, entrant, un bouquet à la main.

Eh bien ! où sont donc ces dames ?

ADÈLE.

Dieu ! monsieur Rodolphe !... partez... éloignez-vous.

RODOLPHE.

Et pourquoi donc?

ADÈLE.

Mon mari est de retour.

RODOLPHE.

Et que m'importe?

ADÈLE.

Il vient de nous faire une scène affreuse.

RODOLPHE, gaiement.

C'est comme cela que je les aime, les maris !

ADÈLE.

Mais pour moi, monsieur, pour moi, de grâce partez !

RODOLPHE.

Pour vous, c'est différent, il n'y a rien que je ne fasse ; mais mon respect, ma soumission me priveront-ils de votre présence? Dois-je renoncer désormais à ce bonheur?

ADÈLE.

Il le faut, je ne puis plus vous voir.

RODOLPHE.

Chez vous, je le comprends ; mais dans le monde, mais chez vos amies

ADÈLE, avec crainte.

Monsieur, vous me faites mourir.

RODOLPHE.

Un mot de consentement, un seul mot, et je pars; sinon, je reste.

ADÈLE.

Partez !... partez !... je vous en supplie !...

RODOLPHE, lui baisant la main.

Ah! que je vous remercie !

(Il s'enfuit par le fond du jardin.)

SCÈNE XV.

ADÈLE, puis DARCEY.

ADÈLE.

Nais du tout ; que peut-il supposer ?... que peut-il croire ?
(Apercevant Darcey.) Dieu !

DARCEY.

Leur voiture est sur la route de Paris. Naintenant, voulez-
vous que nous passions au salon ?

ADÈLE.

Nonsieur, est-ce là le commencement du rôle de mari ?

DARCEY.

Oui, madame.

ADÈLE, sortant.

Alors, malheur à celui qui ose s'en charger !

DARCEY, la suivant des yeux et sortant après elle.

Nalheur à toi si tu écoutes d'autres conseils que ceux de
la raison !

ACTE DEUXIÈME

PREMIÈRE PARTIE

Un appartement chez Darcey.

SCÈNE PREMIÈRE.

DARCEY, seul d'abord, occupé à arranger sa bibliothèque ; puis
VALDÉJA et MOURAVIEF.

DARCEY, à Valdéja.

Déjà éveillé, mon ami ! Es-tu un peu remis des fatigues de ton long voyage ?

VALDÉJA.

Je commence à croire que les membres me tiennent au corps, et j'en doutais hier soir quand je suis arrivé. (A Mouravief.) Tiens, Mouravief, ces papiers au ministère des affaires étrangères ; on t'en donnera un reçu, et tu reviendras, car j'ai d'autres commissions à te donner. (Mouravief porte la main à son chapeau et sort.) Un joli sujet, n'est-il pas vrai ? un pur Kalmouk que j'ai pris à mon service et ramené avec moi.

DARCEY.

Enfin, te voilà de retour de ta maudite Russie. Depuis six mois que tu ne m'écrivais plus, j'ai cru que quelque belle Moscovite avait gelé tes souvenirs.

VALDÉJA.

Ils ne couraient aucun risque... tu étais là pour les réchauffer. Mais, vois-tu, si je ne t'ai pas écrit, c'est que je souffrais trop. Maintenant je ne souffre plus ; je suis heureux : mon cœur est endurci, il n'aime plus rien que toi, que toi, mon ami.

DARCEY, lui tenant les mains.

J'espère que nous ne nous quitterons plus. D'abord, est-il vrai que tu abandonnes la place brillante que tu avais obtenue il y a six mois, que tu renonces à la diplomatie?

VALDÉJA.

Oui ; ces honneurs, ces emplois, ce n'est pas pour moi que je les désirais ; et maintenant je n'en ai plus besoin.

DARCEY.

Tu as assez de fortune sans cela ; car, ainsi que je te l'ai écrit, grâce à un concours d'heureuses circonstances, ce capital que tu avais laissé entre mes mains s'est accru considérablement.

VALDÉJA, le regardant.

Tu me trompes. C'est aux dépens de ta fortune que tu veux m'enrichir.

DARCEY.

A quoi bon? Ma fortune est la tienne; je n'ai pas besoin de te tromper.

VALDÉJA, froidement.

Tu as raison. Alors peu importe, garde-la, je n'en ai que faire.

DARCEY.

A la bonne heure ; et si tu t'établis, si tu te maries....

VALDÉJA.

Jamais, et maudit soit le moment où une pareille idée s'est offerte à mon esprit! Maudit soit le jour où j'ai voulu faire dépendre d'une femme ma vie, mon bonheur et mon avenir! Ne les connaissais-je pas déjà? Ne savais-je pas qu'il n'y a en elles que ruses et trahisons? N'est-ce pas une femme qui dénonça mon père et m'a forcé à fuir de la terre natale dans nos temps de discorde? Et quand, jeune encore, mon cœur s'ouvrait à toutes les impressions de l'amour et de l'amitié, n'est-ce pas une femme qui a armé mon bras contre un ami d'enfance, qui l'a fait rouler sanglant à mes pieds ? Plus tard enfin, n'est-ce pas encore une d'elles qui a manqué de compromettre mon avenir, mon bonheur ?... et si tu n'avais pas été là, toi mon seul ami ! toi qui, plus âgé que moi, n'as jamais cessé de me protéger !

DARCEY.

Dis de t'aimer, et voilà tout.

VALDÉJA.

Tu es tout pour moi. Quant au reste du monde, je lui avais juré, tu le sais, railleries et dédain ; lorsque s'offre à mes yeux une jeune fille candide, ingénue, qui, sans me rien promettre, me persuade de son amour... Celle-là, me disais-je, est à part de son sexe ; c'est une exception, elle ne saurait tromper ; et je croyais en elle... comme en toi.

DARCEY.

Et elle t'a trahi ?...

VALDÉJA.

Je devais m'y attendre ; je l'aimais trop !... Et, lorsqu'au bout de deux ans et demi d'exil et de travaux je touchais enfin au but de mes espérances, lorsqu'une place honorable me permettait d'aspirer à sa main... j'écris à son père, (il y a six mois de cela,) je la demande en mariage... Cette réponse que j'attendais avec tant d'impatience... elle arrive enfin, et m'apprend que ce n'est pas lui, que c'est sa fille qui me refuse ; qu'elle ne saurait m'aimer ; que, du reste, ils garderont sur ma demande et sur son refus le plus profond silence.

DARCEY.

Écoute, Valdéja, et dussé-je te fâcher, le père a agi en galant homme ; et quant à sa fille... tu ne peux lui reprocher que sa franchise ; une autre n'eût rien dit... et t'aurait trompé.

VALDÉJA.

Tu me juges mal; et si je lui en veux, ce n'est point de
m'avoir dédaigné, c'est au contraire de m'avoir laissé croire
à son amour. Et je lui pardonnerais mes illusions détruites,
mon existence désenchantée et mon avenir désert?... Non,
non; grâce au ciel, cette haine qu'elle m'a rendue pour tout
son sexe sera désormais mon seul bonheur, mon occupation,
mon existence. Je ne vivrai que pour le poursuivre, le démasquer; et, toujours sur ses traces, je lui tiendrai lieu du
remords qu'il n'a pas.

DARCEY, avec tendresse.

Mon ami, mon ami!

VALDÉJA.

Pardon d'empoisonner par ces idées la joie du retour; ne
me parle pas d'elle; ne m'en parle jamais... Ne songeons
qu'à l'amitié, qui console de tout et fait tout oublier. Toi, es-
tu heureux? réponds.

DARCEY.

Depuis trois ans, tu sais que j'ai pris femme...

VALDÉJA.

J'entends. C'est un *non* positif.

DARCEY.

Tu te trompes, je suis aussi heureux... que je puis l'être.

VALDÉJA, le regardant attentivement.

Ce n'est pas vrai.

DARCEY.

Parbleu! voilà qui est fort, quand je te dis...

VALDÉJA.

Je ne m'étais pas assis chez toi, que je savais à quoi m'en
tenir; ta confiance n'est pas verbeuse, elle n'est pas comme
la mienne.

DARCEY.

Que veux-tu? la main qui touche à nos blessures nous fait

mal... même quand c'est celle d'un ami. Tu as deviné juste :
je suis malheureux, car j'ai choisi une femme froidement
égoïste, qui n'a que de la vanité dans le cœur.

VALDÉJA.

Une pareille femme à toi !

DARCEY.

Ce sont les plus nombreuses, mon ami.

VALDÉJA.

Et bravement tu as été choisir dans la foule ?

DARCEY.

Tu la connaissais ; car souvent, avant ton départ, nous
allions ensemble dans la maison de son père, N. Évrard,
négociant.

VALDÉJA, avec émotion.

N. Évrard ? Oui... c'est vrai.

DARCEY.

Tu m'as souvent fait remarquer sa beauté et celle de sa
sœur Clarisse. Tu te la rappelles aussi ?

VALDÉJA, avec une émotion qu'il cherche à maîtriser.

Clarisse ?... Non ! je ne me la rappelle pas.

DARCEY.

Adèle était si jolie, si pure, si enivrante ! Et puis ses
quinze ans, sans fortune... comment les abandonner aux
prétentions du premier venu ? Il y avait dans cette pensée
une image accablante pour moi.

VALDÉJA.

Anéantir sa vie pour une fleur sans parfum ! (A part.)
Voilà comme Clarisse aurait été.

DARCEY.

Longtemps j'ai eu à combattre et à souffrir ; mais enfin,
et depuis six mois, depuis que j'ai chassé deux ou trois femmes dangereuses qui formaient son conseil, la paix est revenue !

VALDÉJA.

Et le bonheur ?

DARCEY.

Il ne faut plus y penser... le charme est détruit. Je vois Adèle aujourd'hui telle qu'elle est, et j'ai cessé de l'aimer.

SCÈNE II.

LES MÊMES; CRÉPONNE, en costume de femme de chambre.

CRÉPONNE.

Monsieur, je viens voir si vous êtes visible.

DARCEY.

Oui, Créponne, je suis visible. Pourquoi cette question ?

CRÉPONNE.

Parce que madame désire vous dire bonjour, ainsi qu'à M. votre ami, avant de sortir ; c'est naturel, simple, de bon ton et de bon ménage.

DARCEY.

Puisque vous le jugez tel, Créponne, il ne me reste rien à dire ; prévenez madame Darcey que nous l'attendons.

CRÉPONNE.

Ça lui fera grand plaisir, certainement.

(Elle sort.)

SCÈNE III.

DARCEY, VALDÉJA.

VALDÉJA.

Voilà une maîtresse soubrette.

DARCEY.

Y penses-tu ? c'est la femme de Fleury, mon jardinier. Adèle, dont elle est la sœur de lait, l'a prise en affection et l'a retirée de ma campagne pour en faire sa femme de chambre à Paris.

VALDÉJA.

Tant pis ! Moi, vois-tu bien, je ne crois pas aux vertus de campagne.

DARCEY.

Tu ne crois à rien !

VALDÉJA.

Seul moyen de ne pas être trompé.

DARCEY.

Voici ma femme !

SCÈNE IV.

DARCEY, VALDÉJA, ADÈLE.

ADÈLE, avec amabilité.

Mon ami, je n'ai pas voulu sortir sans te faire une petite visite.

DARCEY, la baisant au front.

Bonjour, Adèle.

ADÈLE.

Comment monsieur Valdéja se trouve-t-il ce matin ?

VALDÉJA.

Je vous rends grâce, madame : dans les meilleures dispositions du monde.

ADÈLE.

Et toujours sans regret d'avoir quitté la Russie ?

VALDÉJA.

Oui, madame, sans regret... surtout depuis que je suis ici

ADÈLE.

Ferdinand, je vais aller chez mon père.

DARCEY

Quelle nécessité t'y oblige ?

ADÈLE.

Le désir de le voir. Depuis huit jours je n'ai pas entendu parler de lui et je suis dans une inquiétude mortelle.

DARCEY.

J'aurais bien désiré que cette inquiétude te prît un autre jour, et que tu nous restasses aujourd'hui.

ADÈLE.

Je pense que monsieur Valdéja sera assez indulgent pour m'excuser en faveur du motif ? D'ailleurs je serai rentrée pour le diner.

DARCEY.

Vraiment ? il est neuf heures, nous dînons à six, et tu seras rentrée ?

ADÈLE.

A moins que l'on ne me retienne. Ce pauvre père, il est si bon !

DARCEY.

Il me semble qu'en envoyant Créponne ou Baptiste s'informer de l'état de sa santé...

ADÈLE, avec véhémence.

Oh ! ce serait d'une indifférence... Et puis, Clarisse, ma jeune sœur, m'a écrit, elle désire me voir... Sans doute au sujet du mariage dont il est question pour elle... tu sais ?

VALDÉJA, vivement.

Ah ! mademoiselle votre sœur va se marier ?

DARCEY

Oui, avec un fort honnête homme, un de nos cousins, N. Nelville, qui a une place aux finances.

ADÈLE.

Et pour sa parure, pour la corbeille... il faut que je voie ma sœur... Il est indispensable que je sorte... Au surplus, si

tu l'exiges, je resterai. Je n'ai d'autre volonté que la tienne.
tu sais, d'autre désir que de ne pas te contrarier... Dis ce
que tu veux que je fasse, mon cher Ferdinand.

DARCEY.

Mais, je te l'ai dit, rester avec nous. Valdéja penserait que
tu fuis la maison parce qu'il y est arrivé.

ADÈLE.

Je suis convaincue que monsieur Valdéja lèvera l'obstacle
en ce qui le concerne.

VALDÉJA.

Moi, madame, vous m'embarrassez beaucoup ; car si je
consens à ce sacrifice, vous allez m'accuser de manquer de
galanterie.

DARCEY, avec impatience.

Eh oui, sans doute ! Envoie chez ton père, comme je te
l'ai dit. En voilà beaucoup trop pour une chose aussi simple !

ADÈLE, ôtant son chapeau.

N'en parlons plus. Je ferai compagnie à monsieur, puisqu'il le faut absolument ; mais papa ne recevra pas un semblable message, ce serait inouï !

DARCEY.

En lui en disant le pourquoi.

ADÈLE.

Il se refuserait à croire qu'un ami puisse causer une semblable gène dans la maison de son ami.

VALDÉJA, vivement.

Ferdinand, tu me desservirais beaucoup si tu contraignais
madame à rester davantage.

DARCEY, avec impatience.

Eh bien donc, qu'elle sorte, qu'elle s'en aille, elle est la
maîtresse.

ADÈLE, remettant son chapeau.

C'est parce que vous me l'ordonnez, monsieur ; sans cela

je resterais, j'y étais bien décidée ; mais je n'oublierai pas
que si vous m'avez cédé, ce n'est pas pour moi, c'est pour
M. Valdéja, c'est pour lui complaire... et je lui en garderai
la reconnaissance que je lui dois. Adieu, Ferdinand. (A Valdéja, en lui faisant la révérence froidement.) Adieu, monsieur.

VALDÉJA, de même.

Adieu, madame.

(Adèle sort.)

SCÈNE V.

DARCEY, VALDÉJA.

VALDÉJA.

Adieu ; je sors aussi, j'ai des visites à rendre, des lettres
à remettre. Connais-tu ce monde-là ?

DARCEY, parcourant les adresses.

Oui, sans doute. On t'indiquera ici où ces personnes de
meurent. (Lisant les adresses.) Madame de Laferrier... tu as
une lettre pour madame de Laferrier ?

VALDÉJA.

Oui, c'est un prince russe qui se rappelle à son souvenir.

DARCEY.

Il fait bien, car depuis lui bien des nations se sont succédé chez elle : c'est une beauté européenne... Eh ! mais,
qui vient là ?

SCÈNE VI.

LES MÊMES ; CRÉPONNE.

CRÉPONNE.

Monsieur c'est mademoiselle votre belle-sœur qui vient
d'arriver seule avec une femme de chambre, et qui demande
à vous parler.

DARCEY.

Comment, Clarisse est là ?

VALDÉJA, voulant s'éloigner.

Clarisse !

DARCEY, le retenant.

Eh bien ! où vas-tu donc ? Est-ce qu'une jeune fille te fait peur ?

VALDEJA, froidement.

Moi ?... non.

DARCEY.

Reste alors, que je te présente à elle   vous renouerez connaissance. (A Créponne.) Mais j'y pense maintenant, ma femme qui allait chez son père... Dis à madame Darcey que Clarisse est ici, et qu'elle vienne.

CRÉPONNE.

Madame est sortie.

DARCEY.

C'est étonnant ; je n'ai pas entendu sa voiture, et il y a trop loin pour qu'elle aille à pied.

CRÉPONNE.

Madame avait envoyé Baptiste à la place voisine pour faire avancer un fiacre.

DARCEY.

Un fiacre ? C'est singulier... elle qui était si pressée... Peu importe ; j'oublie que cette pauvre Clarisse est là à attendre ; dis-lui vite d'entrer.

CRÉPONNE.

Oui, monsieur. (A part.) Je crois que madame a eu tort d'y aller ce matin ; elle ne veut jamais m'écouter.

(Elle sort.)

SCÈNE VII.

DARCEY, VALDÉJA, puis CLARISSE.

DARCEY.

Je vous demande quelle idée de sortir seule en voiture de place quand elle a dans son écurie six chevaux qui ne font rien! (Apercevant Clarisse.) Ah! vous voilà, ma chère belle-sœur! Qu'est-ce qui me procure de si bon matin une si jolie visite? N'est-ce pas à ma femme que vous vouliez parler?

CLARISSE.

Non, monsieur : à vous, à vous seul. (Apercevant Valdéja.) Dieu!...

(Valdéja s'incline et salue froidement.)

DARCEY, riant.

J'étais bien sûr qu'il y aurait une reconnaissance pathétique... un ancien ami de la maison, que depuis trois ans vous n'aviez pas vu ; mais quel motif vous amène?

CLARISSE.

Ah! monsieur... ah! mon cher beau-frère, nous sommes tous au désespoir.

DARCEY.

Qu'y a-t-il? parlez.

CLARISSE.

C'est à vous seul que je devrais confier un pareil secret ; mais je sais que M. Valdéja est un autre vous-même, et que vous n'avez rien de caché pour lui ; à quoi bon du reste faire un mystère de ce qui demain ne sera que trop public?

DARCEY.

Achevez, de grâce.

CLARISSE.

Mon père est perdu, déshonoré ; de nombreuses faillites lui ont enlevé toutes ses ressources, et demain il est obligé de déclarer sa honte. Il n'y survivra pas. Son existence, à lui, c'était l'honneur, la considération, et les perdre, c'est perdre la vie ; je lui disais : pourquoi ne pas en parler à votre gendre, qui est riche, qui vous estime et vous aime ?

DARCEY.

Eh ! oui, sans doute.

CLARISSE.

« Jamais, » m'a-t-il dit ; et il m'a défendu, sous peine de toute sa colère, de m'adresser à vous.

VALDÉJA.

Et pourquoi donc ?

CLARISSE.

« M. Darcey, » a-t-il ajouté, « a pris ta sœur aînée sans dot aucune, et de plus il m'a déclaré qu'il te donnerait cent mille francs le jour de ton mariage. » Cette nouvelle m'a rendu le courage... je suis venue vous trouver pour vous prier de reprendre vos bienfaits, d'en disposer en faveur de mon père. (Vivement.) Oui, monsieur, ne pensez plus à moi, ne pensez qu'à lui, sauvez son honneur, je ne me marierai pas, je resterai dans la maison paternelle, et en voyant le bonheur que vous y aurez ramené, je ne passerai pas un jour sans vous remercier et vous bénir.

DARCEY, la serrant contre son cœur.

Chère Clarisse !

VALDÉJA, avec amertume.

Ne pas vous marier ! quelle folie ! Est-ce que c'est possible ?...

CLARISSE, etonnée.

Et pourquoi, monsieur ?

VALDÉJA, de même.

Quelle somme faut-il à votre père ?

CLARISSE.

Cent mille écus, aujourd'hui même.

VALDÉJA, brusquement.

Vous voyez bien que votre dot ne suffirait pas... (A Darcey.)
C'est moi, moi ton meilleur ami, qui compléterai la somme.

CLARISSE, avec angoisse.

O mon Dieu...! recevoir de lui!... jamais! Et cependant
mon pauvre père...

DARCEY.

Enfant que vous êtes, est-ce que cela se peut? Est-ce que
je laisserais payer à un étranger les dettes de ma famille?

VALDÉJA, avec amertume.

A un étranger!...

DARCEY.

Pour elle, du moins.

VALDÉJA, froidement.

Oui, tu as raison... un étranger... pas autre chose.

DARCEY, à Clarisse.

C'est moi que cela regarde! Rassurez-vous, Clarisse; l'a
mitié qui m'unit à votre père... Tout s'arrangera.

CLARISSE, lui sautant au coup et l'embrassant.

Ah! quelle bonté! quelle générosité!

DARCEY.

Il faut, avant tout, consoler M. Évrard, lui rendre le
calme; et je suis content maintenant que ma femme soit
allée le voir.

CLARISSE.

Ah! Adèle est près de lui? Tant mieux!

DARCEY.

Vous le savez bien, puisque vous lui avez écrit hier de
venir.

CLARISSE.

Non vraiment, je ne lui ai pas écrit, et j'aurais dû le
faire.

DARCEY.

Comment ! votre père malade et souffrant ne l'attendait pas ce matin ?

CLARISSE.

Non, monsieur.

DARCEY, à part.

Et cet empressement à sortir... de si bonne heure... seule... en voiture de place ! (Se rapprochant de Valdéja et à demi-voix.) Que dis-tu de cela ?

VALDÉJA, de même et froidement.

Rien ! Pourrais-tu soupçonner ?...

DARCEY.

N'importe... je saurai...

CLARISSE, s'approchant de Darcey.

Eh ! mais, qu'avez-vous donc ?

DARCEY.

Rien, rien... Venez, je vais passer chez mon banquier, et vous porterez vous-même à votre père la somme dont il a besoin. C'est à vous, Clarisse, qu'il devra sa joie et son honneur... Venez, venez avec moi.

(Il sort avec Clarisse.)

SCÈNE VIII.

VALDÉJA seul, puis MOURAVIEF.

VALDÉJA.

Et c'est dans un pareil moment qu'il les sauve tous de leur ruine... qu'il préserve de la honte cette famille à laquelle peut-être il doit la sienne !... car cette Adèle... cette sortie mystérieuse... ce mensonge... Il y a ici trahison... j'en suis sûr... et je le souffrirais ?... Non... l'amitié n'est qu'un vain mot, ou je saurai bien l'empêcher... Ah ! je sens mes idées de vengeance qui se réveillent. Encore une femme perfide à poursuivre... à démasquer. (Voyant Mouravief qui entre.) Ah ! te voilà !... Madame Darcey est sortie... il y a une heure... en fiacre ?...

MOURAVIEF.

Oui, excellence... quand elle y est montée, j'étais là, à la porte.

VALDÉJA.

Où a-t-elle commandé qu'on la menât ?

MOURAVIEF.

Elle a dit tout haut : Chez M. Évrard, rue Saint-Louis au Marais.

VALDÉJA, à part.

Oui, c'était là son premier mot... Elle aura donné contre-ordre en route. (Haut.) As-tu remarqué le numéro de ce fiacre ?

MOURAVIEF.

Non, excellence.

VALDÉJA.

Comment était-il ?

MOURAVIEF.

Brun.

VALDÉJA.

Ils le sont tous ! Et les chevaux ?

MOURAVIEF.

Un noir et un blanc.

VALDÉJA.

C'est différent... voilà des indices. Ce fiacre a été pris sur la place voisine... il est probable qu'il y retournera dans la journée. Va donc, jusqu'à ce soir, te mettre là, en faction.

MOURAVIEF.

Oui, excellence.

VALDÉJA.

Sans en bouger !

MOURAVIEF.

Oui, excellence.

VALDÉJA.

Et si tu le vois paraître, tu proposeras au cocher de boire avec toi.

MOURAVIEF.

Oui, excellence.

VALDÉJA.

Tant qu'il pourra ; tâche de savoir de lui la rue et le numéro de la maison où il aura conduit ce matin madame Darcey.

MOURAVIEF.

Oui, excellence.

VALDÉJA.

En avant ! marche ! retourne à ton poste... et songe que je t'attends.

(Ils sortent chacun d'un côté différent.)

DEUXIÈME PARTIE

Un boudoir élégant chez madame de Laferrier.

SCÈNE PREMIÈRE.

ADÈLE, RODOLPHE.

ADÈLE, assise, à Rodolphe qui entre.

C'est aimable, arriver si tard !... moi qui risque tout pour vous voir.

RODOLPHE.

Des risques !... chez madame de Laferrier... il n'y en a aucun... et puis, nos entrevues sont si rares, surtout depuis quelque temps.

ADÈLE.

Et c'est pour cela que vous arrivez le dernier ?

RODOLPHE.

Pardon, chère Adèle, j'étais au bois de Boulogne, et mes chevaux n'ont pas mis vingt minutes pour me conduire ici Je crains même qu'Élisabeth ne s'en trouve pas très-bien ; j'en serais désolé.

ADÈLE.

Qu'est-ce que c'est qu'Élisabeth ?

RODOLPHE.

Ma jument anglaise, que j'ai achetée hier quatre mille francs chez Crémieux.

ADÈLE.

Il s'agit bien de cela ! il s'agit de moi, monsieur, que vous avez presque fait attendre.

RODOLPHE.

J'ai failli attendre !... c'est parler comme Louis XIV, et je trouve en effet entre vous et le grand roi beaucoup de ressemblance : la même fierté, le même absolutisme, et surtout la même ardeur de conquêtes.

ADÈLE.

Moi, monsieur ?

RODOLPHE.

Hier encore, aux Italiens... lord Kinsdale et M. d'Alzonne, qui ont passé toute la soirée dans votre loge, et dont les hommages étaient assez évidents... Le plaisant, c'est que vous vouliez que chacun des deux se crût le préféré, et vous aviez un mal à tenir l'équilibre entre les deux puissances!...

ADÈLE.

Ainsi, monsieur me fait l'honneur de m'observer, de m'épier?

RODOLPHE, nonchalamment.

Par hasard... j'étais là dans une baignoire.

ADÈLE, vivement.

Et avec qui?

RODOLPHE.

Eh ! mais, seul apparemment...

Les amants malheureux cherchent la solitude. Et je vous dirai, Adèle, pour parler sérieusement, que je ne suis pas content de vous.

ADÈLE.

Quel est ce ton et de quel droit?

RODOLPHE.

Du droit que vous avez bien voulu me donner.

ADÈLE.

Vous n'en avez aucun.

RODOLPHE.

Si vraiment, et il faut bien nous entendre... Je vois depuis quelque temps à votre froideur, à vos reproches, que cet amour que j'ai cru éternel aura bien de la peine... (Adèle fait un geste.) Je ne vous accuse pas... je n'accuse que moi dont la constance est inamovible, ce qui a amené pour vous l'uniformité, l'ennui, la satiété... C'est un malheur, je m'y résigne, et il faut bien s'habituer à l'abandon et au désespoir; mais ce à quoi je ne m'habituerai jamais, c'est au ridicule, et il n'y a rien de ridicule comme un amant délaissé; ça l'est bien plus qu'un mari.

ADÈLE.

Monsieur !...

RODOLPHE.

Oui, madame, un mari c'est son état, il ne peut pas le changer, c'est une fatalité à subir; mais pour l'autre, c'est un affront gratuit auquel il n'était pas obligé par la loi... et si je suis délaissé par vous pour M. d'Alzonne, je lui brûle la cervelle.

ADÈLE.

Quelle horreur !

RODOLPHE.

Par peur du ridicule, voilà tout : parce que, quand le pistolet a porté juste, on ne rit plus au café Tortoni.

ADÈLE.

A merveille, monsieur, et je vois clairement que c'est vous qui désirez cette rupture.

RODOLPHE, vivement.

Non, ma parole d'honneur ! jamais, Adèle, vous ne m'avez paru plus jolie, plus séduisante; il n'est question que de vous dans le monde; on vous cite, on vous recherche, on vous adore... Plus que jamais je tiens à vous.

ADÈLE.

Par amour-propre... c'est très-flatteur; mais moi, monsieur, je tiens à être aimée autrement... Un mouvement de vanité et de coquetterie m'avait seul portée à recevoir vos hommages; j'avais eu tort... très-grand tort...

RODOLPHE, souriant.

Ce tort-là, je vous le pardonne.

ADÈLE, froidement.

Vous êtes bien généreux!... moi, monsieur, je ne me le pardonnerai jamais ; mais je puis du moins le réparer, j'en cherchais les moyens et ne les trouvais pas... C'est vous qui avez eu la bonté de me les offrir, et je vous prie d'en recevoir tous mes remercîments.

RODOLPHE.

Que voulez-vous dire?...

ADÈLE.

Que vous m'avez demandé de la franchise, et que vous devez me comprendre.

RODOLPHE

Vous ne m'aimez plus?

ADÈLE.

Je n'ai pas de compte à vous rendre. Mais vous m'avez dit, monsieur, que vous désiriez être prévenu, et maintenant vous n'avez plus rien à désirer.

RODOLPHE.

C'est trop fort, et l'on n'a jamais vu...

SCÈNE II.

LES MÊMES; AMÉLIE.

AMÉLIE.

Eh mais!... quel bruit chez moi?

ADÈLE.

Une scène affreuse que me fait monsieur.

AMÉLIE.

Une querelle? Tant mieux, c'est le premier acte d'un rac-
commodement.

RODOLPHE.

J'aime à le croire... n'est-il pas vrai, chère Adèle?... et
s'il ne faut que se reconnaître coupable et te demander
pardon...

ADÈLE.

Ce serait inutile, monsieur, tout est fini... et je vous prie
de ne plus me tutoyer.

RODOLPHE.

Soit! mais au moins l'on ne se brouille pas sans motif.

ADÈLE.

Il me semble que je n'en manque pas, et que votre fatuité,
votre légèreté, vos défauts...

RODOLPHE.

Mes défauts! ce n'est pas là une raison, je les avais tous
quand vous m'avez aimé.

ADÈLE.

Votre oubli de toutes les convenances... Avant-hier, par
exemple, quand vous me donniez le bras, oser saluer sur le
boulevard mademoiselle Anastase, une figurante de l'Opéra!

RODOLPHE.

Du chapeau seulement, sans mains, sans grâces, comme
on salue tout le monde.

ADÈLE.

Je l'avais vue une fois sortir de chez vous.

RODOLPHE.

C'est ma locataire; j'aime les arts, moi! De grâce, point
de suppositions jalouses... moi, qui vous aime, qui n'aime
que vous, et qui, depuis six mois, suis d'une fidélité!...

ADÈLE.

Dont je vous dégage. Je vous prie de me rendre mes lettres et mon portrait.

RODOLPHE, à Amélie.

Vous l'entendez! vous le voyez!

AMÉLIE.

Je vois que votre cause est perdue, car malheureusement, mon cher Rodolphe, elle n'est pas du tout en colère.

RODOLPHE.

C'est une trahison de sang-froid; elle s'éloigne de moi par un entraînement réfléchi et combiné. (A Adèle.) Dès demain, mon valet de chambre Silvestre vous rapportera vos lettres; et quant à votre portrait, à ce médaillon que j'avais fait faire, et qui ne me quittait jamais, le voici, madame.

ADÈLE, prenant le médaillon.

C'est bien! le voilà donc revenu dans mes mains. (L'ouvrant pour le regarder.) Dieu! que vois-je! et quelle indignité, le portrait de mademoiselle Anastase!

AMÉLIE.

La figurante de l'Opéra?

RODOLPHE, riant.

Est-il possible! c'est délicieux! Je me serai trompé en le prenant ce matin.

ADÈLE.

Comment! monsieur, cette fidélité dont vous vous vantiez?

RODOLPHE.

Avait deviné la vôtre. Vous voyez qu'entre nous il y avait décidément sympathie : même en nous trahissant nous nous entendions encore. Il ne vous servirait à rien... (Adèle le jette à terre, il le ramasse.) Je le reprends; demain, je vous le promets, vous aurez le véritable, et je le regarderai avant, de peur de méprise. Adieu, cruelle. (A Amélie.) Adieu, madame. (Lui baisant la main.) Je n'oublierai jamais vos bontés.

(Il sort.)

SCÈNE III.

AMÉLIE, ADÈLE.

AMÉLIE.

Ce pauvre Rodolphe, un charmant cavalier. Es-tu folle de rompre avec lui?

ADÈLE.

J'ai mes raisons.

AMÉLIE.

Je ne cherche pas à les pénétrer; mais je les devine peut-être.

ADÈLE.

Depuis quelque temps il s'était arrogé des airs de domination exclusive, il devenait mari, et cela pouvait finir par me compromettre, dans ce moment surtout où il me faut redoubler de prudence et de précaution.

AMÉLIE.

Et pourquoi cela?

ADÈLE.

Cet ami de mon mari... ce Valdéja, est arrivé hier.

AMÉLIE.

Valdéja? l'ennemi mortel de Sophie Narini!

ADÈLE.

Lui-même.

AMÉLIE.

Elle m'en a dit tant de mal, que j'aurais bien envie de le voir! Comment est-il?

ADÈLE.

Effrayant!

AMÉLIE.

Marini le disait joli garçon.

ADÈLE.

Elle peut avoir raison, il est fort bien ; mais c'est égal, il
est effrayant. Il y a en lui quelque chose... Sais-tu ce que
Sophie Marini a contre lui ?

AMÉLIE.

Elle ne me l'a jamais confié. Mais on prétend qu'autrefois
elle l'a aimé. Puis il a découvert qu'il avait des rivaux, et il
s'en est vengé d'une manière indigne.

ADÈLE. `

Comment cela ?

AMÉLIE.

En la faisant trouver à un dîner où il avait invité tous
ceux qu'elle avait préférés. On ne dit pas combien il y avait
de couverts.

ADÈLE.

Voilà qui est affreux ! Dieu ! c'est Créponne ! qui peut
l'amener ?

SCÈNE IV.

LES MÊMES; CRÉPONNE.

CRÉPONNE.

Ah ! madame... madame ! voilà six heures que je vous
cherche... J'ai été chez M. Rodolphe, chez madame Marini...

ADÈLE.

Et pourquoi donc ? qu'est-il arrivé ?

CRÉPONNE.

Mademoiselle Clarisse, votre sœur, est venue à la maison
dix minutes après votre départ.

ADÈLE.

Ah ! mon Dieu !

CRÉPONNE.

Je ne sais pas ce qu'elle a dit à votre mari, mais tous les deux sont partis en voiture, et Guillaume, le cocher, les a conduits chez monsieur votre père où ils comptent vous trouver.

AMÉLIE.

Je n'y comprends rien.

CRÉPONNE.

Et madame qui a dit qu'elle passerait la journée chez son père, qu'elle y dînerait peut-être. C'est sous ce prétexte-là qu'elle est sortie.

ADÈLE.

Eh ! mon Dieu, oui !

CRÉPONNE.

Sans moi vous étiez prise : vous auriez dit, en rentrant, que vous en veniez.

ADÈLE.

Je m'en garderai bien... Amélie, que faut-il faire ?

AMÉLIE.

Rentrer au plus vite.

ADÈLE.

Mais où aurai-je été ce matin... toute la journée ?

AMÉLIE.

Cela t'embarrasse ?

ADÈLE.

Certainement.

AMÉLIE.

Y a-t-il longtemps que vous n'êtes allés, toi et ton mari, chez madame Longpré, dont tu me parles souvent ?

ADÈLE.

Quinze jours environ.

AMÉLIE.

Assieds-toi là et écris-lui.

ADÈLE.

Que veux-tu que je lui écrive ?

AMÉLIE.

Assieds-toi toujours.

ADÈLE, s'asseyant.

Voyons.

AMÉLIE, dictant.

« Si, avant de m'avoir vue, le hasard vous mettait en rap-
« port avec mon père et mon mari, n'oubliez pas que je suis
« arrivée chez vous aujourd'hui dans un état affreux, que
« j'y suis restée très-longtemps, et que j'en suis repartie en
« fiacre. » (Parlant.) A la ligne. (Dictant.) « Je vous envoie mon
« chapeau et mon mouchoir, vous me les renverrez demain
« par votre femme de chambre. N'y manquez pas. » (Parlant.)
Date et signe... Commences-tu à comprendre ?

ADÈLE.

Oui, mon bon ange.

AMÉLIE.

En arrivant chez toi, tu te trouveras mal, et je réponds
du reste.

ADÈLE.

Dieu ! que c'est simple et bien !

CRÉPONNE.

Oh ! oui, c'est joliment bien ! une femme de chambre
elle-même n'aurait pas mieux trouvé... Allons, madame,
partons ; une voiture est en bas qui nous attend.

AMÉLIE.

Non, non... il ne faut pas qu'on vous voie rentrer ensemble.

CRÉPONNE.

C'est juste ! je l'oubliais... Madame pense à tout.

(Elle sort par le fond.)

SCÈNE V.

AMÉLIE, ADÈLE, UN DOMESTIQUE, entrant par la porte à gauche.

LE DOMESTIQUE, à Amélie.

Madame, un monsieur demande à vous parler.

AMÉLIE.

Il prend bien son temps, qu'il s'en aille !

LE DOMESTIQUE.

Il prétend qu'il n'est que pour un jour à Paris, et qu'il apporte à madame des lettres et des nouvelles du prince Krimikoff.

AMÉLIE.

Ce pauvre prince ! il pense encore à moi. Dis à ce monsieur d'attendre là, dans la pièce qui touche à ce boudoir... Dans un instant je suis à lui... je le recevrai.

LE DOMESTIQUE.

Oui, madame.

(Il sort par la porte à gauche.)

SCÈNE VI.

AMÉLIE, ADÈLE.

ADÈLE.

Une seule chose m'inquiète maintenant... ce sont ces lettres... ce portrait que Rodolphe a entre les mains.

AMÉLIE.

C'est ta faute. Je t'ai dit vingt fois de ne pas écrire. Tu veux toujours n'en faire qu'à ta tête.

ADÈLE.

Il n'en a que trois, et il m'a bien promis devant toi de me les renvoyer demain par son valet de chambre

AMÉLIE.

Espérons-le... Allons, va-t'en vite...

ADÈLE, montrant la porte à gauche.

De ce côté ?...

AMÉLIE.

Eh l non... Tu serais vue par cet étranger...

ADÈLE.

Eh ! mais, j'y pense maintenant. Nous sommes là à parler tout haut, et l'on entend de ton petit salon tout ce qui se dit ici.

AMÉLIE.

Qu'importe !... Cet étranger ne sait peut-être pas le français... (Lui montrant la porte opposée.) Passe ici à droite, par cet escalier dérobé.

ADÈLE.

Adieu encore... (Elle l'embrasse.) N'oublie pas d'envoyer mon chapeau, mon mouchoir et ma lettre à madame Longpré.

AMÉLIE.

Sois tranquille. Attends donc, je descends avec toi... La porte du bas de l'escalier est fermée, j'en ai la clef... (Elle prend la clef dans le tiroir de la toilette et sonne ; le domestique paraît sortant de la porte à gauche.) Dites à ce monsieur d'entrer et d'attendre ici, je remonte à l'instant.

(Elles sortent par la porte à droite.)

SCÈNE VII.

LE DOMESTIQUE, puis VALDÉDA.

LE DOMESTIQUE, parlant près de la porte à gauche.

Monsieur, madame dit que vous seriez mieux ici.

VALDÉJA.

Je te remercie. (Le domestique sort.) Mais je n'étais pas déjà si mal où j'étais ! et dès qu'à travers cette légère cloison j'ai eu reconnu la voix de madame Darcey, j'aurais mérité de ne plus rien entendre de ma vie, si j'avais perdu un mot de leur conversation. Mouravief m'avait bien guidé ; ce n'est pas chez son père, c'est ici que l'attelage blanc et noir l'avait conduite. Mais ce Rodolphe dont elles parlaient, quel est-il ?... Je le saurai. Et ce chapeau... ce mouchoir... cette lettre à madame Longpré ?... Rien de clair encore, sinon qu'il y a ici mensonge... trahison... adultère... Mais en ce moment, ce sont des preuves qu'il me faut... et en voici qui m'arrivent.

SCÈNE VIII.

VALDÉJA, AMÉLIE, rentrant par la porte à droite, et tenant le chapeau et le mouchoir d'Adèle.

AMÉLIE.

Elle est partie, mettons de côté son chapeau. Ah ! sa lettre, j'allais l'oublier. (Elle la tire de sa ceinture.) Là, dans le coin de ce mouchoir pour qu'elle ne s'égare pas.

VALDÉJA, à part.

Cette lettre passera par mes mains.

(Il salue Amélie qui lui rend une révérence.)

AMÉLIE.

Mille pardons, monsieur, de vous avoir fait attendre...

VALDÉJA.

C'est moi qui suis indiscret, sans doute, mais j'arrive de Saint-Pétersbourg, et, chargé par le prince Krimikoff d'une lettre...

AMÉLIE.

Pour moi ?

VALDÉJA.

Non, pour M. de Laferrier, votre mari.

AMÉLIE.

C'est donc une lettre d'affaires ?

VALDÉJA.

Je le présume.

AMÉLIE.

Mon mari est absent en ce moment ; mais voici l'heure du dîner, et il ne peut tarder à rentrer.

VALDÉJA, à part.

Ah ! diable ! Alors dépêchons-nous. (Après avoir réfléchi.) Ah ! bien.

AMÉLIE.

Veuillez prendre la peine de vous asseoir.

VALDÉJA.

Je vous suis obligé.

(Ils s'asseyent. Valdéja cherche la lettre dans son portefeuille.)

AMÉLIE, à part, le regardant.

Celui-là, par exemple, a bien l'air moscovite..... (Voyant les lettres qu'il tire de son portefeuille.) Ah ! mon Dieu ! que de lettres !

VALDEJA.

Je suis chargé de les remettre ici, à Paris, commission d'autant plus difficile, que j'ai quelques noms sans adresse · M. Laffitte, banquier, tout uniment.

AMÉLIE.

Tout le monde vous l'indiquera.

VALDÉJA, prenant une autre lettre.

M. Lavarenne, pas d'autre renseignement.

AMÉLIE.

Je ne le connais pas.

VALDÉJA, montrant une troisième lettre.

M. Rodolphe...

AMÉLIE.

M. Rodolphe !... j'en connais un... rue de Provence, n° 71.

VALDÉJA, à part.

Je le tiens ! (Haut et négligemment.) Un peintre en voiture ?

AMÉLIE, riant.

Non, vraiment, un propriétaire, un jeune homme qui est fort bien.

VALDÉJA.

Alors ce n'est pas cela ; mais n'importe, madame, je vous remercie de votre bonté, que je ne sais comment reconnaître...

AMÉLIE.

En me donnant des nouvelles de M. Krimikoff. Dans quel état l'avez-vous laissé ?

VALDÉJA.

Fort triste et fort maussade.

AMÉLIE.

Changé à ce point ! Je l'ai vu ici il y a six ans... il était charmant.

VALDÉJA.

Je sais cela ; il m'a dit que vous l'aviez trouvé charmant.

AMÉLIE.

Il vous a dit... ?

VALDÉJA.

Chut ! (A demi-voix.) Parce que je sais vos heures intimes avec lui, ce n'est pas une raison pour aller les publier.

AMÉLIE.

Monsieur, M. Krimikoff est un fat ; je nie positivement...

VALDÉJA.

A quoi bon ? Parce qu'on arrive du fond de la Russie, croyez-vous qu'on soit en dehors de la civilisation ? Là-bas comme ici, la vie bien entendue n'est qu'un joyeux festin ; et de quel droit M. Krimikoff se réserverait-il le privilège d'une ivresse exclusive ?

AMÉLIE, souriant.

Eh ! mais, monsieur, permettez-moi de vous le dire, voilà d'affreux principes.

VALDÉJA.

Affreux à avouer, doux à mettre en pratique.

AMÉLIE.

Monsieur...

VALDÉJA.

Ne le niez pas, je sais tout... car cette lettre que j'ai là... cette lettre n'est point pour votre mari, comme je vous l'ai dit : elle est pour vous, madame.

AMÉLIE.

Vraiment ?

VALDÉJA.

Mais à votre seul aspect, je me suis repenti de m'en être chargé. Il me semblait cruel de vous apporter de la part d'un autre... des hommages que j'étais tenté de vous rendre, et de vous voir lire devant moi tout ce que je n'osais vous dire.

AMÉLIE.

Y pensez-vous ?

VALDÉJA.

Voici cette lettre, madame, la voici ; mais par grâce, par pitié, attendez pour l'ouvrir que je me sois éloigné, et que mon absence vous ait livrée tout entière à mon heureux rival.

AMÉLIE, jetant la lettre sur la table.

Un rival ! Permettez. Je ne vous cacherai pas que les brillantes qualités de M. Krimikoff m'avaient frappée. Cependant, et sans le piége qu'il m'a tendu, je serais, je l'atteste, restée toujours irréprochable.

VALDÉJA, avec chaleur.

Irréprochable, dites-vous ! Eh ! bon Dieu ! de quel mot vous

servez-vous là ? Qu'est-ce que c'est qu'être vertueuse ? et par
opposition, qu'est-ce que c'est qu'être coupable ? (Riant.) Ah !
ah ! sur mon âme, voilà d'étroites idées, d'anciennes façons
bien pauvres, et je croyais la France moins arriérée ! Vous
arrêter un instant à de pareilles distinctions ! Ah ! madame !
j'avais d'abord conçu une meilleure idée de vous.

AMÉLIE, rayonnante.

Mais, monsieur...

VALDÉJA.

Quand on adopte un régime, il faut tâcher qu'il soit bon,
et je ne connais qu'un enseignement respectable, c'est celui
de nos passions ; la nature y est pour tout, la société pour
rien... Plaisir, ivresse, délire, voilà des mots auxquels nos
cœurs répondent. Vous le savez, vous qui ne pouvez, même
en ce moment, contenir vos pensées qui s'exaltent, (Il lui
prend la main.) vous dont le pouls s'active, dont l'œil est
humide, et qui riez là en silence de tous ces aphorismes de
vertu...

AMÉLIE.

Monsieur... monsieur...

VALDÉJA, serrant son débit.

A quoi bon ces vains scrupules ? je vous comprends, je
vous suis, je vous devance peut-être.

AMÉLIE.

Parlons d'autre chose, je vous prie.

VALDÉJA.

Voyez ! votre mémoire vous domine, vos souvenirs sont
dans votre sang, vous vous rappelez tout ce que vaut dans
la vie un instant d'illusion...

AMÉLIE.

Laissez-moi !

VALDÉJA.

Ce que peut un bras qui serre...

AMÉLIE.

Laissez-moi !

VALDÉJA.

Un souffle qui enivre...

AMÉLIE.

Oh! grâce, grâce!

VALDÉJA, la prenant par la taille.

Venez !

AMÉLIE, se dégageant de ses bras.

Écoutez!... c'est mon mari, voilà sa voiture qui rentre !

VALDÉJA.

Et vous quitter ainsi, sans un gage, sans un souvenir!...
(Apercevant le mouchoir qui est resté sur la table.) Ah! ce mouchoir
qui est le vôtre...

AMÉLIE, voulant le reprendre.

Monsieur

VALDÉJA, pressant le mouchoir sur son cœur.

Là, là, sur mon cœur. Il y restera comme votre image.

AMÉLIE.

Monsieur, rendez-moi mon mouchoir.

VALDÉJA.

Jamais! Adieu, adieu, madame !

(Il sort.)

AMÉLIE, le poursuivant.

Monsieur, mon mouchoir!

ACTE TROISIÈME

PREMIÈRE PARTIE

Chez Valdéja, dans un hôtel garni.

SCÈNE PREMIÈRE.

VALDÉJA, seul, assis à une table, tenant à la main le mouchoir qu'il a pris chez madame de Laferrier.

Déjà ces preuves!... Mouravief ne tardera pas à m'en apporter d'autres. Malheureux Ferdinand ! Que faire? quel parti prendre?

SCÈNE II.

VALDÉJA, MOURAVIEF

MOURAVIEF, entrant.

Excellence...

VALDÉJA.

Eh bien ! quelle nouvelle?

MOURAVIEF.

J'ai réussi.

VALDÉJA.

Le portrait et les lettres?

MOURAVIEF.

Les voici...

VALDÉJA.

C'est bien. Voilà dix louis... Tu t'y es donc pris avec adresse ?

MOURAVIEF.

Oui, Excellence. Ce matin, à sept heures, j'étais rue de Provence, n° 71· J'ai demandé M. Rodolphe. C'était là.

VALDÉJA, à part.

Madame de Laferrier avait dit vrai ; pour la première fois peut-être. (Haut.) A qui as-tu parlé ?

MOURAVIEF.

A M. Silvestre, son valet de chambre, qui était chez le portier à lire les journaux avant les locataires. Il m'a dit que son maître n'était pas encore levé. J'ai dit : Je repasserai ; et, sûr de connaître et sa demeure et son valet de chambre, je me suis établi dans la rue, en face de la porte cochère ; j'ai attendu deux heures.

VALDÉJA.

C'est bien.

MOURAVIEF.

Oui, Excellence, il gelait très-fort.

VALDÉJA.

Tu t'es cru à Saint-Pétersbourg ; ça t'a fait plaisir.

MOURAVIEF.

Non, Excellence, ça m'a fait froid. Enfin est sorti M. Silvestre, un mouchoir sur le nez et un paquet à la main ; je l'ai suivi.

VALDÉJA.

A merveille !

MOURAVIEF.

Il s'est dirigé vers la rue du Faubourg-Saint-Honoré, je le suivais toujours.

VALDÉJA.

Après ?

MOURAVIEF.

Il approchait de la maison de N. Darcey lorsque j'ai passé près de lui en le heurtant. Nous nous sommes reconnus ; je lui ai dit : « Où allez-vous ? — Ici près, m'a-t-il répondu, porter ce petit paquet ; » alors j'ai glissé doucement ma jambe entre les siennes, puis la retirant avec force, je l'ai fait tomber tout de son long sur la glace ; dms la chute le paquet lui est échappé, je l'ai ramassé et me suis sauvé.

VALDÉJA.

Belle invention ! Je te dis d'employer un moyen adroit, et tu emploies un moyen cosaque... On t'a reconnu ?

MOURAVIEF.

Oui, Excellence, mais ça m'est égal.

VALDÉJA.

Et à moi aussi... Laisse-moi.

(Mouravief sort.)

SCÈNE III.

VALDÉJA, seul, puis MOURAVIEF.

VALDÉJA.

Parcourons maintenant toutes ces lettres. (n brise le cachet de l'enveloppe contenant les lettres d'Adèle.) Le billet de rupture sans doute. (Il lit.) « Je vous renvoie vos lettres ; mais je garderai le silence. Adieu. Rodolphe. » (Parlant.) C'est court et d'un homme qui en a assez. Aux épîtres de madame maintenant. (Lisant.) « Mon ami, sans doute rien n'est plus doux... » (Parlant.) Les fadaises obligées du premier moment. Passons. (Prenant une seconde lettre.) « On m'a empêchée de sortir, nous ne pourrons nous voir... » (Parlant.) Déclin de la passion. (Prenant la troisième lettre. — Lisant.) « En cédant à tous vos désirs j'aurais dû prévoir que je serais malheureuse, et que, pour prix de toutes mes faiblesses, un jour vous me payeriez d'indifférence. » (Parlant.) Dénoûment obligé ; des lieux communs, rien de plus. Cette femme est bien pauvre ; elle n'a pas même un style à elle, une manière à elle d'être vicieuse. Et voilà celle à qui Darcey est lié pour jamais ; et quand je sais que mon meilleur ami est lâchement trahi... je ne peux ni ne dois l'avertir de la trahison ! (Réflé- chissant.) Oui, il faut malheureusement qu'il ignore à jamais et l'affront et la vengeance... N'importe, vengeons-le toujours, nous verrons après. Allons trouver ce Rodolphe. (S'ar- rêtant.) Mais si je succombe... si je suis tué... Darcey conti- nuera donc à être la dupe d'une perfidie que sa loyauté même l'empêche de soupçonner ? Son nom et son honneur seront le jouet du monde ? Non, non ! Moi mourant, je peux tout dire, je peux lui léguer la vérité : c'est le dernier de- voir d'un ami. (Il se met à la table et fait un paquet des lettres et du portrait.) Holà ! Mouravief ! (Mouravief entre.) Approche, et écoute bien : si dans deux heures je n'étais pas de retour, tu porterais ce paquet ici à côté chez M. Darcey... dans deux heures, tu entends bien ? Pas avant.

MOURAVIEF.

Oui, Excellence.

VALDÉJA.

Laisse-moi. (Mouravief sort.) Me voilà plus tranquille. Main- tenant occupons-nous de M. Rodolphe. (Il ouvre une malle et en tire deux épées et une boîte à pistolets.) C'est n° 71, a dit ma- dame de Laferrier ; il ne s'attend pas à ma visite, ce cher monsieur.

SCÈNE IV.

VALDÉJA, LE DOMESTIQUE de l'hôtel, RODOLPHE.

LE DOMESTIQUE, annonçant.

M. Rodolphe !

VALDÉJA, à part.

Rodolphe ! Pour le coup, c'est d'une force d'impromptu !...

(Rodolphe entre, équipé de la même manière que Valdéja; deux épées sous le bras gauche, son chapeau sur la tête, une boîte à pistolets à la main droite; Valdéja et lui se trouvent face à face près de la porte et s'examinent longtemps. — Le domestique sort.)

VALDÉJA.

Monsieur, j'allais chez vous.

RODOLPHE.

Vous êtes bien honnête; si je l'avais su, je vous y aurais attendu.

VALDÉJA.

Le motif de votre visite, monsieur?

RODOLPHE.

Le motif de la vôtre?

VALDÉJA, lui montrant toutes ses armes.

Ces préparatifs-là l'annoncent suffisamment.

RODOLPHE, de même.

Et ceux-là donc, qu'en dites-vous?

VALDÉJA.

Je dis que je les vois sans les comprendre.

RODOLPHE.

Alors je vais vous conter cela. (Il dépose ses armes sur la table.) Allons, faites comme moi, débarrassez-vous du fardeau. (Valdéja l'imite.) Vous dites donc que vous ne comprenez pas?

VALDÉJA.

C'est à ce point que je doute si vous êtes vraiment le Rodolphe que j'allais chercher.

RODOLPHE.

Eh bien! moi, je suis plus avancé que vous : je suis convaincu que vous êtes le Valdéja auquel je veux avoir affaire.

VALDÉJA, étonné.

Ah !

RODOLPHE.

Il n'y a rien de surprenant là-dedans. Mon domestique, qui a vu entrer le vôtre dans cet hôtel, s'est informé à qui appartenait ce brutal de Moscovite ; on vous a nommé, et je viens demander au maître raison de l'outrage de son valet. Oui, monsieur, il s'agit d'abord de me rendre, à l'instant même, le portrait et les lettres enlevés par violence, et de m'accompagner ensuite sur un terrain de votre choix.

VALDÉJA.

Les lettres n'existent plus, je ne saurais vous les rendre ; pour le portrait, je le garde ; et quant à vous accompagner sur un terrain, vous avez pu juger que c'était mon seul désir.

RODOLPHE.

A votre tour, m'en direz-vous le pourquoi ?

VALDÉJA.

C'est chose juste et facile. Je suis amoureux de madame Darcey, vous avez été son amant, il faut que je vous tue.

RODOLPHE.

Comment dites-vous cela ?

VALDÉJA.

Je dis qu'il faut que je vous tue, parce que vous avez été son amant ; êtes-vous sourd ?

RODOLPHE.

Non, pardieu ! je vous écoute ; vous pouvez vous flatter d'être un peu étonnant, mon cher monsieur.

VALDÉJA.

Vous trouvez ?

RODOLPHE.

Ah ! vous voulez me tuer parce que... ah ! ça, bien ; mais et les autres ?

VALDÉJA.

Quels autres ?

RODOLPHE.

Les autres, les tuerez-vous aussi ?

VALDÉJA.

Sans nul doute... si je puis les connaître.

RODOLPHE.

Ah ! ça devient une Saint-Barthélemy ! Mais comme il ne me conviendrait en aucune façon qu'on me tournât en ridicule ou qu'on se moquât de moi au café Tortoni, nous allons dresser au préalable un petit protocole énonçant clairement les causes de notre conflit ; car je ne me bats pas pour les femmes, moi.

VALDÉJA.

Il me semble cependant...

RODOLPHE.

Je vous demande bien pardon ; mettez à la place du portrait et des lettres que vous m'avez subtilisés tout autre objet à moi appartenant, vous me verriez exactement dans les mêmes dispositions, parce que, quel qu'en fût le motif, l'insulte aurait été la même. Règle générale, voyez-vous : c'est toujours pour moi que je me bats.

VALDÉJA.

Très-bien ! Tenez, il faut que je vous le dise, je regrette de ne pas vous avoir connu dans d'autres circonstances.

RODOLPHE.

Ah !

VALDÉJA.

Nous nous serions entendus.

RODOLPHE.

Peut-être... car, bien que je vous voie pour la première fois, monsieur Valdéja, je vous connaissais de réputation ; madame Darcey n'est pas la seule personne de la famille que vous ayez adorée.... et sa sœur Clarisse...

VALDÉJA, avec colère.

Monsieur !

RODOLPHE.

Il paraît que vous les aimez toutes ; moi je n'en aime aucune, ce qui revient exactement au même, et c'est en ce point-là que nous nous ressemblons. Je pourrais donc, au sujet de Clarisse, vous confier un secret...

VALDÉJA, impérieusement.

Et moi, je vous conseille de ne pas prononcer ce nom devant moi, et de vous taire.

RODOLPHE.

Ce serait une raison pour me faire parler ; mais comme en parlant je vous rendrais service, je m'en garderai bien, du moins en ce moment. Vous voudriez peut-être, par reconnaissance, différer le combat, et c'est ce que je n'entends pas.

VALDÉJA.

Ni moi non plus... Partons.

RODOLPHE, se mettant à la table.

Un instant ; il faut auparavant que je rédige le petit protocole.

VALDÉJA, avec impatience.

Eh ! monsieur...

RODOLPHE.

Je ne me bats pas sans cela. (Écrivant.) « Afin d'éviter toute interprétation fâcheuse, il est bien entendu de la part... » (Parlant.) Voulez-vous en être, oui ou non, avant que je passe outre !

VALDÉJA.

J'ai mes causes de combat ; elles ne sauraient changer, surtout maintenant.

RODOLPHE.

Comme il vous plaira. (Écrivant.) « De la part du sieur Rodolphe. que les motifs qui l'ont porté à provoquer en duel le sieur Valdéja ne sont autres qu'une belle et bonne injure personnelle reçue de ce dernier directement ; qu'en conséquence les femmes n'y sont pour rien. » (Parlant.) Signez-moi cela et approuvez l'écriture.

VALDÉJA, avec ironie.

Du moins, monsieur, et pour qu'on vous croie, mettez en tête que ce n'est pas une plaisanterie.

RODOLPHE.

La rédaction l'indique suffisamment ; mon caractère bien connu fera le reste.

VALDÉJA, riant.

Ah l ah !... (Il signe.) Tenez...

RODOLPHE.

Maintenant, marchons.

VALDÉJA.

Marchons...

RODOLPHE, en montrant les épées.

Emportons-nous toute cette ferraille ?

VALDÉJA.

Comment nous battrons-nous ?

RODOLPHE, avec insouciance.

Comme il vous plaira.

VALDÉJA.

A la rigueur, j'aurais le choix des armes, je vous le laisse.

RODOLPHE.

J'ai un faible pour le pistolet... Je suis plus fort à l'épée, cependant ; mais au pistolet la besogne est moins fatigante.

VALDÉJA.

Le pistolet, soit.

RODOLPHE.

Chacun les nôtres ?

VALDÉJA.

J'y consens.

(Rodolphe et Valdéja ont pris chacun leur boite de pistolets.)

RODOLPHE.

Dites-moi donc, nous avons l'air de bijoutiers courant la pratique.

VALDÉJA.

Pourquoi non ? La mort est un chaland tout comme un autre, et nos âmes, dit-on, sont des joyaux divins.

RODOLPHE.

Vieilles idées sans base et sans soutien.

VALDEJA.

Pour l'un des deux, monsieur Rodolphe, le doute aura cessé d'exister aujourd'hui !

RODOLPHE.

Va comme il est dit !

(Ils sortent.)

DEUXIÈME PARTIE

Un salon dans la maison d'Évrard.

SCÈNE PREMIÈRE.

ÉVRARD, CLARISSE, ALBERT.

CLARISSE, à Évrard.

Eh bien ! mon père, vous voyez qu'il n'y a plus d'inquiétude à avoir. Voilà votre crédit plus solide que jamais, et
l'estime publique n'a pas cessé un instant de vous environ-
ner.

ÉVRARD.

A qui le dois-je ? au meilleur des hommes ; à mon gendre,
à mon fils... car un fils n'aurait pas fait davantage. Vous
saurez (et cela vous regarde, mon cher Melville), qu'il n'a
voulu rien diminuer de la dot de Clarisse. Elle aura toujours
cent mille francs en mariage.

ALBERT.

Je vous prie de croire, mon cher oncle, que ma cousine,
n'eût-elle rien, je la préférerais encore à toute autre femme ;
car je ne l'ai pas quittée depuis son enfance. Je sais quel
trésor de sagesse et de vertu je trouverai en elle. Et alors
peu importe sa dot ; ma place et mon travail suffiront toujours à nous faire vivre honorablement. Mais c'est dans un
mois à peu près que ce mariage doit avoir lieu ; et, avant
d'en fixer le jour, il est une chose dont je voudrais vous
parler.

ÉVRARD.

Qu'est-ce donc?

ALBERT.

Je n'ose pas, tant que Clarisse est là.

CLARISSE.

Moi, mon cousin?

ALBERT.

Et cependant, je le sens, c'est devant elle que je dois vous avouer ce qui cause mes craintes et trouble mon bonheur.

CLARISSE.

Eh! mon Dieu, Albert, qu'y a-t-il?

ALBERT.

Je le dirai franchement : je vous aime, ma cousine, je vous aime d'amour, je n'ai jamais aimé que vous et il me semble que cette tendresse, si vive et si brûlante, n'est pas partagée.

ÉVRARD.

Y penses-tu?

ALBERT, vivement à Évrard.

Je connais sa bonté, sa douceur, son amitié... Elle est parfaite avec moi comme avec tout le monde ; cela ne peut pas être autrement... Mais enfin, elle ne m'aime pas comme je l'aime ; je le crains, du moins.

ÉVRARD.

Et c'est là ce qui t'inquiète?

ALBERT.

Oui, mon oncle.

ÉVRARD.

Eh bien! tu te trompes, et tu n'as pas le sens commun.

ALBERT.

Qu'elle le dise, et je la croirai. Oui, Clarisse, je m'en rapporte à vous maintenant comme toujours ; j'en appelle à votre cœur, à votre franchise... m'aimez-vous?

CLARISSE.

Mais oui... mon cousin.

ALBERT.

M'aimez-vous d'amour ?

CLARISSE.

Non, mon cousin.

ALBERT, à Évrard.

Quand je vous le disais !

ÉVRARD.

Et comment veux-tu qu'une jeune fille te réponde autrement ?

CLARISSE.

Vous m'avez demandé de la franchise, Albert, et au risque de vous faire de la peine, je ne devais pas vous tromper. Je vous aime comme mon ami, comme mon frère, comme l'homme que j'estime le plus au monde, et à qui je confierai sans crainte mon avenir et mon bonheur... Ce que vous me demandez viendra sans doute, je le désire, je l'espère ; je n'en veux pour garants que vos bonnes qualités et votre amour... Mais, quoi qu'il arrive, vous aurez en moi une amie sincère, une épouse dévouée... et une honnête femme. Cela peut-il vous suffire ? voilà ma main. Je vous la donne devant mon père et devant Dieu, qui entend mes serments.

ALBERT, lui prenant la main.

Ah ! je suis trop heureux encore ! j'étais un fou, un insensé...

ÉVRARD.

Non, tu étais amoureux, ce qui revient exactement au même. Ne parlons plus de cela, et ne songeons qu'à notre réunion d'aujourd'hui, dont je me fais une fête... une petite soirée de famille. Il y a si longtemps que nous ne nous étions trouvés tous ensemble. M. et madame Dusseuil viendront.

CLARISSE.

Nous aurons mon oncle et ma tante? Tant mieux!

ÉVRARD.

Et puis ma fille Adèle que je ne vois presque jamais. Elle me néglige...

CLARISSE.

Non, mon père, car la voilà.

SCÈNE II.

LES MÊMES ; ADÈLE, puis M. et Mme DUSSEUIL.

ADÈLE.

Bonjour, mon père.

ÉVRARD, l'embrassant.

Bonjour, mon enfant... Et ton mari, où est-il donc?

ADÈLE.

M. Darcev? je n'en sais rien, mais il viendra probablement.

ÉVRARD.

Est-ce qu'il ne te l'a pas promis?

ADÈLE.

Il ne m'a rien promis... Je ne l'ai pas vu depuis ce matin. (A madame Dusseuil, qui entre avec son mari.) Bonjour, ma tante Vous avez un chapeau qui vous va à merveille... Vous n'avez que vingt ans... Ce que c'est que d'avoir pris ma marchande de modes.

Mme DUSSEUIL.

Je t'en remercie tous les jours, ma chère enfant.

ADÈLE.

N'est-il pas vrai! Je vous donnerai aussi ma lingère, madame Payan, rue Montmartre. Tout ce qu'elle fait est délicieux : c'est aérien. On a du génie maintenant.

DUSSEUIL.

Oui, mais le génie coûte cher.

ADÈLE.

Pour vous, mon oncle, un grave magistrat... Mais qu'est-ce
qui coûte bon marché maintenant ? rien ! pas même la justice,
quoique vous la rendiez gratis.

ÉVRARD.

Tu seras donc toujours futile et légère ?

Mme DUSSEUIL.

Elle a raison, c'est de son âge.

ADÈLE.

C'est ce qui vous trompe ; je deviens la raison même. On
se forme en trois ans de ménage ; et, dès que ma sœur sera
mariée. je me charge de lui donner des conseils... dont elle
se trouvera bien, et son mari aussi. Vous verrez, mon cher
cousin.

ALBERT.

Je tâcherai, ma cousine, qu'elle ait un aussi bon mari que
le vôtre, si toutefois cela est possible.

ÉVRARD.

Non, sans doute ! car après ce qu'il a fait pour nous...

ADÈLE.

Et quoi donc ?

ÉVRARD.

Comment ! tu l'ignores ?

ADÈLE.

A moins de deviner...

ÉVRARD.

Il nous a sauvés tous de la ruine et du déshonneur.

ADÈLE, froidement.

Vraiment ? c'est très-bien à lui.

ÉVRARD.

Et tu reçois ainsi une pareille nouvelle?

CLARISSE.

Tu ne le bénis pas?

ALBERT.

Vous n'êtes pas fière de lui et de porter son nom?

ADÈLE.

Eh! mon Dieu, quel feu! quel enthousiasme! Croyez-vous donc que je ne sois pas de votre avis? J'ai commencé par vous dire que c'était très-bien... que je l'approuvais; mais, après tout, c'est tout naturel. Darcev n'est-il pas votre gendre? A qui donc appartient-il de secourir un beau-père, si ce n'est à un gendre?

ÉVRARD.

A un gendre heureux, rien de mieux; mais...

ADÈLE.

C'est aussi ce que je pense; et ce qu'il a fait pour vous prouve qu'il s'estime heureux dans son ménage, et c'est ce bonheur-là dont il vous remercie.

ÉVRARD.

Lui, du bonheur!... avec toi?

ADÈLE.

Mon Dieu! j'entends chaque jour des hommages et des regrets qui l'attestent hautement; et si j'étais comme ma sœur, si j'étais demoiselle, vous recevriez vingt demandes pour une. Je m'en rapporte à mon mari lui-même; s'il était ici, il me défendrait contre les injustices de ma famille.

CLARISSE.

Tiens, le voici...

Mme DUSSEUIL.

Tu n'as qu'à désirer, tout t'arrive à souhait.

SCÈNE III.

LES MÊMES ; DARCEY, pâle et contraint.

(Clarisse et Albert ont été au-devant de lui.)

ALBERT, l'amenant par la main.

Venez, monsieur, venez, vous êtes pour moi plus qu'un homme.

DUSSEUIL.

Mon ami, votre conduite est un bel exemple. Je suis fier d'avoir un neveu comme vous.

Mme DUSSEUIL.

Vous êtes un ange, monsieur Darcey, vous êtes un ange !

CLARISSE.

Mon bon frère !

ÉVRARD.

A son bienfaiteur, une famille reconnaissante.

ADÈLE.

C'est moi qui suis la plus endettée de tous, mon cher Ferdinand ; des paroles peindraient mal ce que j'éprouve.

DARCEY.

Tu me réserves des faits ?

ADÈLE.

Ils prouvent mieux.

DARCEY.

Bonne Adèle !

CLARISSE.

Le thé est servi.

ÉVRARD.

Veuillez vous approcher de la table.

ADÈLE.

Mais qu'es-tu devenu toute la journée, mon ami ? Je t'ai à peine entrevu. Sais-tu que c'est fort mal.

DARCEY.

Une affaire importante qui m'occupe...

ADÈLE, s'asseyant.

Oublie-la dans ce moment, je te le conseille.

(Ils sont tous assis.)

ÉVRARD.

Nous voilà donc réunis ! et quel plaisir j'éprouve à vous voir tous autour de moi ! (A Darcey.) Et votre ami Valdéja, vous m'aviez promis de nous l'amener.

DARCEY.

Je suis passé chez lui pour le prendre , il n'y était pas... mais il m'a écrit.

ADÈLE.

C'est très-heureux ; grâce à son absence, tu auras du moins un jour de congé ; car il ne te quitte pas plus que tes pensées ; et, lorsqu'il n'est pas là, il te domine encore ; il est facile de s'en apercevoir à ton air rêveur.

ALBERT.

Serait-il vrai ?

DARCEY.

Du tout, c'est un autre ami que lui qui m'occupe en ce moment.

ADÈLE.

C'est là cette affaire si importante dont tu nous parlais ?

DARCEY.

Oui, je médite sur la position de cet ami, afin de lui donner un conseil.

Mme DUSSEUIL.

Quelle est donc sa position ?

DARCEY.

Celle d'un mari trompé.

TOUS, excepté Adèle.

Ah !

DARCEY.

Et puisque nous voilà tous réunis, je vais consulter à ce sujet les membres de la famille ; leur avis sera le mien. Je ne saurais mieux faire.

ADÈLE.

C'est insupportable ! et devant ma sœur...

Mme DUSSEUIL.

Nous écoutons, Ferdinand.

DARCEY.

Il y aura du scandale, peut-être !

Mme DUSSEUIL.

Ah ! ah !

DUSSEUIL.

Du scandale ?

DARCEY.

Mais avec le scandale on fait justice du vice.

ADÈLE.

Moi, j'ai presque envie de m'en aller.

DARCEY.

Te voilà devenue bien susceptible.

ADÈLE.

Je ne comprends pas qu'on s'occupe...

DARCEY.

Laisse-moi continuer, tu comprendras après. Cet ami avait épousé sa femme par passion ; elle était loin de répondre à cet amour, il le sentait : ce fut une cruelle déception pour lui, et bien lui prit d'avoir reçu de la nature une âme forte, car il aurait succombé.

ADELE.

C'est N. de Nelles, je parie.

DARCEY.

Quoi qu'il en soit, il ne se découragea pas. Elle était jeune ; il espérait que le temps et ses soins modifieraient un semblable état de choses. Il ne se trompa point ; il se fit effectivement de grands changements dans les manières de sa femme : jusque-là elle avait été sage et querelleuse, de ce jour elle devint aimable et criminelle.

TOUS.

Ah !

DARCEY.

Un si constant amour n'a produit que d'infâmes trahisons.

ADÈLE.

Je sais qui: c'est madame de Servières.

DARCEY.

Il en eut les preuves.

ALBERT, avec feu.

Alors que fit-il ?

DARCEY.

Rien ; il ne devint pas fou.

Mme DUSSEUIL.

Mais les noms ? Vous ne nous avez pas dit les noms.

DUSSEUIL.

Cela me paraît parfaitement inutile, madame Dusseuil, à moins que le mari n'ait l'intention d'intenter à sa femme une action judiciaire.

ADÈLE.

Ce récit est vraiment pénible.

DARCEY.

Ce qui l'arrête, c'est l'inflexibilité de son caractère. Lorsqu'il aura pris une détermination, elle sera immuable... et il craint d'en finir; mille idées fougueuses se disputent sa tête, car il est indigné.

ÉVRARD.

On le serait à moins.

DARCEY.

Je crois donc qu'on ne saurait trop peser les choses. Je vais recueillir les avis. Les plus jeunes d'abord et les sages ensuite. Voyons, Clarisse, si vous étiez à la place de ce mari, que feriez-vous?

CLARISSE.

Je pardonnerais, mon frère, dans l'espoir d'obtenir, par le repentir, ce qu'un autre sentiment n'aurait pas eu assez de force pour faire naître.

DARCEY.

Et vous, Albert?

ALBERT.

Moi? je la tuerais.

M. ET Mme DUSSEUIL.

Ah!

ADÈLE.

C'est affreux!

DUSSEUIL.

Doucement, mon ami, la loi te punirait.

DARCEY.

Et vous, mon père?

CLARISSE, l'interrompant.

Mais, mon frère, c'est au tour de ma sœur.

ADÈLE.

Pour rien au monde je ne voudrais me mêler d'une aussi sotte affaire.

DARCEY, à Évrard.

Vous dites?...

ÉVRARD.

Eh! eh!... ma foi, à sa place je la mènerais à ses parents;
je les ferais juges entre elle et moi; je leur dirais : La voilà.
Le mauvais germe a étouffé le bon; il a porté ses fruits ·
ils sont mûrs, récoltez. Et je la leur laisserais.

DARCEY, se levant.

Eh bien! c'est vous qui l'avez jugée!

(Tous se lèvent.)

ADÈLE, avec anxiété.

Mais qui donc?

DARCEY, avec chaleur.

Je ne la tuerai pas, je ne la traînerai pas sur les bancs
d'un tribunal; mais je vous la rendrai, mon père... car cet
homme, c'est moi; cette femme, c'est votre fille.

ADÈLE.

Ah!

ÉVRARD.

Adèle!

CLARISSE.

Ma sœur?

ADÈLE.

Ce n'est pas vrai.

ÉVRARD.

Adèle vous a trahi?

ADÈLE.

Je ne suis pas coupable.

Mme DUSSEUIL, à Darcey.

Mon cher ami, êtes-vous certain de ce que vous avancez
là?

DARCEY.

Oui, ma tante.

ADÈLE.

Il ne m'aime plus ; c'est un prétexte...

DARCEY.

Et Rodolphe, l'avez-vous oublié depuis hier ?

ADÈLE.

Qui, Rodolphe ?

DARCEY.

Rodolphe, votre amant ?

ADÈLE.

Je... ne connais pas de Rodolphe.

DARCEY.

Vous ne connaissez pas de Rodolphe ?

ADÈLE.

Non.

DARCEY, lui mettant ses lettres sous les yeux.

Lisez donc, lisez. (A Évrard.) Voilà les pièces du procès ;
ces lettres, ce sont les siennes !

(Adèle pousse un cri et tombe sur un fauteuil.)

CLARISSE.

Mon frère, vous avez eu tant pitié de nous, serez-vous.
inexorable pour elle seule ?

DARCEY.

Clarisse, vous avez seize ans ! Adieu ! justice est faite...
Maintenant je vais me venger, car il y a sur terre un homme
de trop dans le monde, et il faut que lui ou moi...

SCÈNE IV.

LES MÊMES; VALDÉJA.

VALDÉJA, arrêtant Darcey.

Où vas-tu ?

DARCEY.

Trouver Rodolphe.

VALDÉJA.

Auparavant, un mot... un seul mot... (A Clarisse.) Mademoiselle Clarisse connaissait-elle ce Rodolphe?

CLARISSE, vivement et étonnée.

Moi, monsieur?

ALBERT, avec chaleur.

Une telle question...

VALDÉJA.

C'est que tout à l'heure il m'a dit en me serrant la main : Apprenez un danger... une trahison... dont Clarisse serait victime

ALBERT.

Achevez...

VALDÉJA.

Il n'a pu en dire davantage.

ALBERT.

Et pourquoi?

VALDÉJA, d'un air sombre.

Il était mort !

TOUS.

Ah !

DARCEY.

Mort !... Qui l'a frappé?

VALDÉJA.

Moi.

DARCEY.

Ton zèle t'emporte loin quelquefois, Valdéjà.

VALDÉJA.

Zèle, destin ou devoir, n'importe... Maintenant, partons.

DARCEY.

Oui, je te suis.

TOUS, cherchant à le retenir.

Grâce, grâce pour elle !

DARCEY, avec force et dignité.

Jamais !... A compter de ce jour, je ne la connais plus ' '

ACTE QUATRIÈME

PREMIÈRE PARTIE

Chez Adèle : intérieur modeste.

SCÈNE PREMIÈRE.

ADÈLE, seule, essayant d'écrire une lettre.

Écrire à mon mari! Affreuse nécessité! Ah! qui me payera toutes ces humiliations! moi, en être réduite à implorer... Oh! non... non... cela ne se peut pas. (Elle jette sa plume puis regardant son ameublement.) Après ceci cependant, ce sera la misère!... la misère!... Allons, allons, écrivons.

SCÈNE II.

ADÈLE, AMÉLIE, SOPHIE.

ADÈLE, les voyant entrer.

Sophie!... Amélie!...

AMÉLIE.

Eh! oui... tu vois que tout le monde ne t'abandonne pas.

SOPHIE.

Et que nous te sommes fidèles dans le malheur... Il y a si longtemps que je veux venir te voir... mais j'ai eu trois bals cette semaine.

AMÉLIE.

Et moi donc ? du monde tous les jours.

ADÈLE.

Vous recevez... vous allez au bal... vous êtes bien heureuses.

SOPHIE.

Mais toi, pourquoi cet air plus soucieux encore qu'à l'ordinaire ?

ADÈLE.

On le serait à moins : ma sœur me quitte à l'instant, elle veut que j'écrive à mon mari.

AMÉLIE.

A ton mari ?

SOPHIE.

Tu deviens absurde !

ADÈLE.

Pourquoi donc ?

SOPHIE.

Comment, pourquoi ? mais ne vois-tu pas que Clarisse n'est venue ici que de sa part ; c'est ton mari lui-même qui l'envoie : il est plus impatient que toi de te revoir, car il t'aime et tu ne l'aimes pas.

AMÉLIE.

Il est désolé de l'éclat qu'il a fait.

SOPHIE.

Et ne demande qu'un prétexte pour se raccommoder.

ADÈLE.

Oui ! oui !... c'est possible... Si cependant vous vous trompiez, que deviendrais-je ? Car enfin vous en parlez bien à votre aise toutes deux ; vos maris sont riches et ne voient rien... que vos mémoires qu'ils ont la bonté d'acquitter ; mais moi, à qui il ne reste rien de mes splendeurs passées.... rien que ce goût de dépenses... ces habitudes de luxe auxquelles

15.

on ne peut renoncer, et qui sont devenues pour moi comme une seconde nature... que ferais-je ?

AMÉLIE.

Es-tu bonne de t'inquiéter ainsi, et de penser à l'avenir!... Tu n'as que de beaux jours à espérer, que des plaisirs, du bonheur en perspective...

ADÈLE.

Et comment cela ?

SCÈNE III.

LES MÊMES; CRÉPONNE.

CRÉPONNE.

Madame, c'est le domestique de ce banquier, qui apporte une lettre.

ADÈLE.

M. Rialto? mais c'est une persécution !

AMÉLIE.

M. Rialto ! ce capitaliste étranger ?

SOPHIE.

Dont les écus ont une réputation d'esprit européenne ?

ADÈLE, riant.

Lui-même.

AMÉLIE.

Et tu lui fais faire antichambre ?

ADÈLE.

Il est affreux !... et il m'ennuie à périr.

AMÉLIE.

Tu fais bien alors de ne pas le recevoir.

SOPHIE.

Mais du moins tu peux le lire... Cela nous amusera.

ADÈLE.

Je ne demande pas mieux... et sous ce rapport-là son épître arrive à point. (Lisant.) « Ma belle dame... je ne dirai pas que « je vous aime ; ce serait répéter ce que tout le monde dit, « et j'aurais l'air d'un écho... » (Parlant.) C'est joli l

AMÉLIE.

Très-joli.

SOPHIE.

Mais oui, pas mal, pour un madrigal à la financière.

ADÈLE, lisant.

« J'aurais l'air d'un écho, et ce n'est pas avec des phrases « que je voudrais payer le mien. » (S'arrêtant.) Payer le sien ?

AMÉLIE, riant.

Son écot.

SOPHIE, riant.

Celui-là est admirable !... Continue, de grâce.

ADÈLE, lisant.

« Ce n'est pas avec des phrases que je voudrais payer le « mien... c'est par des attentions et des services réels. J'ap- « prends à l'instant que M. Albert Melville, votre cousin, qui « était sur le point d'épouser votre sœur, vient de perdre sa « place au ministère des finances, ce qui va, dit-on, faire « manquer son mariage... »

SOPHIE, vivement.

Manquer son mariage ! y pense-t-il ? Que deviendrait notre vengeance ? que deviendrait Valdéja ? Il faut que ce mariage s'accomplisse pour qu'il sache... oui... Alors seulement je lui dirai tout.

AMÉLIE ET ADÈLE.

Explique-toi...

SOPHIE.

Plus tard... Achève ce billet.

ADÈLE, continuant.

« Vous saurez qu'au ministère des finances on n'aura rien
« à me refuser tant qu'il y aura des emprunts à faire, et que
« j'aurai de l'argent à donner. Eh bien ! ma belle dame,
« dans une demi-heure votre cousin sera réintégré dans sa
« place, et dans une heure son mariage aura lieu. Pour cela
« je ne vous demande qu'un mot, un seul mot, qui me per-
« mette d'espérer et me donne le droit de mettre à vos
« pieds mes hommages et ma fortune. Pour mon cœur, vous
« savez qu'il y est, et depuis longtemps. — *Signé* RIALTO. »
(Parlant.) Quelle extravagance !

AMÉLIE.

Une extravagance ?

ADÈLE.

Eh ! oui, sans doute, à laquelle il n'y a pas même de
réponse à faire.

SOPHIE.

Tu aurais donc un bien mauvais cœur ? quand il y va du
bonheur de ta sœur, de son mariage ?

AMÉLIE.

De la fortune et de l'avenir d'Albert, ton cousin.

SOPHIE.

Et mieux encore, de la réussite de nos projets, de la certitude de notre vengeance contre ce Valdéja.

AMÉLIE.

Et tu pourrais hésiter ?

ADÈLE.

Permettez donc, vous n'avez pas lu...

AMÉLIE.

Qu'il t'offre ses hommages ? où est le mal ? Tu n'es pas la
première à qui il les ait adressés !

SOPHIE.

Bien d'autres grandes dames te les envieraient et te les
disputeraient.

AMÉLIE.

Et cependant ne seraient pas dans la même position que toi, car c'est à la fois une bonne affaire...

SOPHIE.

Une vengeance...

AMÉLIE.

Et une bonne action.

SOPHIE.

Donne, donne.

ADÈLE.

Que veux-tu faire?

SOPHIE.

Deux mots seulement.

(Elle va écrire.)

ADÈLE.

Je m'y oppose.

SOPHIE.

Aussi, ce n'est pas toi qui écris, c'est moi. Tiens, Créponne, porte cette lettre au domestique; qu'elle soit remise à l'instant, il n'y a pas de temps à perdre.

(Créponne sort.)

ADÈLE.

Mais, encore une fois, je veux savoir... Dieu! que vois-je!

SCÈNE IV.

LES MÊMES; VALDÉJA, paraissant à la porte du fond.
(Les trois femmes s'arrêtent étonnées.)

ADÈLE, SOPHIE, AMÉLIE.

Valdéja!

VALDÉJA s'incline et salue, puis les regarde attentivement.

D'où vient donc, mesdames, le trouble où vous jette ma

présence? Aurais-je, par hasard, dérangé quelques combinaisons nouvelles?

SOPHIE.

Non, monsieur, rassurez-vous.

VALDÉJA.

En effet, à votre joie mal déguisée, à votre physionomie radieuse, je vois que je n'ai rien empêché.

SOPHIE, ironiquement.

Pourquoi ne supposez-vous pas que cette joie nous vient de votre présence, monsieur?

AMÉLIE, avec ironie.

Et du plaisir que nous avons à vous voir?

VALDÉJA, froidement.

J'en doute, on n'aime guère l'aspect d'un ennemi et d'un ennemi vainqueur.

ADÈLE, avec fierté.

Est-ce pour me braver, monsieur, que vous êtes venu chez moi?

VALDÉJA.

Non, madame; un tout autre motif m'y amène, et c'est au nom de M. Darcey que je viens vous parler.

ADÈLE.

Au nom de mon mari!

AMÉLIE, bas et avec joie.

Quand je le disais l

ADÈLE.

Que me veut-il?

VALDÉJA.

C'est à vous seule que je puis le dire.

AMÉLIE.

Nous renvoyer de chez toi; le souffrirais-tu?

VALDÉJA.

Je viens pour éloigner le mal.

SOPHIE.

Et vous restez avec elle ?

AMÉLIE, riant.

Ah ! monsieur croit se venger en nous privant de l'entendre ; mais cette vengeance-là ressemble à une grâce.

SOPHIE.

Moi... je serai moins généreuse, et bientôt, je l'espère, il nous entendra ; je l'y forcerai bien.

VALDÉJA.

Quand donc ?

SOPHIE.

Le jour, et il n'est pas éloigné, où je vous apporterai des paroles qui vous frapperont à mort.

VALDÉJA, lui tendant la main.

Soit. Touchez là, et maintenant que c'est une affaire convenue et que nous sommes gens à nous tenir parole...

SOPHIE.

Sans adieu ! sans adieu !

(Elle sort avec Amélie.)

SCÈNE V.

VALDÉJA, ADÈLE.

ADÈLE.

Qu'avez-vous à me dire, monsieur, et quelles sont les propositions de M. Darcey ?

VALDÉJA.

Ces propositions, si vous voulez bien leur donner ce nom, sont tout ce qu'il y a de plus simple au monde.

ADÈLE.

Mon mari se repent donc enfin du traitement affreux qu'il m'a fait endurer ?

VALDÉJA.

Pas précisément, madame, (Adèle le regarde.) pas précisément.

ADÈLE.

Monsieur, j'ai des droits que la volonté de M. Darcey ne suffit pas seule pour détruire.

VALDÉJA.

Des droits ! vous n'en avez aucun. Il vous a épousée sans dot ; votre contrat de mariage ne vous assurait rien qu'après sa mort. Et grâce au ciel, quels que soient vos désirs à cet égard, vous n'avez rien encore à réclamer. Cependant, au milieu de l'oubli auquel il vous a vouée, une femme, c'était votre sœur, est venue tout à l'heure prononcer votre nom. Elle a prié, elle a supplié, elle a peint avec toute son âme les angoisses de votre abandon. Une démarche de vous, et peut-être... Vous ne l'avez pas faite. Néanmoins Ferdinand s'est ému, son cœur a parlé.

ADÈLE, vivement.

Son cœur a parlé ?

VALDÉJA.

Son cœur ouvert à toutes les infortunes, même aux infortunes méritées, n'a pu résister aux instances de celle qui plaidait pour vous. Il vous a fait une pension, en voici le contrat. ∽

ADÈLE, avec dédain.

Une pension ?

VALDÉJA.

Tout autre que moi aurait été chargé de vous en remettre le titre, mais il était essentiel que vous ne vous méprissiez pas sur les motifs de la générosité de Ferdinand. Sachez-le bien, ce n'est pas à Adèle Évrard, ce n'est pas à madame Darcey, c'est à un être souffrant, inconnu, qu'il tend la main.

ADÈLE.

Inconnu !

VALDÉJA.

Prenez-vous le contrat?

ADÈLE, avec angoisse.

Mais, monsieur, la manière dont il m'est offert...

(Valdéja dépose le contrat sur la table.)

SCÈNE VI.

Les mêmes; SOPHIE.

SOPHIE, à demi-voix, en entrant.

Il y a de bonnes nouvelles qui nous arrivent pour le ma
riage de ta sœur ; ne termine rien avant de les connaître.

ADÈLE.

Pardon, monsieur, daignerez-vous attendre un instant ma
réponse?

VALDÉJA.

Je n'en vois pas la nécessité ; j'attendrai néanmoins.

SOPHIE.

Et pour payer monsieur de sa complaisance, c'est moi qui
me chargerai de lui tenir compagnie. (Bas à Adèle.) Va vite et
reviens.

SCÈNE VII.

VALDÉJA, SOPHIE.

SOPHIE.

Eh bien! monsieur, vous ne me remerciez pas du tête-à-
tète que je vous ai ménagé?

VALDÉJA.

C'est un bonheur que personne ne révoquera en doute,
car trop de gens ont été à même de l'apprécier.

SOPHIE.

J'ai vu un temps où vous eussiez été fier de l'obtenir. (Riant.) Il est vrai qu'alors je connaissais le chemin de votre cœur.

VALDÉJA.

Vous l'avez bien perdu.

SOPHIE.

Oh ! si je voulais, je saurais bien le retrouver.

VALDÉJA.

Vraiment ?

SOPHIE.

Je n'aurais pour cela qu'un mot à prononcer.

VALDÉJA, souriant.

Ce serait donc un mot bien terrible !

SOPHIE.

Mais non, ce serait tout uniment le nom d'une jeune fille, douce, naïve, charmante ; et si je vous disais... Clarisse... (Valdéja fait un geste.) Ah ! vous le voyez, il semble déjà que ce nom vous ait fait mal.

VALDÉJA.

Oui, dans votre bouche, car, du reste, ce nom-là ou tout autre ne saurait m'émouvoir.

SOPHIE, froidement.

C'est ce que nous verrons, et pour cela je continue. Vous l'avez aimée, et beaucoup ; et malgré l'éloignement et l'absence, vous n'avez rêvé, pendant trois ans, qu'au bonheur de l'épouser. Oh ! je sais tout, mes renseignements sont de la dernière exactitude. On s'informe avec tant d'intérêt de tout ce qui concerne un ami !

VALDÉJA.

Si c'est à cela que se borne votre science?...

SOPHIE.

Attendez donc ! Ce que personne ne sait, et ce que vous

voudriez **peut-être** ignorer vous-même, c'est que vous l'aimez toujours.

VALDÉJA.

Moi?

SOPHIE.

Oui, vous ne pouvez la voir sans émotion, vous craignez sa présence ; on ne vous rencontre jamais chez son père ; et cependant, quoique vous pensiez avoir à vous plaindre d'elle, c'est la seule femme que votre critique sanglante veuille bien épargner. Souvent même, et sans le savoir, vous la défendez, vous dites **partout...**

VALDÉJA.

Qu'elle **ne** vous ressemble pas, c'est vrai ! Si vous appelez cela un éloge

SOPHIE.

Ce matin, quand vous avez appris que **son** mariage n'aurait pas lieu aujourd'hui, vous n'avez pu retenir votre joie. Dans ce moment encore, elle se peint dans tous **vos** traits et vous rend indifférent à toutes mes attaques ; mais patience, j'ai déjà trouvé **un** endroit sans défense, et j'en trouverai bientôt un autre plus vulnérable encore ; car cette femme que vous aimez malgré vous est celle qui a refusé votre main, qui vous a dédaigné, et n'a pas voulu de vous pour mari... Savez-vous pourquoi?

VALDÉJA.

Que m'importe l parce qu'elle ne m'a pas jugé digne d'elle ! sans doute, parce qu'elle ne m'aimait pas.

SOPHIE.

C'est ce qui vous trompe, elle vous aimait ; elle vous aime peut-être même encore.

VALDÉJA, avec chaleur.

Pourquoi donc, alors ?

SOPHIE.

Pourquoi? Il n'y avait que deux personnes au monde qui auraient pu vous l'apprendre : l'une était Rodolphe, et vous l'avez tué ; l'autre personne, c'est moi.

VALDÉJA.

Vous? Au nom du ciel, parlez!

SOPHIE.

Ah ! je savais bien que je vous forcerais à m'entendre. Écoutez; entendez-vous le bruit de ces cloches?

VALDÉJA.

Quelque cérémonie funèbre, peut-être.

SOPHIE.

Oui, vous dites vrai ; ils viennent de l'église qui est ici en face. Ces sons religieux m'ont calmée, m'ont adoucie ; il me semble, dans ce moment, que je vous hais moins, que mon âme est satisfaite, et quels que soient mes sujets de ressentiment contre vous, je veux bien parler et tout vous dire.

VALDÉJA, avec joie.

Est-il possible? parlez ; mais parlez donc!

SOPHIE.

Clarisse vous aimait, et pendant votre absence ne rêvait qu'à vous, ne désirait que votre retour ; en un mot, ne voulait que vous pour époux. Vous auriez été trop heureux ; ce n'était pas mon compte, et j'ai entrepris de vous brouiller. Je lui ai dit du mal de vous, j'en ai imaginé, et en cela j'ai eu tort, car il n'y avait pas besoin d'en inventer.

VALDÉJA.

Et elle a pu croire vos calomnies !

SOPHIE.

Je m'étais arrangée pour cela : dans notre quartier une jeune fille, coupable, égarée, avait été recommandée à ma pitié ; une fille du peuple qui ne savait rien, pas même le nom de son séducteur, dont elle se souciait fort peu ; je l'as-

surai de ma protection, à la seule condition de débiter la
leçon que je lui avais faite ; et lorsque Clarisse, à qui j'en
avais parlé, vint lui porter des secours et l'interroger en secret, elle lui raconta que celui qui l'avait trompée et abandonnée était parti pour la Russie, à la suite de l'ambassade,
que c'était un nommé Valdéja

VALDÉJA, avec fureur.

Misérable !

SOPHIE.

Vous le connaissez, et vous devinez maintenant comment,
dans le cœur de Clarisse, le mépris a succédé à l'estime,
comment elle a refusé sa main, et comment, en l'aimant toujours, elle en épouse un autre.

VALDÉJA.

C'est ce que nous verrons, et dès aujourd'hui même, dé-
trompée par moi.

SOPHIE.

Rassurez-vous, il n'est plus temps : sans cela, croyez-vous
que je vous eusse dit la vérité ? On ne la dit qu'à ses amis,
vous le savez bien. (Les cloches recommencent à sonner.) Et tenez
entendez-vous dans la rue ce bruit, ces équipages ?

VALDÉJA.

Qu'est-ce que cela veut dire ?

SCÈNE VIII.

Les mêmes; AMÉLIE, ADÈLE.

ADÈLE ET AMÉLIE, courant à la fenêtre du fond.

Ils sont mariés.

VALDÉJA.

Et qui donc ?

ADÈLE.

Albert Melville et ma sœur qui, dans ce moment, sortent de
l'église.

VALDÉJA.

Ah ! priez le ciel d'avoir menti.

SOPHIE.

Albert avait perdu sa place ; elle lui a été rendue par le crédit de M. Rialto, et le mariage a eu lieu aujourd'hui.

VALDÉJA, à part, la tête dans ses mains.

Clarisse !... Clarisse appartient à un autre ! et quand je pense par quelle trahison !...

ADÈLE, prenant le contrat sur la table ; A Valdéja.

Vous pouvez dire à M. Darcey, votre ami, que je repousse ses offres, (Déchirant le papier.) et que voilà le cas que j'en fais. Monsieur Valdéja, vous m'avez enlevé mon mari, moi je vous enlève votre maîtresse ; je suis vengée, nous sommes quittes.

VALDÉJA.

Non pas, nous ne le serons jamais. Adieu, Adèle, ne vous démentez pas, bientôt vous parviendrez au terme ; ce seront alors vos vices eux-mêmes qui me vengeront. (A madame Narini.) Et vous, Sophie, (A Amélie.) et vous, madame, Dieu vous pardonnera peut-être, mais moi jamais ; entre nous désormais, entre nous ce sera sans merci !!!

ADELE, SOPHIE ET AMÉLIE, étendant les mains en prêtant serment.

Accepté !!!

DEUXIÈME PARTIE

Un joli jardin; à gauche un pavillon.

SCÈNE PREMIÈRE.

ADÈLE, seule, assise et lisant ; puis CRÉPONNE.

ADÈLE.

Quel insipide roman !

CRÉPONNE, en'rant en courant.

Madame, madame ! bonne nouvelle ! M. Samson, notre propriétaire, a refusé à M. Rialto de lui renouveler le bail de votre appartement, parce qu'il est en marché pour vendre sa maison.

ADÈLE.

Vraiment ? Es-tu bien certaine de ce que tu me dis là ?

CRÉPONNE.

Très-certaine, je le tiens de la portière. Madame, il faudrait tâcher de décider M. Rialto à vous acheter cette maison, parce que, s'il venait à mourir, ou à changer de manière de voir, elle vous resterait toujours.

ADÈLE.

Il y a trois ans qu'il me promet qu'il en sera ainsi.

CRÉPONNE.

Il promet beaucoup, M. Rialto : c'est comme ce nouve équipage...

ADÈLE.

Ne m'en parle pas; tous les gens qui ont amassé leur argent à la Bourse sont ainsi faits, ma chère.

CRÉPONNE.

Vieux jaloux !

ADÈLE.

Ah ! pour jaloux, il l'est à en mourir sur la place. Doit-il venir aujourd'hui ?

CRÉPONNE.

Il m'a dit qu'il viendrait dîner, et s'il découvrait les assiduités de M. Hippolyte ? Accueillir ainsi chez vous un tout jeune homme, sans raison, sans expérience... (Hippolyte entre.) Ah ! le voici; comme il a l'air rêveur.

SCÈNE II.

Les mêmes ; HIPPOLYTE.

HIPPOLYTE, tenant un bouquet.

Bonjour, ma chère Adèle.

ADÈLE.

Ah ! arrivez donc, monsieur, je m'entretenais de vous.

HIPPOLYTE, lui remettant le bouquet.

Et moi je pensais à vous ; vous le voyez, ma chère Adèle, des fleurs, votre image.

ADÈLE.

Mon Dieu ! que vous avez l'air grave ! On voit bien que d'aujourd'hui vous êtes majeur.

HIPPOLYTE.

Créponne, laissez-nous.

CRÉPONNE.

Madame, je vais aller jusque chez ma couturière.

ADÈLE.

Ne sois pas longtemps dehors.

CRÉPONNE.

Il est midi, je serai rentrée dans une heure.

ADÈLE, faisant des signes.

Dis à Laurent de se tenir sous le vestibule.

CRÉPONNE.

Oui, madame.

(Elle sort.)

SCÈNE III.

ADÈLE, HIPPOLYTE.

ADELE.

Voyons, qu'est-ce qui pèse si fort sur ta gaieté aujour-d'hui?

HIPPOLYTE.

J'ai quelque chose de si important à te dire.

ADÈLE.

Quoi donc?

HIPPOLYTE.

Ma chère Adèle, depuis trois mois je suis aimé de toi. Depuis six semaines, j'ai formé le projet de devenir ton mari; et je viens te l'annoncer.

ADÈLE, éclatant de rire.

Ah! ah! ah! ah!

HIPPOLYTE.

Et qu'y a-t-il donc là de si risible?

ADÈLE.

Je ris, parce que... Ah! ah! ah! ah! mais c'est une plaisanterie!

HIPPOLYTE.

Une plaisanterie ! Rien n'est plus sérieux.

ADÈLE, à part.

A cet âge-là on épouse toujours. (Haut.) Ne te fâche pas.

HIPPOLYTE.

Je veux t'épouser, vois-tu, parce que je ne vis pas quand je suis loin de toi, et que je ne conçois pas qu'on restreigne volontairement son bonheur à quelques heures craintives et dérobées, alors qu'on peut être réunis et pour toujours !

ADÈLE.

Les heures craintives, dis-tu ! c'est ce qui fait le charme de notre position.

HIPPOLYTE.

Au diable le charme qui fait battre le cœur à coups redoublés ! Qu'est-ce que c'est que de te voir une heure en secret, de me faire un masque qui cache à tous les yeux ce que je voudrais que tous les yeux vissent clairement ? Et puis, ces tourments de l'absence, ces craintes qu'elle fait naître !... Je suis jaloux, Adèle, et sans t'offenser je puis bien supposer que d'autres, ainsi que moi, brûlent du désir de résigner leur liberté entre tes mains ; du moins, quand je serai ton mari, ils seront avertis que le cœur auquel ils s'adressent n'est pas libre, et s'ils venaient à élever la voix, je serais là pour les faire taire.

ADÈLE.

Non ami, c'est impossible.

HIPPOLYTE.

Impossible ! quoi donc, impossible ?

ADÈLE.

Que nous nous mariions.

HIPPOLYTE.

Et pourquoi donc ? N'es-tu pas veuve ? Qui peut nous en empêcher ?

ADÈLE.

Mille considérations. Tu es trop jeune, tu n'as pas vu le monde.

HIPPOLYTE.

Le monde ? j'en ai vu ce que j'en voulais voir, puisque je t'y ai rencontrée. Et cet âge dont tu fais tant de bruit, je voudrais pouvoir en retrancher une partie afin d'avoir à t'aimer plus longtemps.

ADÈLE.

D'accord ; mais mon père ne veut pas que je me remarie ; irai-je lutter contre sa volonté ? Et puis d'autres considéra-tions, ta famille à toi... Qu'est-ce que c'est donc que cette rage de mariage ?

HIPPOLYTE.

D'aujourd'hui je suis majeur ; jusqu'ici je dépendais d'un tuteur, d'un brave et honnête homme qui m'a servi de père, et à qui j'étais obligé d'obéir.

ADÈLE, impatientée.

Ce que vous pouvez faire de mieux, c'est de suivre ses avis.

HIPPOLYTE.

Aussi je lui ai confié ce matin mes idées de mariage ; grande colère de sa part. « Mon ami, lui ai-je dit, vous ne connaissez pas celle que j'aime, voyez-la, consentez à voir madame Demouy, et si, après cela, vous avez une seule ob jection à faire, je renonce à mon projet. » Il a accepté.

ADÈLE.

Est-il possible !

HIPPOLYTE.

Et je vous le présenterai aujourd'hui : c'est M. Valdéja.

ADÈLE, avec saisissement.

Valdéja !

HIPPOLYTE.

J'étais bien sûr que vous en aviez entendu parler ; c'est

un homme du plus grand mérite ; avec ses talents il serait
arrivé à tout ; mais depuis trois ans il est si triste, si malheureux ! Je ne sais quelle douleur secrète le tourmente, et
c'est grand dommage ; car pour ceux qui le connaissent,
c'est un bien excellent homme ; n'est-il pas vrai ?

ADÈLE, qui a fait tous ses efforts pour se contenir.

Certainement ; mais je ne veux ni ne peux le recevoir, et
vous allez à l'instant même vous rendre chez lui pour l'empêcher de venir.

HIPPOLYTE.

C'est impossible.

ADÈLE.

Je le veux.

HIPPOLYTE.

Mais, ma chère amie, pense donc...

SCÈNE IV.

LES MÊMES ; LAURENT.

LAURENT.

Madame, madame, M. Rialto descend de voiture en ce
moment.

ADÈLE, avec effroi.

M. Rialto ! vous dites, M. Rialto ?

LAURENT.

Oui, madame.

ADÈLE.

C'est bien, Laurent.

(Laurent sort.)

HIPPOLYTE.

C'est votre père ?

ADÈLE, hors d'elle-même.

Oui, mon ami. (A part.) Mon Dieu ! mon Dieu, qui l'aurait

attendu ce matin ! (Haut.) Il faut partir à l'instant ; par ici, par la porte de ce pavillon.

HIPPOLYTE, froidement.

Pourquoi donc ?

ADÈLE.

Il ne faut pas qu'il vous voie, ou tout serait perdu ; éloignez-vous, de grâce !

HIPPOLYTE, s'asseyant.

Du tout ; je veux voir monsieur votre père, moi ; j'ai à lui parler.

ADÈLE.

Et que lui dire, malheureux ?

HIPPOLYTE, toujours assis.

Cela me regarde ; je sais ce que j'ai à faire, et je l'attends.

ADÈLE.

C'est fait de moi ! le voici !

HIPPOLYTE.

Je vous prie alors de me présenter, et de lui dire qui je suis.

SCÈNE V.

LES MÊMES; RIALTO.

RIALTO.

Ah ! bonjour, bonjour, petite ! Je viens te chercher, ma belle ; il fait beau temps, il n'y a pas de Bourse aujour d'hui, nous allons faire un tour au bois... (Apercevant Hippolyte.) Qu'est-ce que c'est que celui-là ?

ADÈLE, à demi-voix.

Je vais vous le dire. C'est un jeune homme que j'ai vu chez madame de Laferrier, qui vous a rencontré quelquefois avec moi, et pour ma réputation, je lui ai dit, comme nous en sommes convenus, que vous étiez mon père.

RIALTO, de même.

C'est bien, c'est bien! cela donne une couleur, une nuance... Mais qu'est-ce qu'il vient faire ici?

ADÈLE, avec embarras.

Je l'ignore; c'est à vous qu'il désire parler.

RIALTO.

C'est différent; alors il aurait pu passer à la caisse; je ne m'occupe pas ici de commerce. (Haut à Hippolyte.) Qu'y a-t-il pour votre service, mon cher monsieur?

HIPPOLYTE.

Monsieur, je viens pour un motif qui vous paraîtra fort extraordinaire et qui est pourtant bien simple; j'ai vu plusieurs fois chez madame de Laferrier madame Demouy votre fille.

RIALTO, à part.

Nous y voilà!

HIPPOLYTE.

Et je viens vous la demander en mariage.

RIALTO, avec colère.

Eh bien! par exemple...

ADÈLE, bas à Rialto.

Modérez-vous, de grâce! Je vous jure que je l'ignorais, et sa démarche même en est la preuve.

RIALTO, à part.

Elle a raison, et le plus court est de s'en amuser; cela m'arrive si rarement de m'amuser! (Bas à Adèle.) Nous allons rire. Quelle est, monsieur, votre profession?

HIPPOLYTE.

Je n'en ai pas.

RIALTO, riant aux éclats.

Et vous voulez vous marier afin d'en avoir une, n'est-il pas vrai?

HIPPOLYTE.

Oui, monsieur. (A part.) Quelle sotte gaieté ! et quelle antipathie j'éprouve pour cet homme ! Heureusement, ce n'est pas lui que j'épouse.

RIALTO.

Eh bien ! mon cher, je vous dirai, comme dans je ne sais quelle comédie des Variétés : Touchez là, ma fille n'est pas pour vous.

HIPPOLYTE.

Et pour quelle raison, monsieur ?

RIALTO.

Pour quelle raison ? Celle-là est jolie ! Il faudrait que de moi-même, et de mon consentement...

ADÈLE.

Ménagez-le, au nom du ciel ! (A part.) Je suis sur des épines !

HIPPOLYTE.

A qui puis-je le demander, si ce n'est à vous ? C'est vous que cela regarde, puisque vous êtes le père.

RIALTO.

Si je vous accordais ce que vous me demandez, je ne serais plus... son père.

HIPPOLYTE.

Si c'est la crainte de vous séparer de votre fille, je ne prétends pas vous en priver.

RIALTO.

Vous êtes bien bon.

HIPPOLYTE.

Nous demeurerons près de vous, nous habiterons tous ensemble ; et si, comme je le crains, des considérations de fortune pouvaient vous arrêter, je vous déclare, monsieur, que je ne demande rien, que je ne veux rien que sa main et son cœur ; j'ai, grâce au ciel, une fortune indépendante. Six mille livres de rente, c'est bien peu sans doute ; mais j'en suis maître, je puis en disposer, vous en parlerez avec mon tuteur qui va arriver.

ADÈLE.

Grand Dieu !

RIALTO.

Il ne manquait plus que cela.

HIPPOLYTE.

Il vous dira que je suis Hippolyte Gonzoli, d'une famille honorable et estimée ; mon père était militaire, il est mort au champ d'honneur, me recommandant aux soins de M. Valdéja, son ami.

RIALTO.

Est-il bavard !

HIPPOLYTE.

Et maintenant que vous savez tout, mon bonheur est dans vos mains... ne me refusez pas, car vous ne savez pas de quoi je suis capable si vous me réduisez au désespoir.

RIALTO.

Permettez, cela devient trop fort...

ADÈLE, effrayée.

Au nom du ciel !

HIPPOLYTE.

Prononcez, monsieur, prononcez !

RIALTO.

Écoutez-moi, jeune homme : la Bourse ne me laisse mes après-midi de libres que le dimanche ordinairement ; vous me permettrez donc de ne pas perdre un temps précieux à écouter vos déclarations. Adèle, va chercher ton chapeau.

HIPPOLYTE.

Monsieur, c'est beaucoup plus grave que vous ne pensez.

RIALTO.

C'est possible ; mais si vous êtes malade du cerveau, je ne suis pas médecin.

ADÈLE.

Mon Dieu ! laissons là cet entretien.

HIPPOLYTE.

Non, madame, et je forcerai bien monsieur votre père à ne plus me refuser.

RIALTO.

C'est ce que nous verrons.

HIPPOLYTE.

Un mot suffira ; et puisqu'il n'y a pas d'autre moyen, daignez me répondre. Savez-vous ce que c'est que l'honneur ?

RIALTO.

Eh bien ! oui, je le sais ; qu'est-ce que vous en voulez dire ?

HIPPOLYTE.

Tenez-vous au vôtre, à celui de votre famille ?

RIALTO.

Sans doute j'y tiens.

ADÈLE, à part.

Est-ce qu'il dirait ?...

HIPPOLYTE, emporté.

Arrangez-vous donc alors pour qu'il ne souffre pas des atteintes que je lui ai portées, et tâchez de réparer avec le mari le dommage que l'amant lui a fait.

ADÈLE.

Ah !

RIALTO.

L'amant ?

ADÈLE.

Ne l'écoutez pas.

HIPPOLYTE.

L'amant. Depuis trois mois madame Demouy m'appartient !

RIALTO.

Ah! ah! qu'est-ce que vous me dites là?

HIPPOLYTE.

Ce qui est!

ADÈLE.

C'est une horreur.

HIPPOLYTE.

La terreur t'égare, ma chère Adèle; tu es à moi, à moi pour la vie.

ADÈLE.

Ce n'est pas vrai!

RIALTO, avec fureur.

Adèle!

HIPPOLYTE.

Et si vous avez un cœur de père...

RIALTO.

Eh! monsieur, je ne suis pas son père.

HIPPOLYTE.

Vous n'êtes pas son père?

RIALTO.

Ni son père, ni son frère, ni son oncle, ni son mari; comprenez-vous maintenant?

HIPPOLYTE, stupéfié.

Ah! ce n'est pas possible!

RIALTO.

Eh! eh! belle dame, vous m'en faisiez donc en cachette, et mes billets de mille francs comptaient pour deux, à ce qu'il parait.

ADÈLE.

Il n'en est rien, je vous jure!

RIALTO.

Ah! ah! Et vous, mon brave, vous voulez épouser des

femmes qui vivent séparées de leurs maris et que des pro-
tecteurs consolent?

HIPPOLYTE.

Oh ! mes rêves !

RIALTO.

Sortez d'ici tous les deux !

HIPPOLYTE, avec fierté et d'un air menaçant.

Est-ce à moi que vous parlez?

RIALTO, se ravisant.

Non, monsieur, non ; vous êtes excusable, vous ; c'est à
madame. (A Adèle.) Sortez de chez moi, vous dis-je !

HIPPOLYTE, avec frénésie.

Mais tu n'étais donc qu'une infâme! (Apercevant Valdéja, qui
entre.) Ah ! mon ami, venez à mon secours.

SCÈNE VI.

LES MÊM s ; VALDÉJA.

ADÈLE, se cachant la tête dans ses mains.

Valdéja !

VALDÉJA, à Hippolyte.

Qu'y a-t-il donc?

HIPPOLYTE.

Une trahison ! une perfidie !

VALDÉJA, froidement.

Cela t'étonne?

RIALTO, à Adèle avec menace.

Sortez, sortez ! Je ne me connais plus !

VALDÉJA, lui saisissant le bras.

Arrêtez!... (Dans ce moment ses yeux rencontrent ceux d'Adèle,
il la reconnaît.) Dieu! Adèle !... Je vous l'avais bien dit, que vos

vices me vengeraient. (A Hippolyte.) Viens, mon ami, viens, cela vaut vingt ans d'expérience.

RIALTO.

Sortez, madame, sortez !

ADÈLE, sortant et jetant un dernier regard de rage sur Valdéja.

Chassée ! et devant lui encore !

ACTE CINQUIÈME

PREMIÈRE PARTIE

Une salle basse et de triste apparence ; porte au fond, deux portes latérales.

SCÈNE PREMIÈRE.

SOPHIE, puis ADÈLE.

SOPHIE, à la cantonade.

Puisqu'elle ne peut pas tarder à rentrer, je l'attendrai... mais ce n'est pas trop beau chez elle. (Regardant l'appartement.) Cela ne vaut ni son riche appartement de la rue Saint-Honoré, ni la petite maison de N. Rialto.

ADÈLE, entrant et parlant à la cantonade.

Il y a quelqu'un qui m'attend, dites-vous ? Dieu ! si c'était... (Elle s'avance vers Sophie qu'elle reconnaît et dit froidement.) Ah ! c'est toi, Sophie !

SOPHIE.

Tu me reconnais, toi, c'est heureux ; pour moi, je l'avoue, j'aurais eu quelque peine...

ADÈLE.

Je suis donc bien changée !

SOPHIE.

Tu as l'air souffrant.

ADÈLE.

Et toi, depuis trois ans que tu as quitté Paris ?...

SOPHIE.

J'étais allée en Belgique avec mon mari, lorsqu'il est parti pour ce pays-là, sans le dire à ses créanciers ; car les four nisseurs en sont tous là... se ruiner en entreprises, en spéculations, quand il y a tant d'autres moyens...

ADÈLE.

Et il ne lui est rien resté ?

SOPHIE.

Rien... que des dettes ; mais moi j'avais encore des espérances : un oncle paralytique, M. de Saint-Brice, qui, veuf et sans enfants, avait une immense fortune ; et je suis revenue en France, à Paris, où j'avais appris que, grâce au ciel, il venait de mourir ; mais vois l'horreur, j'étais déshéritée.

ADÈLE.

Et comment cela ?

SOPHIE.

Tu ne le devines pas ? M. de Saint-Brice, longtemps attaché aux affaires étrangères, était lié avec ce Valdéja...

ADÈLE.

Je comprends.

SOPHIE.

Qui lui a débité sur mon compte je ne sais quelles calomnies, quelles horreurs, et qui a si bien fait qu'il a déterminé M. de Saint-Brice à laisser toute sa fortune à un parent éloigné de sa femme, à M. Albert Melville.

ADÈLE.

Mon beau-frère !... son rival ! (Avec ironie.) Quelle générosité !

SOPHIE.

Dis plutôt quelle rage de nuire ; car enfin je ne lui avais enlevé que sa maîtresse... on en retrouve toujours ! tandis qu'une fortune comme celle-là... Et maintenant, ne sachant que devenir, je sollicite un bureau de timbre. Ne pourrais-tu pas m'y aider ?

ADÈLE.

Je n'ai moi-môme nulle protection ; mais vois Amélie, madame de Laferrier.

SOPHIE.

Elle n'a pas voulu me recevoir.

ADÈLE.

Quelle indignité ! C'est aussi là que j'en suis ; nous ne nous voyons plus depuis ma rupture avec Λ. Rialto.

SOPHIE.

Une rupture l et comment cela ?

ADÈLE.

Une imprudence à moi ! je te raconterai cela. J'ai été bien malheureuse depuis ce temps-là ; enfin, parmi ceux qui me faisaient la cour, j'avais daigné remarquer Λ. Léopold, le fils d'un riche commerçant en vins, qui venait de recueillir la succession de son père.

SOPHIE.

Une sucession ? il est bien heureux. celui-là.

ADÈLE.

Elle ne lui a pas duré longtemps ; toujours entouré de mauvais sujets tels que lui, il l'a dissipée en moins d'un an ; et depuis ce temps, je ne peux te dire à quels projets, à quelle conduite, à quels excès se sont livrés lui et ses dignes compagnons.

SOPHIE.

Et tu ne l'as pas abandonné ?

ADÈLE.

Je le voudrais... je n'ose pas... il est si violent ! il me tuerait. Et puis, sans le vouloir et sans qu'il s'en doute, j'ai découvert des secrets qui me font trembler, et que je n'oserais dire !

SOPHIE.

Tu fais bien ; mais à moi, ta meilleure amie...

ADÈLE, baissant la voix.

Dans cette maison où il donne à jouer, des jeunes gens imprudents et sans expérience ont été attirés ; ils ont été trompés, dépouillés... Oh ! j'en suis certaine. Léopold est capable de tout, et si quelque ami bienfaisant ne vient pas à mon aide, c'est fait de moi ; je n'ai plus que ma sœur, je lui ai écrit ; mais me répondra-t-elle ?

SCÈNE II.

LES MÊMES ; CRÉPONNE.

CRÉPONNE.

Madame, madame, une lettre pour vous.

ADÈLE.

Est-il possible ?

CRÉPONNE.

Et, par bonheur, M. Léopold n'était pas là quand on me l'a remise.

ADÈLE.

C'est de Clarisse ! c'est son écriture. Oh ! ma bonne sœur ! j'ai toujours dit qu'il n'y avait que toi...

CRÉPONNE.

Nous envoie-t-elle de l'argent ?

ADÈLE, qui a décacheté la lettre.

Non... mais c'est égal. Va voir si l'on ne vient pas nous surprendre. (Créponne sort. — A Sophie.) Tiens, lis... moi, ma main tremble et je n'y vois pas, tant je suis émue.

SOPHIE, lisant.

« Ma chère sœur, en recevant ta lettre, j'aurais voulu sur-
« le-champ courir auprès de toi ; mais je ne suis pas ma

« maîtresse, je ne suis pas libre d'écouter tous les mouve-
« ments de mon cœur... j'ai un mari.. »

ADÈLE.

Pauvre femme !

SOPHIE.

Encore une malheureuse ; mais si elle veut nous écouter
et suivre nos conseils...

ADÈLE.

Achève donc.

SOPHIE, lisant.

« J'ai un mari que j'aime, que j'estime, auquel je dois
« obéissance... et, je te l'avoue avec la plus grande peine,
« il m'a formellement défendu de te voir, toi et madame de
« Laferrier, et surtout madame Narini, et toutes ces hor-
« ribles femmes qui t'ont perdue !   » (Parlant.) Quelle indignité !...

ADÈLE, voulant reprendre la lettre.

Sophie, de grâce !

SOPHIE.

Non, non, il faut voir jusqu'au bout. (Lisant.) « Cependant,
« et quels que soient ses ordres, quand ma sœur est malheu-
« reuse, quand elle souffre... je n'ai ni le courage, ni la
« force d'obéir... » (Parlant.) Allons donc !   (Lisant.) « J'ai
« tort peut-être, mais que la faute en retombe sur moi. Au-
« jourd'hui, à deux heures, enveloppée de mon manteau et
« sans être vue, je sortirai de chez moi et j'irai te voir...
« Arrange-toi pour être seule. »

ADÈLE.

Elle va venir !... quel bonheur !...

SOPHIE.

Tu feras comme tu voudras ; mais si j'étais toi, je ne la
recevrais pas.

ADÈLE.

Y penses-tu?... quand c'est mon seul espoir...

SOPHIE.

A la bonne heure, si tu préfères ta sœur à tes amies. (A part.) Mais pour moi, je ne l'en tiens pas quitte, et j'apprendrai à cette petite prude-là les égards qu'on se doit entre femmes. (Haut.) Adieu, Adèle, si j'ai quelque chose de nouveau, je viendrai te revoir.

ADÈLE.

Je crains que Léopold ne se fâche, et que cela ne lui déplaise.

SOPHIE.

Eh bien! par exemple!...

ADÈLE.

Pour plus de sûreté, quand tu auras à me parler, ne monte pas par le grand escalier, où l'on pourrait te voir, mais, (Montrant la porte à droite.) par celui-ci, dont voici la clef. Il donne sur une allée obscure, et de là dans une petite rue détournée où il ne passe presque personne.

SOPHIE, prenant la clef.

C'est bien... je m'en vais... car nous disons que ta sœur viendra aujourd'hui... ici... seule et déguisée... à deux heures?

ADÈLE.

Nous avons le temps.

(Elle va serrer la lettre de Clarisse dans son secrétaire.)

SOPHIE, à part.

Non, non!... Il n'y en a pas à perdre... et Clarisse, et son mari, et ce Valdéja!... je me vengerai d'eux tous... d'un seul coup, et de l'un par l'autre. (A Adèle.) Un mot encore... tu n'aurais pas quelque argent à me prêter?

ADÈLE.

J'en ai si peu!

SOPHIE.

Et moi, je n'en ai pas du tout. Je te rendrai cela dès que j'aurai obtenu ce que je sollicite.

ADÈLE.

Bien sûr?

SOPHIE.

Je te le promets.

ADÈLE.

A la bonne heure ; car, sans cela... (Lui remettant quelques pièces de monnaie.) Tiens!...

SCÈNE III.

LES MÊMES; LÉOPOLD.

(Il entre par la porte du fond, passe entre les deux femmes et saisit l'argent qu'Adèle présente à Sophie.)

LÉOPOLD.

Je vous y prends donc !

ADÈLE.

O ciel l

SOPHIE.

Mais, monsieur...

LÉOPOLD, mettant l'argent dans sa poche.

Confisqué par mesure de police, et maintenant, madame, de quoi s'agit-il et qu'y a-t-il pour votre service ?

SOPHIE.

Je suis une ancienne amie d'Adèle.

LÉOPOLD.

Je n'aime pas les anciennes amies, et encore moins les nouvelles.

ADÈLE.

Mais madame Marini, dont je vous ai parlé quelquefois, était une femme du monde, du grand monde.

LÉOPOLD.

Raison de plus; elle vient ici vous faire des phrases, vous parler de morale, de vertu, enfin, vous donner de mauvais conseils.

ADÈLE.

Vous vous trompez, monsieur.

LÉOPOLD.

Je n'aime pas cela.

ADÈLE.

Mais encore!...

LÉOPOLD.

Assez... elle me fera le plaisir de rester chez elle, et vous ici; c'est plus facile pour la sûreté des communications. Maintenant, je ne vous renvoie pas, mais j'ai à lui parler.

SOPHIE.

Il suffit, monsieur, je me retire. Adieu, chère amie, je te reverrai dans un autre moment. (A part.) Dieu quelle horreur d'homme !

LÉOPOLD.

Je vous prie d'agréer mes respectueux hommages. (Au moment où Sophie est près de la porte du fond.) Mes excuses, si je ne vous reconduis pas.

(Sophie sort.)

SCÈNE IV.

ADÈLE, LÉOPOLD.

LÉOPOLD.

A nous deux, maintenant : puisque vous avez de l'argent de trop, il faut m'en donner.

ADÈLE.

Y pensez-vous?

LÉOPOLD.

Tant que j'en ai eu, je ne vous l'ai pas épargné. La suc
cession de mon père y a passé. Pauvre brave homme! le
plus riche marchand de vin de la Rapée!

ADÈLE.

Vous n'avez pas voulu m'écouter.

LÉOPOLD.

Courte et bonne! c'est ma devise; j'avais, je n'ai plus.
Maintenant c'est à ceux qui ont à me donner; et s'ils font
des façons, je les forcerai bien à me rendre ma part; car
j'ai mes idées là-dessus.

ADÈLE.

Et quel est votre dessein?

LÉOPOLD.

Quitter cette maison, qui commence à être mal notée ·
les abonnés se dispersent, le jeu languit, rien ne va plus.
Nous voulons voyager dans les départements, ou à l'étranger,
si faire se peut. Mais pour cela il faut de l'argent.

ADÈLE.

Je n'ai rien, vous le savez.

LÉOPOLD.

Vous avez conservé des relations dans le monde, de belles
connaissances, de hautes protections; il faut les employer,
faire un appel à leurs sentiments, à leur délicatesse, et leur
demander de l'argent pour moi, ou pour vous, cela revient
au même.

ADÈLE.

Je ne connais plus personne.

LÉOPOLD.

Vous avez une famille, vous avez un père, une tante.

17.

298 COMÉDIES — DRAMES

ADÈLE.

Vous savez bien qu'ils sont morts de chagrin !

·LÉOPOLD.

Oui, à ce qu'ils disent; mais votre sœur, votre beau-frère, on peut les mettre à contribution.

ADÈLE.

Ils ne veulent plus me voir.

LÉOPOLD.

Et M. Rialto ?

ADÈLE.

Jamais.

LÉOPOLD.

D'autres enfin ; M. Hippolyte, d'après ce que vous m'avez dit, est un jeune homme à grands sentiments, qui depuis trois ans a réussi dans le monde, et qui ne refusera pas à une ancienne passion un souvenir utile. Moi, à sa place, je n'hésiterais pas, parce que, nous autres jeunes gens du monde, nous sommes tous comme ça.

ADÈLE.

Plutôt mourir que d'avoir recours à lui !

LÉOPOLD, haussant la voix.

Il le faut cependant, car je le veux, et vous ne me connaissez pas quand on me résiste !

ADÈLE.

Léopold ! Léopold ! vous m'effrayez ! (A part.) Qui m'arrachera de ses mains ?

LÉOPOLD.

Là, à ce secrétaire, voilà ce qu'il faut pour écrire.

(Pendant qu'il dispose le papier, la plume, l'encre, etc., Créponne entre.)

SCÈNE V.

LES MÊMES; CRÉPONNE.

CRÉPONNE, bas à Adèle.

Une dame enveloppée d'un manteau est là dans votre chambre.

ADÈLE, de même.

C'est ma sœur, c'est Clarisse [1]

(Elle se dispose à passer dans la pièce à gauche.)

LÉOPOLD, l'arrêtant par le bras.

Où vas-tu? Tu ne sortiras pas d'ici que tu n'aies écrit.

ADÈLE.

O mon Dieu!

LÉOPOLD, la faisant asseoir au secrétaire.

Allons! une lettre à la Sévigné, et pour cela je vais dicter ·
« Cher Hippolyte... »

ADÈLE.

Je ne mettrai jamais cela.

LÉOPOLD.

Hippolyte tout court.

ADÈLE, écrivant.

« Monsieur...»

LÉOPOLD.

A la bonne heure, je n'y tiens pas. (Dictant.) « Monsieur, une ancienne amie, bien malheureuse... »

CRÉPONNE.

C'est bien vrai.

LÉOPOLD.

Je ne mens jamais. (Dictant.) «... Est menacée d'un affreux danger dont vous seul pouvez la sauver... »

ADÈLE.

Mais c'est le tromper !

LÉOPOLD.

Qu'en savez-vous ? Je ne mens jamais. (Dictant.) « Si tous souvenirs, si tous sentiments d'humanité ne sont pas éteints dans votre cœur, venez à son secours, elle vous attendra aujourd'hui, rue... » Mets notre nom et notre adresse. « Prenez avec vous de l'or, beaucoup d'or, vous saurez pourquoi... »

ADÈLE, indignée.

Je n'écrirai jamais cela !

LÉOPOLD, dictant d'un ton impératif.

« Vous saurez pourquoi, et j'ose 'croire que vous m'en remercierez. » (Lui prenant la main.) Allons, écris ! je le veux !

ADÈLE.

Mais que voulez-vous donc faire ? le forcer à jouer, le dépouiller ?

LÉOPOLD.

Cela me regarde ; signe... et maintenant je ne vous demande plus rien que le silence. (Prenant la lettre.) Je me charge d'envoyer la lettre... Quant au départ de demain, si je suis content de vous, j'aurai des égards ; je ne vous emmènerai pas. Adieu.

(Il sort.)

ADÈLE, à Créponne.

Cours vite chez Hippolyte, et dis-lui que, s'il reçoit une lettre de moi, il n'en tienne nul compte, qu'il ne sorte pas de chez lui. Il y va de sa sûreté, de ses jours, peut-être... Ces hommes-là sont capables de tout !

CRÉPONNE.

Oui, madame, oui, je mets mon châle et j'v vais.

ADÈLE, pleurant.

Et ma sœur ! ma sœur qui m'attend ! Ah ! c'est mon seul espoir de salut !

(Elle sort par la porte à gauche.)

CRÉPONNE, seule, mettant son châle.

Ah ! quelle horrible maison ! Quand donc en serons-nous dehors ? Où est le temps où j'étais femme de chambre honnête d'une honnête femme ! Ah ! tout calculé, la vertu donne plus d'agrément, sans compter le profit ; mais ma pauvre maîtresse, comment l'abandonner, quand elle n'a plus que moi au monde, que moi, dans cet infernal logis habité par des démons ! (Apercevant la porte à droite qui s'ouvre lentement.) Encore un qui arrive, il en sort donc ici de tous les côtés !

(Elle sort, en courant, par le fond.)

SCÈNE VI.

ALBERT, seul, enveloppé dans un manteau et entrant par la porte à droite.

Je n'ai pu y résister, c'était plus fort que moi. Cette lettre maudite, qui me l'a envoyée ? Ah ! relisons-la pour affermir mon courage ! (Lisant.) « Votre femme vous trahit, croyez-en « un ami fidèle, et, si vous en doutez, ne vous en rapportez « qu'à vos yeux ; aujourd'hui, un peu avant deux heures, « seule et enveloppée d'un manteau, elle se rendra en voi- « ture de place dans une maison suspecte, pour y attendre « M. Valdéja, qu'elle aimait et dont elle était aimée avant « son mariage. La clef jointe à cette lettre vous donnera les « moyens d'entrer en secret dans la maison ; et dès que vos « yeux vous auront convaincu de la vérité, vous pourrez fuir « par une allée obscure sans être vu de personne. » (Parlant.) J'ai repoussé d'abord cet avis infâme ; sûr de l'amour et de la vertu de Clarisse, j'aurais regardé comme un crime l'appa- rence même d'un soupçon ; et prêt à détruire, à brûler cette lettre, œuvre, non de l'amitié, mais de la haine, je ne sais quelle voix secrète me disait d'y ajouter foi. Pouvoir infernal d'un écrit anonyme ! Je n'y croyais pas, je le méprisais, et pourtant je suis sorti, j'ai épié ; non, je ne peux le croire

encore ; et cependant c'était elle ! c'était Clarisse ; je l'ai vue
sortir du logis, d'un pied furtif, et jetant autour d'elle un
regard de crainte. Ah ! le cœur me battait, quand j'ai vu sa
voiture s'arrêter à la porte de cette maison... Ah ! Clarisse,
Clarisse !... (Résolu.) Et maintenant, dussé-je l'immoler ainsi
que son complice, et moi-même avec elle, j'irai jusqu'au bout,
je saurai tout. On vient, rentrons. (Apercevant Valdéja dans la
coulisse.) Dieu ! c'est lui, c'est Valdéja ! Notre arrêt à tous est
prononcé, qu'il s'accomplisse !

(Il referme la porte du cabinet et disparaît.)

SCÈNE VII.

VALDÉJA, qui pendant ces derniers mots est entré par le fond.

Je ne puis, je n'ose croire à un pareil message : Clarisse a
besoin de moi, de mon amitié ! Il y va, dit-elle, du repos,
du bonheur de sa vie ; c'est dans ce lieu qu'elle m'attend
pour me confier un secret ; aurait-elle enfin découvert la
trahison qui nous a désunis, ou quelque nouveau danger
pourrait-il la menacer ? N'importe, il n'y a pas à examiner,
à réfléchir : Clarisse a besoin de moi, cela suffit ; je n'ai vu
que ce mot, et me voilà ; mais où suis-je ? (Apercevant Clarisse
qui sort par la porte de gauche accompagnée d'Adèle.) Dieu ! c'est
elle !

SCÈNE VIII.

VALDÉJA, CLARISSE, ADÈLE.

CLARISSE, mystérieusement.

Conduis-moi, il faut que je te quitte ; mais maintenant que
je sais tout, sois tranquille, calme-toi.

ADÈLE.

Me calmer, ma sœur, quand le désespoir et la crainte

m'assiégent, quand il y a un génie infernal, un pouvoir vengeur qui me poursuit sans cesse, et que je rencontre partout !...

(Elle aperçoit Valdéja droit et immobile devant elle ; elle pousse un cri et s'enfuit.)

CLARISSE.

C'est vous qui causez sa terreur ; vous, monsieur Valdéja, vous ici !

VALDÉJA.

Comment cela peut-il vous étonner, madame ? Prompt à me rendre à vos ordres, je viens...

CLARISSE.

A mes ordres ?

VALDÉJA.

Sans doute ; ne m'attendiez-vous pas ?

CLARISSE.

Non, monsieur...

VALDÉJA.

Vous ne m'attendiez pas ? Et ce mot de vous que j'ai reçu...

CLARISSE.

Je n'ai point écrit.

VALDÉJA.

Est-il possible ? tremblez alors, tremblez ; quelque noire perfidie que je ne puis deviner nous menace tous deux ; votre sœur est ici, et ses amies, ses dignes conseils ne doivent pas être loin ; c'en est assez pour justifier mes alarmes. De grâce, venez, sortons, permettez-moi de veiller sur vous

CLARISSE.

Je vous remercie ; je suis venue seule, je désire sortir de même.

VALDÉJA.

Ah ! ce coup est le plus cruel de tous ceux que j'ai reçus !

Vous vous défiez de moi, Clarisse? de moi qui, depuis six ans, ai fait pour vous le plus grand et le plus cruel des sacrifices : j'ai renoncé à votre présence, à votre amitié, et, bien plus encore, à votre estime; j'ai consenti à être méprisé de vous, quand d'un mot je pouvais vous détromper, et j'y ai consenti pour ne pas troubler votre repos.

CLARISSE.

Que voulez-vous dire ?

VALDÉJA.

Que je n'ai point mérité les affreuses calomnies dont on m'a noirci à vos yeux ; que toujours digne de vous... laissez-moi achever, Clarisse, ce moment est peut-être le seul de ma vie où je pourrai vous dire la vérité ; oui, je vous aimais, j'étais aimé.

CLARISSE.

Monsieur...

VALDÉJA.

Ah ! vous ne m'interdirez pas ce souvenir, c'est le seul bien qui me reste. Une trame infernale nous a séparés. Cette jeune fille... cette séduction... calomnie, infâme calomnie ! comme tout ce qui sortait du cœur de la femme qui avait juré ma perte ; les preuves aujourd'hui me seraient faciles à vous donner, mais d'autres nœuds vous enchaînent ; et c'est le jour même de votre mariage que j'ai appris, pour mon éternel tourment, · la perfidie qui vous jetait dans les bras d'un autre. Je voulais courir, réclamer mon bien, vous avouer la vérité, me justifier du moins : il n'était plus temps, vous sortiez de l'église et portiez pour jamais le nom de mon heureux rival. Clarisse, alors j'ai gardé le silence, je me suis interdit votre vue, mais non le droit de veiller sur vous, sur votre avenir, sur votre fortune ; j'y ai réussi, madame ; et maintenant si un mot de vous m'apprend que j'ai recouvré votre estime, quel que soit mon sort, je n'aurai plus la force de me plaindre, et je croirai encore au bonheur.

CLARISSE.

Que m'avez-vous dit! qu'ai-je appris! Écoutez, Valdéja, ce n'est pas avec vous que je veux feindre; et vos souffrances, les miennes peut-être, me donnent le droit de parler sans que personne s'en offense. Oui, je vous ai aimé! Oui j'ai été malheureuse de vous retirer mon estime; et malgré moi, lorsqu'un autre hymen allait m'enchaîner, le mépris même que je croyais vous devoir n'avait peut-être pas encore éteint toute ma tendresse; je me le reprochais; et cette faute involontaire, je jurais de l'expier! Grâce au ciel, j'y ai réussi. Oui, j'ai pour mari un honnête homme qui mérite tout mon amour, toute ma confiance; je l'aime, je n'aime que lui, et, je vous le dis à vous, je préférerais mourir plutôt que d'oublier un instant ou mes devoirs ou ce que je dois à son honneur; après un tel aveu, et pour qu'il n'y ait pas dans mon cœur une seule pensée qu'il ne puisse connaître, je demanderai sans crainte à votre amitié un dernier service; vous voyez que vous ne vous étiez pas trompé et que vous aviez deviné que j'aurais besoin de vous. Eh bien! mon ami... et ce nom vous le méritez, continuez votre noble et généreuse conduite; évitez de me voir, évitez les lieux où vous pourriez me rencontrer, je vous en saurai gré; et un jour viendra où mon cœur vous tiendra compte de tout, même de votre absence.

VALDÉJA.

J'obéirai, Clarisse, trop heureux d'avoir à vous obéir; ce soir, dans une heure, j'aurai quitté Paris.

CLARISSE, se reculant.

Adieu donc!

VALDÉJA.

Adieu!

(Il fait un mouvement pour lui baiser la main.)

CLARISSE.

Rien de plus; adieu!

VALDÉJA, lui prenant la main et la lui serrant affectueusement.

Adieu !

(Il se dispose à sortir.)

SCÈNE IX.

LES MÊMES; SOPHIE.

SOPHIE, à Clarisse.

Ah ! madame, c'est de la part d'Adèle, de votre sœur, que je viens vous prévenir : vous êtes épiée, poursuivie ; votre mari est sur vos traces.

CLARISSE.

Mon mari ?

SOPHIE.

Et s'il vous trouvait ici, seule avec monsieur... (A Valdéja.) Fuyez, emmenez-la.

CLARISSE.

Fuir ? jamais ! qu'il vienne, je lui dirai tout : c'est pour ma sœur, c'est pour la voir et la secourir que j'ai désobéi à mon mari; c'est ma première faute, je n'en commettrai pas une seconde en lui cachant la vérité, en prenant un autre conseil que lui.

SOPHIE.

Y pensez-vous ?

VALDÉJA, à Clarisse.

Bien ! bien ! votre raison vous a dit vrai. (Désignant Sophie.) Dès qu'elle donne un conseil, il ne peut contenir que malheur et trahison. Partez sans moi, partez, courez près d'Albert.

SOPHIE.

Qu'elle le rejoigne donc si elle veut, il est trop tard maintenant ; elle ne sortira point de cette maison sans être vue, car il y a ici du monde, des gens qui la connaissent, qui publieront partout qu'elle était ici avec vous, en tête à tête.

CLARISSE.

O mon Dieu! elle dit vrai! je suis perdue, déshonorée! Qui pourrait me secourir, me protéger?

SCÈNE X.

LES MÊMES; ALBERT, sortant du cabinet à droite.

ALBERT.

Moi! Clarisse.

SOPHIE ET VALDÉJA.

Que vois-je?

ALBERT.

Son mari! qui était ici avec elle ; qui ne l'a pas quittée! (A Valdéja.) J'ai tout entendu, monsieur ; je vous reconnais pour un homme d'honneur, pour un galant homme, que j'estime et que je plains ; car je sais mieux que personne le prix du trésor que vous avez perdu.

VALDÉJA.

Je le laisse, du moins, en des mains dignes de l'apprécier. Adieu, madame ; dans une heure, ·je vous l'ai dit, j'aurai quitté Paris ; adieu, éloignez-vous au plus tôt de cette maison, qui n'aurait jamais dû vous recevoir. Pour moi, je vais en sortir par le grand salon, par la grande porte, avec madame. Nous ne craignons rien, n'est-il pas vrai?

SOPHIE.

Sans doute, votre réputation est au-dessus d'une telle atteinte.

VALDÉJA.

Et la vôtre au-dessous. Venez.

(Il lui prend la main et sort par le fond avec elle. — Il fait nuit.)

SCÈNE XI.

ALBERT, CLARISSE, puis ADÈLE.

CLARISSE.

O mon ami ! me pardonneras-tu?

ALBERT.

N'en parlons plus ; la nuit est venue, prends ce manteau.
et descendons par cet escalier dérobé, dont j'ai la clef.

CLARISSE.

Comment cela?

ALBERT.

Tu le sauras.

CLARISSE.

Et ma sœur?

ALBERT, tirant une bourse de sa poche.

Il ne lui faut que de l'or, en voilà.

(Pendant ce temps Léopold, qui est entré par la porte du fond, aperçoit
Albert.)

LÉOPOLD.

C'est le bel Hippolyte. Allons l'attendre.

(Il sort par la porte à droite et disparaît.)

ALBERT.

Allons, dépêche-toi. (Apercevant Adèle qui entre.) Tenez, Adèle,
(Lui remettant la bourse.) Tenez.

ADÈLE.

Albert !

ALBERT.

J'avais accompagné ma femme, et vous apportais ce qu'elle
vous a promis sans doute. Prenez, et dorénavant ne vous
adressez plus à celle, mais à moi.

CLARISSE, donnant sa chaîne à sa sœur et l'embrassant.

Adieu, ma sœur !

ALBERT, à Clarisse.

Viens, l'air qu'on respire ici me fait mal.

(Albert entraîne Clarisse, et tous deux sortent par la porte à droite.)

SCÈNE XII.

ADÈLE, seule.

(Elle jette la bourse sur le secrétaire et couvre de baisers la chaîne que sa sœur vient de lui donner.)

O ma sœur ! ma sœur !...

(On entend du bruit en dehors, puis un coup de pistolet et des cris de *Au secours ! au meurtre !*)

ADÈLE, poussant un cri.

Ah ! qu'est-ce que cela signifie ?

(Elle s'élance vers l'escalier à droite.)

DEUXIÈME PARTIE

Chez Adèle. — Le grabat.

SCÈNE PREMIÈRE.

ADÈLE seule, assise dans un vieux fauteuil ; sa respiration est oppressée.

O mon Dieu, que je souffre ! (Elle tousse.) Quel état ! Je me sens mourir. A vingt-neuf ans, mourir ! seule, sans avoir une main qui vous soutienne ! N'avoir pour toute consolation que l'espoir de ne plus souffrir ; demain peut-être... O mon Dieu !...

(Elle tousse.)

SCÈNE II.

ADÈLE, CRÉPONNE.

ADÈLE.

Te voilà, Créponne ?

CRÉPONNE.

Oui, bonne maîtresse. Ai-je été longtemps ?

ADÈLE.

Non. Qu'a dit le docteur ?

CRÉPONNE.

Qu'il fallait vous ménager, ne pas vous exposer au grand air. Cela vous tuerait.

ADÈLE, d'un air morne.

Que veux-tu? il faut vivre!... Dis-moi, as-tu entendu parler de quelque chose? fait-on toujours des recherches?

CRÉPONNE.

Depuis huit mois les poursuites se sont ralenties.

ADÈLE.

Je tremble toujours de voir arriver les gens de justice. Et cependant, tu le sais, je ne suis pas coupable; j'ignore encore comment mon beau-frère a été attiré dans cette horrible maison. Quand il a été frappé, je courais à ses cris et pour lui porter secours, je te le jure.

CRÉPONNE.

Je le sais bien !

ADÈLE.

Et quoique dangereusement blessé, il en reviendra, n'est-il pas vrai? il n'en mourra pas? Mais pour moi, la honte, la misère... O mon Dieu! mon Dieu! quel chemin depuis dix ans! Quand je pense à ce que j'étais, et à ce que je suis maintenant. C'est un rêve, un rêve affreux, que je tremble de voir finir, car je crains le réveil!... (Elle tousse.) Puisque tu es sortie, as-tu vu les numéros! notre terne:.. l'avons-nous gagné?

CRÉPONNE, éludant.

Madame...

ADÈLE, avec insistance.

Avons-nous gagné?

CRÉPONNE.

Mais...

ADÈLE.

Réponds-moi donc ! avons-nous gagné? (Créponne baisse la tête.) Non ! je le vois.

(Elle se met à pleurer.)

CRÉPONNE.

Faut pas vous chagriner, madame ; ça augmenterait votre mal.

ADÈLE.

Au surplus je le savais, je l'avais vu dans les cartes. Mais Sophie Marini prétend que les numéros sortiront ce mois-ci.

CRÉPONNE.

Oui, croyez celle-là et ses conseils !

ADÈLE.

Elle doit s'y connaître, elle y met si souvent ! Et mes derniers bijoux, cette chaîne que ma sœur m'a donnée le dernier jour où je l'ai vue.

CRÉPONNE.

Eh bien ! cette chaîne ?...

ADÈLE.

Elle m'a conseillé de la vendre pour suivre nos numéros, et je l'ai priée de s'en charger

CRÉPONNE.

Il est donc dit qu'avec ses conseils elle vous perdra jusqu'au bout.

ADÈLE.

Le moyen de faire autrement ! quand on n'a plus rien, ni amis, ni famille ; car le monde entier doit ignorer maintenant ce qu'est madame Laurencin.

(Elle se cache la tête dans les mains.)

CRÉPONNE.

J'ai cependant adressé votre demande à la mairie, et on doit la transmettre à toutes les dames de charité.

ADÈLE, avec ironie.

Et monsieur le maire, qu'on dit si bienfaisant !

CRÉPONNE.

J'y ai été ce matin. Ce n'est pas loin, car notre maison touche à la mairie.

ADÈLE.

L'as-tu vu ?

CRÉPONNE.

On m'a répondu - qu'il était avec un de ses amis qui arrivait à l'instant môme de voyage, et qu'il ne recevait personne.

ADÈLE.

Toi seule m'es restée fidèle, ma brave Créponne, toi seule !

CRÉPONNE.

Et je ne vous abandonnerai jamais.

ADÈLE.

Dans peu de temps tu seras libre de tout souci ! Mais je ne veux pas que, jusque-là, le désespoir s'empare de moi ; je ne le veux pas ! je ne le veux pas ! Allons, ne pleure pas. Voyons ! tu sais bien que ça me fait mal.

CRÉPONNE, essuyant ses larmes.

Ah ! mon Dieu ! qui vient là ?

SCÈNE III.

LES MÊMES ; SOPHIE.

SOPHIE.

N'ayez pas peur, c'est moi !

ADÈLE.

Et toi aussi tu ne m'as pas abandonnée !

CRÉPONNE, à part.

Malheureusement !...

SOPHIE.

Ma chère, cela va mal. Tu sais, cette chaîne que tu tenais de ta sœur ?

ADÈLE.

Eh bien !

SOPHIE.

J'ai été la vendre chez le joaillier notre voisin ; un vieux, qui l'a regardée bien attentivement, puis il m'a dit : « De qui tenez-vous cette chaîne ? — D'une dame de mes amies. — Qui est-elle ? — Que vous importe ? — C'est que, a-t-il ajouté en feuilletant un registre, cette chaîne, à ce qu'il me semble, est au nombre des objets qui, lors de l'affaire Léopold, nous ont été signalés par la police. »

ADÈLE.

Ah ! mon Dieu !

SOPHIE.

Alors, que te dirais-je ? J'ai perdu la tête ; et craignant es explications, je me suis enfuie de sa boutique en lui laissant la chaîne.

ADÈLE.

Quelle imprudence !

SOPHIE.

Je le sais bien ! car il a appelé ses garçons ; et si l'on m'a suivie de loin et vue entrer ici...

ADÈLE.

On ne sait pas qui tu es ?

SOPHIE.

Peut-être ! Car j'ai rencontré en montant ta propriétaire.

CRÉPONNE.

Que nous ne connaissons pas.

ADÈLE.

Il y a à peine quelques jours que son mari a acheté cette maison.

SOPHIE.

Et sais-tu quelle est cette femme ? C'est notre ancienne amie.

ADÈLE.

Amélie de Laferrier ?

SOPHIE.

Elle-même, dont le mari a continué à faire fortune.

CRÉPONNE.

Et qui est toujours restée au pinacle !...

SOPHIE.

Tandis que nous...

(On frappe en dehors. Mouvement d'effroi.)

CRÉPONNE, après un long silence.

On a frappé.

ADÈLE, avec terreur.

N'ouvre pas !

SOPHIE.

Seraient ce déjà les gens de justice qui seraient sur tes traces

ADÈLE.

Je n'ai pas une goutte de sang dans les veines.

CRÉPONNE, à part.

Et le médecin qui a dit que la moindre émotion la tuerait ! (Haut.) Qui va là ?

UNE VOIX D'HOMME, en dehors.

Est-ce ici madame Laurencin ?

CRÉPONNE.

Oui.

LA MÊME VOIX.

Ouvrez !

CRÉPONNE.

Pourquoi ?

LA MÊME VOIX.

C'est une dame de charité qui voudrait la voir.

ADÈLE.

Ah ! quel bonheur !

(Créponne ouvre la porte.)

SCÈNE IV.

LES MÊMES; CLARISSE, en costume de veuve et suivie de deux domestiques en livrée.

CLARISSE.

Où est madame Laurencin?

CRÉPONNE, d'un air confus, lui montrant Adèle.

Là, madame.

ADÈLE, poussant un cri.

Dieu! Clarisse!

(Elle s'évanouit.)

CLARISSE, la reconnaissant et se jetant dans ses bras.

Adèle! ma sœur! c'est elle que je retrouve ainsi! O Dieu vengeur! vous l'avez trop punie. (Courant à l'un des domestiques et prenant un flacon.) Donnez, donnez.. (Se mettant à genoux près d'Adèle.) Ma sœur, ma sœur! reviens à toi; c'est moi qui suis près de toi, c'est moi qui t'appelle!

ADÈLE, revenant à elle.

Où suis-je?

CLARISSE.

Dans les bras de ta sœur.

ADÈLE, pleurant.

Clarisse! Dieu a donc pitié de moi; je ne suis donc pas tout à fait une maudite, une réprouvée, puisqu'il m'envoie un de ses anges! (Remarquant que Clarisse est en deuil) Ah mon Dieu! cette robe, Albert?

CLARISSE.

Il n'est plus.

ADÈLE, se levant avec effort.

Je ne suis pas coupable, je te le jure ; que son sang retombe sur moi si jamais j'ai eu la pensée...

(Elle tombe de nouveau sur son siège.)

CLARISSE.

Je te crois, je te crois ; Albert lui-même t'a pardonné.

ADÈLE.

Et toi, ma sœur, depuis ce temps qu'as-tu fait ?

CLARISSE.

J'ai prié pour toi.

ADÈLE.

Ah ! je n'en suis pas digne ; si je n'avais écouté que ta voix, si j'avais repoussé loin de moi les indignes conseils qui m'ont perdue... (Bruit au dehors.) Ah ! qui vient là ? l'on monte l'escalier.

SOPHIE, qui a remonté la scène et la redescend à ce moment. A part.

Dieu ! Amélie !

SCÈNE V.

LES MÊMES ; AMÉLIE, plusieurs Agents de police.

AMÉLIE.

Entrez, entrez, messieurs, je ne m'oppose point au cours de la justice, et comme propriétaire de cette maison...

ADÈLE, serrant Clarisse dans ses bras.

Les voilà ! Ma sœur, sauve-moi, protége-moi.

AMÉLIE.

Je ne connais point madame Laurencin ; mais si c'est elle que vous cherchez... (Reconnaissant Adèle.) Dieu ! Adèle !

(Elle se retourne, se trouve en face de Sophie et jette un cri.)

SOPHIE, saisissant la main d'Amélie.

Oui, il ne te manquait plus que de la livrer.

CLARISSE, aux agents de police.

C'est ma sœur, messieurs, c'est ma sœur ; elle n'est point coupable ; et de quel droit ose-t-on violer son domicile ?

UN DES AGENTS.

Pardon, madame, il est une personne dont nous devons nous assurer ; nous ignorons encore si c'est madame ; mais afin de procéder légalement, nous avons requis la présence du premier magistrat de cet arrondissement, et c'est devant lui...

CRÉPONNE

Qu'il vienne ! qu'il vienne nous protéger !

CLARISSE, avec effroi.

Oh ! non, non ! qu'il n'entre pas !

SCÈNE VI.

LES MÊMES ; DARCEY et VALDÉJA.

AMÉLIE ET SOPHIE, à part.

Monsieur Darcey !

DARCEY.

Qu'y a-t-il, messieurs ? quelle est cette femme que l'on parle d'arrêter ?

CRÉPONNE, d'un ton suppliant et à demi-voix.

C'est la vôtre, monsieur, votre pauvre femme qui se meurt.

DARCEY, avec indignation.

Ma femme !

ADÈLE.

Qui parle donc ?

CLARISSE.

C'est ton mari.

ADÈLE, épouvantée.

Mon mari ! sauvez-moi, sauvez-moi !

DARCEY.

Cette femme est Adèle ?

ADÈLE, dans le delire.

Non, non, ce n'est pas elle, ne le croyez pas.

CLARISSE, à Darcey.

Mon frère ! mon frère ! ne l'accablez pas.

DARCEY, avec calme et dignité.

N'avez nulle crainte, elle est oubliée depuis longtemps.

CLARISSE.

Oh ! vous lui pardonnerez.

ADÈLE.

Darcey, ne me dis rien, je vais mourir.

CLARISSE.

Un mot, un mot qui la console...

ADÈLE se lève soutenue par Créponne et se dirige vers Darcey.

Darcey, j'ai été bien coupable ; mais aussi j'ai bien souffert. Pardonne, pardonne-moi ! Au nom de mon pauvre père, ne me maudis pas, Darcev, grâce ! grâce !

DARCEY.

Jamais !

(Adèle jette un cri et tombe sur son fauteuil.)

CLARISSE.

Mais moi, je te pardonne, je t'aime ; ma sœur, que ces derniers mots frappent ton oreille, que la main d'une amie ferme tes yeux. (A Darcey.) Mon frère, quelle rigueur ! Oh ! venez, venez !...

DARCEY, se laissant entraîner, dit à Valdéja qui le pousse vers Adèle.

Tu le veux ? eh bien !... (En ce moment Adèle rend le dernier soupir.) Dieu ! il n'est plus temps.

VALDÉJA.

Elle expire ! (A Amélie et à Sophie.) Eh bien ! femmes, prenez ce cadavre ; prenez-le donc, il est à vous. Vos œuvres mé-ritaient un salaire, le voilà ! Honte à vous et à toutes vos semblables l (A Darcey.) A toi, la liberté !

DARCEY, lui montrant Clarisse.

Et à toi, je l'espère, bientôt le bonheur !

ERTRAND ET RATO

ou

L'ART DE CONSPIRER

COMÉDIE EN CINQ ACTES

Théatre-Français.   14 Novembre 1833.

PERSONNAGES.   ACTEURS.

LE COMTE BERTRAND DE RANTZAU, mem-
bre du conseil sous Struensée . . . .   MM. Samson.
LE COMTE DE FALKENSKIELD, ministre de
la guerre, membre du conseil sous Struensée . .   Ch. Mangin.
LE BARON FRÉDÉRIC DE GOELHER, neveu
du ministre de la marine. . . . .   Firmin.
KOLLER, colonel . . . .   Geffroy.
RATON BURKENSTAFF, marchand de soieries.   Monrose*
ÉRIC, son fils . . . .   David.
JEAN, son garçon de boutique . . . .   Regnier.
JOSEPH, domestique du comte de Falkenskield.   Arsène.
BERGHEN, seigneur de la cour. . . . .   Mathieu.
LE PRÉSIDENT de la cour suprême   Albert.

JULIE-MARIE DE BRUNSWICK, reine douairière, belle-mère de Christian VII, roi de Danemark. . . . .   Mmes Brocard.
CHRISTINE, fille du comte de Falkenskield   Alex. Noblet.
MARTHE, femme de Raton Buskenstaff.   Rose Dupuis.

A Copenhague, en janvier 1772.

———————

.

* Le rôle de Raton Burkenstaff a été repris, à la troisième représentation,
par M. Duparai, M. Monrose l'ayant quitté.

BERTRAND ET RATON

ou

L'ART DE CONSPIRER

ACTE PREMIER

Une salle du palais du roi Christian VII. A gauche, les appartements du roi ; à droite, ceux de Struensée.

SCÈNE PREMIÈRE.

KOLLER, assis à droite ; du même côté, DES GRANDS DU ROYAUME. DES MILITAIRES, DES EMPLOYÉS DU PALAIS, DES SOLLICITEURS, avec des pétitions à la main, attendent le réveil de Struensee.

KOLLER, regardant à gauche.

Quelle solitude dans les appartements du roi !... (Regardant à droite.) Et quelle foule à la porte du favori ! En vérité, si j'étais poète satirique, ce serait une belle place que la mienne ! capitaine des gardes dans une cour où un médecin est premier ministre, où une femme est roi, et où le roi n'est rien ! Mais patience ! (Prenant un journal qui est sur la table à côté de lui.) Et quoi qu'en dise la Gazette de la cour, qui trouve cette

combinaison admirable... (Lisant bas.) Ah ! ah ! encore un
nouvel édit. (Lisant.) « Copenhague, 14 janvier 1772. Nous,
« Christian VII, par la grâce de Dieu, roi de Danemark et
« de Norvége, avons confié par les présentes à Son Excel-
« lence le comte Struensée, premier ministre et président
« du conseil, le sceau de l'État, ordonnant que tous les actes
« émanés de lui soient valables et exécutoires dans tout le
« royaume sur sa seule signature, même quand la nôtre ne
« s'y trouverait pas ! » Je conçois alors les nouveaux hommages qui, ce matin, entourent le favori : le voilà roi de Dane
mark ; l'autre a tout à fait abdiqué ; car, non content d'en-
lever à son souverain son autorité, son pouvoir, sa couronne,
Struensée ose encore... Allons, l'usurpation est complète.
(Entre Berghen.) Ah ! c'est vous, mon cher Berghen.

BERGHEN.

Oui, colonel. Vous voyez quelle foule dans l'antichambre !

KOLLER.

Ils attendent le réveil du maître.

BERGHEN.

Qui, du matin jusqu'au soir, est accablé de visites.

KOLLER.

C'est trop juste ! il en a tant fait autrefois, quand il était
médecin, qu'il faut bien qu'on lui en rende à présent qu'il est
ministre. Vous avez lu la Gazette de ce matin ?

BERGHEN.

Ne m'en parlez pas. Tout le monde en est révolté ; c'est
une horreur, une infamie.

UN HUISSIER, sortant de l'appartement à droite.

Son Excellence le comte Struensée est visible.

BERGHEN, à Koller.

Pardon !
(Il s'élance vivement avec la foule et entre dans l'appartement à droite.)

KOLLER.

Et lui aussi, qui va solliciter ! Voilà les gens qui obtiennent toutes les places, tandis que nous autres nous avons beau nous mettre sur les rangs... aussi, morbleu! plutôt mourir que de rien leur devoir!... je suis trop fier pour cela... On m'a refusé quatre fois, à moi, le colonel Koller... ce grade de général que je mérite, je puis le dire, car voilà dix ans que je le demande... mais ils s'en repentiront, ils apprendront à me connaître, et ces services qu'ils n'ont pas voulu acheter, je les vendrai à d'autres... (Regardant au fond du théâtre.) C'est la reine mère, Julie-Marie; reine douairière... à son âge! c'est de bonne heure, c'est terrible, et plus que moi encore elle a raison de leur en vouloir.

SCÈNE II.

LA REINE, KOLLER.

LA REINE.

Ah! c'est vous, Koller? ·

(Elle regarde autour d'elle avec inquiétude.)

KOLLER.

Ne craignez rien, madame, nous sommes seuls; ils sont tous en ce moment aux pieds de Struensée ou de la reine Mathilde... Avez-vous parlé au roi?

LA REINE.

Hier, comme nous en étions convenus; je l'ai trouvé seul, dans un appartement retiré; il était triste et pensif; une grosse larme coulait de ses yeux : il caressait cet énorme chien, son fidèle compagnon, le seul de ses serviteurs qui ne l'ait pas abandonné! — Christian, lui ai-je dit, me reconnaissez-vous? Oui, m'a-t-il répondu, vous êtes ma belle-mère... non, non, a-t-il ajouté vivement, mon amie, ma véritable amie, car vous me plaignez! vous venez me voir, vous!... Et il m'a tendu la main avec reconnaissance.

KOLLER.

Il n'est donc pas, comme on le dit, privé de la raison?

LA REINE.

Non, mais vieux avant l'âge, usé par les excès de tout genre ; toutes ses facultés semblent anéanties : sa tête est trop faible pour supporter ou le moindre travail, ou la moindre discussion ; il parle avec peine, avec effort ; mais en vous écoutant, ses yeux s'animent et brillent encore d'une expression singulière ; en ce moment ses traits ne respiraient que la souffrance, et il me dit avec un sourire douloureux : Vous le voyez, mon amie, ils m'abandonnent tous ; et Mathilde que j'aimais tant, Mathilde, ma femme, où est-elle ?

KOLLER.

Il fallait profiter de l'occasion, lui faire connaître la vérité.

LA REINE.

C'est ce que j'ai fait avec ménagement avec adresse, lui rappelant successivement le temps de son voyage en Angleterre et en France, à la cour de Georges et de Louis XV, lorsque Struensée, l'accompagnant comme médecin, gagna d'abord sa confiance et son amitié ; puis je le lui ai montré plus tard, à son retour en Danemark, présenté par lui à la jeune reine et, pendant la longue maladie de son fils, admis dans son intimité, la voyant à toute heure. Je lui ai peint une princesse de dix-huit ans, écoutant sans défiance les discours d'un homme jeune, beau, aimable, ambitieux ; ne prenant bientôt que lui pour guide et pour conseil ; se jetant, par ses avis, dans le parti qui demandait la réforme, et plaçant enfin à la tête du ministère ce même Struensée, parvenu audacieux, favori insolent, qui, par les bontés de son roi et de sa souveraine, élevé successivement au rang de gouverneur du prince royal, de conseiller, de comte, de premier ministre enfin, osait maintenant, parjure à la reconnaissance et à l'honneur, oublier ce qu'il devait à son bienfaiteur et à son roi, et ne craignait pas d'outrager la majesté du trône !... A ce mot, un éclair d'indignation a brillé dans les yeux du monarque déchu ; sa figure pâle et souffrante s'est animée d'une subite rougeur ; puis, avec une force dont je ne l'aurais pas cru capable, il a appelé, il s'est écrié : La reine!... la reine! qu'elle vienne! je veux lui parler!

KOLLER.

O ciel!...

LA REINE.

Quelques instants après, a paru Mathilde, avec cet air que vous lui connaissez... cet air d'amazone ; la tête haute, le regard superbe, et laissant tomber sur moi un sourire de triomphe et de dédain. Je suis sortie, et j'ignore quelles armes elle a employées pour sa défense ; mais, ce matin, elle et Struensée sont plus puissants que jamais ; et cet édit qu'elle a arraché au faible monarque, cet édit, que publie aujourd'hui la Gazette de la cour, donne au premier ministre, à notre ennemi mortel, toutes les prérogatives de la royauté.

KOLLER.

Prérogatives dont Mathilde va se servir contre vous... et je ne doute pas que, dans sa vengeance...

LA REINE.

Il faut donc la prévenir. Il faut, aujourd'hui même... (S'arrêtant.) Qui vient là ?

KOLLER, regardant au fond.

Des amis de Struensée ! le neveu du ministre de la marine, Frédéric de Gœlher... puis M. de Falkenskield, le ministre de la guerre ; sa fille est avec lui !

LA REINE.

Une demoiselle d'honneur de la reine Mathilde... Silence devant elle!

SCÈNE III.

GŒLHER, CHRISTINE, FALKENSKIELD, LA REINE, KOLLER.

GŒLHER, entrant en donnant la main à Christine.

Oui, mademoiselle, je dois accompagner la reine dans sa

promenade ; une cavalcade magnifique ! et si vous voyiez
comme Sa Majesté se tient à cheval ! c'est une princesse
bien remarquable ; ce n'est pas une femme !...

LA REINE, à Koller.

C'est un colonel de chevau-légers.

CHRISTINE, à Falkenskield.

La reine mère ! (Elle salue, ainsi que son père et Gœlher.) Je me
rendais chez vous, madame.

LA REINE, avec étonnement.

Chez moi !

CHRISTINE.

J'avais auprès de Votre Majesté une mission...

LA REINE.

Dont vous pouvez vous acquitter ici.

FALKENSKIELD.

Je vous laisse, ma fille ; j'entre chez le comte de Struensée,
chez le premier ministre.

GOELHER.

Je vous suis; je vais lui présenter mes hommages et ceux
de mon oncle, qui est ce matin légèrement indisposé.

FALKENSKIELD.

Vraiment !

GOELHER.

Oui; hier soir, il avait accompagné la reine Mathilde sur
son yacht royal.... et la mer lui a fait mal.

LA REINE.

A un ministre de la marine !

GOELHER.

Ce ne sera rien.

FALKENSKIELD, apercevant Koller.

Ah ! bonjour, colonel Koller, vous savez que je me suis
occupé de votre demande.

LA REINE, bas à Koller.

Vous leur demandiez...

KOLLER, de même.

Pour éloigner leurs soupçons.

FALKENSKIELD.

Il n'y a pas moyen dans ce moment ; la reine Mathilde nous avait recommandé un jeune officier de dragons...

GOELHER.

Charmant cavalier, qui, au dernier bal, a dansé la hongroise d'une manière ravissante.

FALKENSKIELD.

Mais plus tard nous verrons ; il est à croire que vous serez de la première promotion de généraux, en continuant à nous servir avec le même zèle.

LA REINE.

Et en apprenant à danser !

FALKENSKIELD, souriant.

Sa Majesté est ce matin d'une humeur charmante ! Elle partage, je le vois, la satisfaction que nous donne à tous la nouvelle faveur de Struensée. J'ai l'honneur de lui présenter mes respects.

(Il entre à droite avec Gœhler.)

SCÈNE IV.

CHRISTINE, LA REINE, KOLLER.

LA REINE, à qui Koller a approché un fauteuil à droite.

Eh bien ! mademoiselle, parlez. Vous veniez...

CHRISTINE.

De la part de la reine...

LA REINE.

De Mathilde !... (Se tournant vers Koller.) qui déjà, sans doute, dans sa vengeance...

CHRISTINE.

Vous invite à vouloir bien honorer de votre présence le bal qu'elle donne demain soir en son palais.

LA REINE, étonnée.

Moi !... (Cherchant à se remettre.) Ah !... il y a demain à la cour... un bal...

CHRISTINE.

Qui sera magnifique.

LA REINE, a Koller.

Sans doute pour célébrer aussi son nouveau triomphe... (A Christine.) Et elle m'invite à y assister !

CHRISTINE.

Que répondrai-je, madame ?

LA REINE.

Que je refuse !

CHRISTINE.

Et pour quelles raisons ?

LA REINE, se levant.

Eh mais, ai-je besoin de vous les dire ? Quiconque se respecte et n'a pas encore renoncé à sa propre estime peut-il approuver par sa présence le scandale de ces fêtes, l'oubli de tous les devoirs, le mépris de toutes les bienséances ? Ma place n'est pas où président Nathilde et Struensée, ni la vôtre non plus, mademoiselle, et vous vous en seriez aperçue déjà, si, en vous laissant, dans l'intérêt de son ambition, comme demoiselle d'honneur dans une pareille cour, N. de Falkenskield, votre père, ne vous avait ordonné sans doute de baisser les yeux et de ne rien voir !

CHRISTINE.

J'ignore, madame, ce qui peut motiver la sévérité et la rigueur dont paraît s'armer Votre Majesté. Je n'entrerai point dans une discussion à laquelle mon âge et ma position me rendent étrangère. Soumise à mes devoirs, j'obéis à mon père, je respecte ma souveraine, je n'accuse personne, et si

l'on m'accuse, je laisserai à ma seule conduite le soin de me
défendre ! (Faisant la révérence.) Pardon, madame.

LA REINE.

Eh quoi ! me quitter déjà pour courir auprès de votre
reine...

CHRISTINE.

Non, madame ; mais d'autres soins...

LA REINE.

C'est juste... je l'oubliais ; je sais qu'il y a aujourd'hui
aussi une fête chez votre père ; il y en a partout. Un
grand dîner, je crois, où doivent assister tous les ministres ?

CHRISTINE.

Oui, madame.

KOLLER.

Dîner politique !

LA REINE, à Christine.

Qui a aussi un autre but : vos fiançailles...

CHRISTINE, troublée.

O ciel !

LA REINE.

Avec Frédéric de Gœlher, que nous venons de voir, le
neveu du ministre de la marine. Est-ce que vous l'ignoriez ?
Est-ce que je vous l'apprends ?

CHRISTINE.

Oui, madame.

LA REINE.

Je suis désolée... car cette nouvelle a vraiment l'air de
vous contrarier.

CHRISTINE.

En aucune façon, madame ; mon devoir et mon plus
ardent désir seront toujours d'obéir à mon père.

(Elle fait la révérence et sort.)

SCÈNE V.

LA REINE, KOLLER.

LA REINE, la regardant sortir.

Vous l'avez entendu, Koller... ce soir à l'hôtel du comte de Falkenskield... ce dîner où doivent se trouver réunis Struensée et tous ses collègues, c'est ce que j'allais vous apprendre quand on est venu nous interrompre.

KOLLER.

Eh bien, qu'importe?

LA REINE, à demi-voix.

Ce qu'il importe! C'est le ciel qui nous livre ainsi tous nos ennemis à la fois. Il faut nous en emparer, et nous en défaire!

KOLLER.

Que dites-vous?

LA REINE, de même.

Le régiment que vous commandez est, cette semaine, de garde au palais, et les soldats dont vous pouvez disposer suffisent pour une pareille expédition, qui ne demande que de la promptitude et de la hardiesse.

KOLLER.

Vous croyez...

LA REINE.

D'après ce que j'ai vu hier, le roi est trop faible pour prendre aucun parti, mais il approuvera tous ceux qu'on aura pris. Une fois Struensée renversé, les preuves ne manqueront pas contre lui et contre la reine. Mais renversons-le! ce qui est facile, si j'en crois cette liste que vous m'avez confiée! C'est le seul moyen de ressaisir le pouvoir, d'arriver à la régence et de gouverner sous le nom de Christian VII.

KOLLER.

Vous avez raison : un coup de main, c'est plus tôt fait ;
cela vaut mieux que toutes les menées diplomatiques, auxquelles je n'entends rien. Dès ce soir je vous livre les ministres morts ou vifs. Point de grâce : Struensée d'abord,
Gœlher, Falkenskield et le comte Bertrand de Rantzau !...

LA REINE.

Non, non, je demande qu'on épargne celui-ci.

KOLLER.

Lui moins que tout autre, car je lui en veux personnellement : ses plaisanteries continuelles contre les militaires qui
ne sont pas soldats et qui gagnent leurs grades dans les
bureaux, ces intrigants en épaulettes, comme il les appelle...

LA REINE.

Que vous importe ?

KOLLER.

C'est moi qu'il désigne par là, je le sais, et je m'en vengerai.

LA REINE.

Pas maintenant !... Nous avons besoin de lui ; il nous est
nécessaire pour nous rallier le peuple et la cour. Son grand
nom, sa fortune, ses talents personnels peuvent seuls donner
de la consistance à notre parti... qui n'en a pas ; car tous
les noms que vous m'avez donnés là sont sans influence au
dehors, et il ne suffit pas de renverser Struensée, il faut
prendre sa place ; il faut s'y maintenir surtout.

KOLLER.

Je le sais !... Mais chercher des alliés parmi nos ennemis....

LA REINE.

Rantzau n'en est pas, j'en ai des preuves : il aurait pu
me perdre, il ne l'a pas fait ; et souvent même il m'a avertie
indirectement des dangers auxquels mon imprudence allait
m'exposer ; enfin je suis certaine que Struensée, son collègue,

le redoute et voudrait s'en défaire ; que lui de son côté dé-
teste Struensée, qu'il le verrait avec plaisir tomber du rang
qu'il occupe : et de là, à nous aider... il n'y a qu'un pas.

KOLLER.

C'est possible ; mais je ne peux pas souffrir ce Bertrand
de Rantzau : c'est un malin petit vieillard qui n'est l'ennemi
de personne, c'est vrai, mais il n'a d'ami que lui. S'il conspire, c'est à lui tout seul et à son bénéfice ; en un mot, un
conspirateur égoïste avec lequel il n'y a rien à gagner, et,
partant, rien à faire.

LA REINE.

C'est ce qui vous trompe... (Regardant vers la coulisse de gauche.)
Tenez, le voyez-vous dans cette galerie, causant avec le
grand chambellan ? il se rend sans doute au conseil ; laissez-
nous : avant de l'attirer dans notre parti, avant de lui rien
découvrir de nos projets, je veux savoir ce qu'il pense.

KOLLER.

Vous aurez de la peine !... En tout cas je vais toujours
répandre dans la ville des gens dévoués qui prépareront
l'opinion publique. Hermann et Christian sont des conspirateurs secondaires qui s'y entendent à merveille ; pour cela il
ne s'agit que de les payer... Je l'ai fait, et maintenant à ce
soir ; comptez sur moi et sur le sabre de mes soldats... En
fait de conspiration, c'est ce qu'il y a de plus positif.

(Il sort par le fond en saluant Rantzau qui entre par la gauche.)

SCÈNE VI.

RANTZAU, LA REINE.

LA REINE, à Rantzau qui la salue.

Et vous aussi, monsieur le comte, vous venez au palais
présenter vos félicitations à votre très-puissant et très-heureux collègue

RANTZAU.

Et qui vous dit, madame, que je n'y viens pas pour faire
ma cour à Votre Majesté?

LA REINE.

C'est généreux... c'est digne de vous, du reste, au moment où, plus que jamais, je suis en disgrâce... où je vais
être exilée peut-être.

RANTZAU.

Croyez-vous qn'on l'oserait?

LA REINE.

Eh! mais, c'est à vous que je le demanderai; vous, comte
Bertrand de Rantzau, ministre influent... vous, membre du
conseil.

RANTZAU.

Moi! j'ignore ce qui s'y passe... je n'v vais jamais. Sans
désirs, sans ambition, n'aspirant qu'à me retirer des affaires,
que voulez-vous que j'y fasse? si ce n'est parfois y prendre
la défense de quelques amis imprudents... ce qui pourrait
bien m'arriver aujourd'hui.

LA REINE.

Vous qui prétendiez ne rien savoir... vous connaissez
donc...

RANTZAU.

Ce qui s'est passé hier chez le roi?... certainement; et
convenez que c'était une singulière prétention à vous de
vouloir absolument lui prouver... Mais en pareil cas un
bourgeois lui-même, un bourgeois de Copenhague ne le
croirait pas! et vous espériez le persuader à un front cou-
ronné!... Votre Majesté devait avoir tort.

LA REINE.

Ainsi vous me blâmez d'être fidèle à Christian, à un roi
malheureux!... Vous prétendez qu'on a tort quand on veut
démasquer des traîtres!

RANTZAU.

Et qu'on n'y réussit pas... oui, madame.

LA REINE, avec mystère.

Et si je réussissais, pourrais-je compter sur votre aide,
sur votre appui ?

RANTZAU, souriant.

Mon appui ! à moi... qui en pareil cas, au contraire, réclamerais le vôtre.

LA REINE, avec force.

Il vous serait assuré, je vous le jure... M'en jurerez-vous
autant, je ne dis pas avant, mais après le danger ?

RANTZAU.

Vraiment !... Il y en a donc ?

LA REINE.

Puis-je me fier à vous ?

RANTZAU.

Eh ! mais... il me semble que je possède déjà quelques secrets qui auraient pu perdre Votre Najesté, et que
jamais...

LA REINE, vivement.

Je le sais. (A demi-voix.) Vous avez ce soir, chez le ministre
de la guerre, le comte de Falkenskield, un grand dîner où
assisteront tous vos collègues ?...

RANTZAU.

Oui, madame, et demain un grand bal où ils assisteront
également. C'est ainsi que nous traitons les affaires. Je ne
sais pas si le conseil marche, mais il danse beaucoup.

LA REINE, avec mystère.

Eh bien ! si vous m'en croyez, restez chez vous.

RANTZAU, la regardant avec finesse

Ah ! vous vous méfiez du dîner... il ne vaudra rien.

LA REINE.

Oui... que cela vous suffise.

RANTZAU, souriant.

Des demi-confidences! Prenez garde! je peux trahir quelquefois les secrets que je devine... jamais ceux que l'on me confie.

LA REINE.

Vous avez raison ; j'aime mieux tout vous dire. Des soldats qui me sont dévoués cerneront l'hôtel de Falkenskield, s'empareront de toutes les issues...

RANTZAU, d'un air d'incrédulité.

D'eux-mêmes et sans chef?

LA REINE.

Koller les commande ; Koller, qui ne reçoit d'ordres que de moi, se précipitera avec eux dans les rues de Copenhague en criant : Les traîtres ne sont plus! vive le roi! vive Julie-Marie! De là nous marchons au palais, où, si vous nous secondez, le roi et les grands du royaume se déclarent pour nous, me proclament régente ; et dès demain c'est moi, ou plutôt c'est vous et Koller qui dicterez des lois au Danemark... Voilà mon plan, mes desseins ; vous les connaissez · voulez-vous les partager?

RANTZAU, froidement.

Non, madame ; je veux même les ignorer entièrement, et je jure ici à Votre Majesté que, quoi qu'il arrive, les projets qu'elle vient de me confier mourront avec moi.

LA REINE.

Vous me refusez, vous qui, en secret, aviez toujours pris ma défense, vous en qui j'espérais !...

RANTZAU.

Pour conspirer !... Votre Majesté avait grand tort.

LA REINE.

Et pour quelles raisons?

RANTZAU, cherchant ses mots.

Tenez... à vous parler... franchement...

LA REINE.

Vous allez me tromper.

RANTZAU, froidement.

Moi ! dans quel but ? Depuis longtemps je suis revenu des conspirations, et voici pourquoi. J'ai remarqué que ceux qui s'y exposaient le plus étaient très-rarement ceux qui en profitaient ; ils travaillaient presque toujours pour d'autres qui venaient après eux récolter, sans danger, ce qu'ils avaient semé avec tant de périls. Une telle chance est bonne à courir pour des jeunes gens, des fous, des ambitieux qui ne raisonnent pas. Mais moi, je raisonne ; j'ai soixante ans, j'ai quelque pouvoir, quelque richesse... et j'irais compromettre tout cela, risquer ma position, mon crédit !... Pourquoi, je vous le demande ?

LA REINE.

Pour arriver au premier rang ; pour voir à vos pieds un collègue, un rival, qui lui-même cherche à vous renverser... Oui... je sais, à n'en pouvoir douter, que Struensée et ses amis veulent vous écarter du ministère.

RANTZAU.

C'est ce que tout le monde dit, et je ne puis le croire. Struensée est mon protégé, ma créature, c'est par moi qu'il est arrivé aux affaires... (Souriant.) Il l'a quelquefois oublié, j'en conviens ; mais dans sa position il est si difficile d'avoir de la mémoire !... A cela près, il faut le reconnaître, c'est un homme de talent, un homme supérieur, qui a pour le bonheur et la prospérité du royaume des vues dont on ne peut méconnaître la haute portée ; c'est un homme enfin avec qui l'on peut s'honorer de partager le pouvoir... Mais un Koller, un soldat inconnu, dont l'épée sédentaire n'est jamais sortie du fourreau ; un agent d'intrigues qui a vendu tous ceux qui l'ont acheté...

LA REINE.

Vous en voulez à Koller!

RANTZAU.

Moi!... je n'en veux à personne... mais je me dis souvent : Qu'un homme de cour, qu'un diplomate soit fin, adroit et même quelque chose de plus... c'est son affaire ; mais qu'un militaire, qui par état doit être le type de la loyauté et de la franchise, troque son épée contre un poignard!... un militaire qui trahit, un traître en uniforme... c'est la pire espèce de toutes! Et dès aujourd'hui, peut-être, vous-même, vous vous repentirez de vous être fiée à lui.

LA REINE.

Qu'importent les moyens, si l'on arrive au but!

RANTZAU.

Mais vous n'y arriverez pas! On ne verra là-dedans que les projets d'une vengeance ou d'une ambition particulière. Et qu'importe à la multitude que vous vous vengiez de la reine Mathilde, votre rivale, et que, par suite de cette discussion de famille, M. Koller obtienne une belle place? Qu'est-ce que c'est qu'une intrigue de cour à laquelle le peuple ne prend point de part? Il faut, pour qu'un pareil mouvement soit durable, qu'il soit préparé ou fait par lui; et pour cela il faut que ses intérêts soient en jeu... qu'on le lui persuade du moins! Alors il se lèvera, alors vous n'aurez qu'à le laisser faire; il ira plus loin que vous ne voudrez. Mais quand on n'a pas pour soi l'opinion publique, c'est-à-dire la nation... on peut susciter des troubles, des complots, on peut faire des révoltes, mais non pas des révolutions!... C'est ce qui vous arrivera.

LA REINE.

Eh bien! quand il serait vrai... quand mon triomphe ne devrait durer qu'un jour, je me serai vengée du moins de tous mes ennemis!

RANTZAU, souriant.

En vérité? Eh bien! voilà encore ce qui vous empêchera
de réussir. Vous y mettez de la passion, du ressentiment...
Quand on conspire, il ne faut pas de haine, cela ôte le sang-
froid. Il ne faut détester personne, car l'ennemi de la veille
peut être l'ami du lendemain... Et puis, si vous daignez en
croire les conseils de ma vieille expérience, le grand art est
de ne se livrer à personne, de n'avoir que soi pour complice; et moi qui vous parle, moi qui déteste les conspirations, et qui par conséquent ne conspirerai pas... si cela
m'arrivait jamais, fût-ce pour vous et en votre faveur... je
déclare ici à Votre Majesté qu'elle-même n'en saurait rien
et ne s'en douterait pas.

LA REINE.

Que voulez-vous dire?

RANTZAU.

Voici du monde!

SCÈNE VII.

RANTZAU, LA REINE, ÉRIC, paraissant à la porte du fond et
causant avec les huissiers de la chambre.

LA REINE.

Eh! mais, c'est le fils de mon marchand de soieries.
M. Éric Burkenstaff... Approchez... approchez... Que me
voulez-vous? parlez sans crainte! (Bas à Rantzau.) Il faut bien
essayer de se rendre populaire!

ÉRIC.

J'ai accompagné au palais mon père qui apportait des
étoffes à la reine Mathilde, ainsi qu'à vous, Madame; et
pendant qu'il attend audience... je venais... c'est bien témé-
raire à moi... solliciter de Votre Majesté une faveur...

LA REINE.

Et laquelle?

ÉRIC.

Ah!... je n'ose... c'est si terrible de demander... surtout lorsque, ainsi que moi, l'on n'a aucun droit !

RANTZAU.

Voilà le premier solliciteur que j'entende parler ainsi; et plus je vous regarde, plus il me semble, jeune homme, que nous nous sommes déjà rencontrés.

LA REINE.

Dans les magasins de son père... au Soleil-d'Or... Raton Burkenstaff... le plus riche négociant de Copenhague.

RANTZAU.

Non... ce n'est pas là... mais dans les salons de mon farouche collègue, M. de Falkenskield, ministre de la guerre...

ÉRIC.

Oui, monseigneur... j'ai été, pendant deux ans, son secrétaire particulier; mon père l'avait voulu; mon père, par ambition pour moi, avait obtenu cette place, grâce au crédit de mademoiselle de Falkenskield, qui venait souvent dans nos magasins; et au lieu de me laisser continuer son état qui m'aurait mieux convenu sans doute...

RANTZAU, l'interrompant.

Non pas! car j'ai plus d'une fois entendu M. de Falkenskield lui-même, qui est difficile et sévère, parler avec éloge de son jeune secrétaire.

ÉRIC, s'inclinant.

Il est bien bon! (Froidement.) Il y a quinze jours qu'il m'a destitué, qu'il m'a renvoyé de ses bureaux et de son hôtel.

LA REINE.

Et pourquoi donc?

ÉRIC, froidement.

Je l'ignore. Il était le maître de me congédier, il a usé de son droit, je ne me plains pas. C'est si peu de chose que le fils d'un marchand, qu'on ne lui doit même pas compte des affronts qu'on lui fait. Mais je voudrais seulement...

LA REINE.

Une autre place... on vous la doit.

RANTZAU, souriant.

Certainement; et puisque le comte a eu la maladresse de se priver de vos services... Nous autres diplomates profitons volontiers des fautes de nos collègues, et je vous offre chez moi ce que vous aviez chez lui.

ÉRIC, vivement.

Ah! monseigneur, ce serait retrouver cent fois plus que je n'ai perdu; mais je ne suis pas assez heureux pour pouvoir accepter.

RANTZAU.

Et pourquoi donc?

ÉRIC.

Pardon, je ne puis le dire... mais je voudrais être officier... je voudrais... et je ne peux m'adresser pour cela à M. de Falkenskield. (A la reine.) Je venais donc supplier Votre Majesté de vouloir bien solliciter pour moi une lieutenance, n'importe dans quelle arme, dans quel régiment. Je jure que la personne à qui je devrai une pareille faveur n'aura jamais à s'en repentir, et que les jours qui me restent lui seront dévoués...

LA REINE, vivement.

Dites-vous vrai?... Ah! s'il ne tenait qu'à moi, dès aujourd'hui, avant ce soir, vous seriez nommé; mais j'ai en ce moment peu de crédit; je suis aussi en disgrâce.

ÉRIC.

Est-il possible!... Alors je n'ai plus qu'à mourir.

RANTZAU, passant près de lui.

Ce serait grand dommage, surtout pour vos amis; et comme d'aujourd'hui je suis de ce nombre...

ÉRIC.

Qu'entends-je ?

RANTZAU.

J'essayerai, à ce titre, d'obtenir de mon sévère collègue...

ÉRIC, avec transport.

Ah ! monseigneur, je vous devrai plus que la vie l (Avec joie.) Je pourrai donc me servir de mon épée... comme un gentilhomme !... Je ne serai plus le fils d'un marchand ; et si l'on m'insulte, j'aurai le droit de me faire tuer.

RANTZAU, avec reproche.

Jeune homme...

ÉRIC, vivement.

Ou plutôt je vous dois compte de mon sang, c'est à vous d'en disposer ; et tant qu'il en restera une goutte dans mes veines, vous pouvez la réclamer ; je ne suis pas un ingrat.

RANTZAU.

Je vous crois, mon jeune ami, je vous crois. (Lui montrant la table à droite.) Écrivez votre demande ; je la ferai approuver tout à l'heure par Falkenskield, que je trouverai au conseil. (A la reine, pendant qu'Éric s'est mis à la table.) Voilà un cœur chaud et généreux, une tête capable de tout !

LA REINE.

Vous croyez donc à celui-là ?

RANTZAU.

Je crois à tout le monde... jusqu'à vingt ans... Passé cet âge-là, c'est différent.

LA REINE.

Et pourquoi ?

RANTZAU.

Parce qu'alors ce sont des hommes !

LA REINE.

Vous pensez donc qu'on peut compter sur lui, et que pour

soulever le peuple, par exemple, ce serait l'homme qu'il faudrait?...

RANTZAU.

Non... il y a dans cette tête-là autre chose que de l'ambitiou ; et à votre place... Mais, après cela, Votre Majesté fera ce qu'elle voudra. Notez bien que je ne vous conseille pas, que je ne conseille rien.

(Éric a achevé sa pétition et la présente au comte de Rantzau. En ce moment on entend Raton élever la voix en dehors.)

RATON, en dehors.

C'est inconcevable... c'est inouï !

ÉRIC.

La voix de mon père !...

RANTZAU.

Cela se trouve à merveille.

ÉRIC.

Non, monseigneur, non, je vous en conjure, qu'il ne sache pas...

(Pendant ce temps, la reine a traversé le théâtre à gauche, et Rantzau lui avance un fauteuil.)

SCÈNE VIII.

RANTZAU, LA REINE, assise, RATON, ÉRIC.

RATON, entrant, en colère.

C'est-à-dire que si je n'étais pas dans le palais du roi, et si je ne savais pas le respect qu'on lui doit, ainsi qu'à ses huissiers.

ÉRIC, allant au-devant de lui et lui montrant la reine.

Mon père...

RATON.

Dieu ! la reine !...

LA REINE.

Qu'avez-vous donc, messire Raton Burkenstaff?

RATON.

Pardon, madame, je suis désolé, confus, car je sais que l'étiquette défend de se mettre en colère dans une résidence royale, et surtout devant Votre Majesté ; mais, après l'affront que l'on vient de faire dans ma personne à tout le commerce de Copenhague, que je représente...

LA REINE.

Comment cela?

RATON.

Me faire attendre deux heures un quart dans une antichambre, moi et mes étoffes !... moi, Raton Burkenstaff, syndic des marchands !... pour m'envoyer dire par un huissier : Revenez un autre jour, mon cher ; la reine ne peut pas voir vos étoffes, elle est indisposée.

RANTZAU.

Est-il possible?

RATON.

Si c'eût été vrai, rien de mieux, j'aurais crié : Vive la reine !... (A demi-voix.) Mais apprenez... et je peux, je crois, m'exprimer sans crainte devant Votre Majesté?

LA REINE.

Certainement.

RATON.

Apprenez qu'en ce moment, de la fenêtre de l'antichambre où j'étais et qui donnait sur le parc intérieur, j'apercevais la reine se promenant gaiement, appuyée sur le bras du comte Struensée...

LA REINE.

Vraiment?...

RATON.

Et riant avec lui aux éclats... de moi, sans doute.

RANTZAU, avec un grand sérieux.

Oh ! non. non, par exemple, je ne puis pas croire cela !

RATON.

Si, monsieur le comte ! j'en suis sûr ; et, au lieu de railler un syndic, un bourgeois respectable qui paye exactement à l'État sa patente et ses impôts, le ministre et la reine feraient mieux de s'occuper, l'un des affaires du royaume, et l'autre de celles de son ménage, qui ne vont pas déjà si bien.

ÉRIC.

Mon père... au nom du ciel !..

RATON.

Je ne suis qu'un marchand, c'est vrai ! mais tout ce qui se fabrique chez moi m'appartient ; mon fils d'abord, que voilà ; car ma femme Ulrique Marthe, fille de Gelastern, l'ancien bourgmestre, est une honnête femme qui a toujours marché droit, ce qui est cause que je marche le front levé ; et il y a bien des princes qui n'en peuvent pas dire autant.

RANTZAU, avec dignité.

Monsieur Burkenstaff...

RATON.

Je ne nomme personne... Dieu protége le roi ! mais pour la reine et pour le favori...

ÉRIC.

Y pensez-vous ! si l'on vous entendait ?

RATON.

Qu'importe ? je ne crains rien ! je dispose de huit cents ouvriers... Oui, morbleu ! je ne suis pas comme mes confrères, qui font venir leurs étoffes de Paris ou de Lyon ; je fabrique moi-même, ici, à Copenhague, où mes ateliers occupent tout un faubourg ; et si l'on voulait me faire un mauvais parti, si l'on m'osait toucher un cheveu de la tête... jour de Dieu !... il y aurait une révolte dans la ville !

RANTZAU, vivement.

Vraiment ! (A part) C'est bon à savoir. (Pendant qu'Éric prend son père à l'écart et tâche de le calmer, Rantzau, qui est debout à gauche près du fauteuil de la reine, lui dit à demi-voix, en lui montrant Raton.) Tenez, voilà l'homme qu'il vous faut pour chef.

LA REINE.

Y pensez-vous l un important, un sot !

RANTZAU.

Tant mieux ! un zéro bien placé a une grande valeur ; c'est une bonne fortune qu'un homme pareil à mettre en avant : et si je m'en mêlais, si j'exploitais ce négociant-là, il me rapporterait cent pour cent de bénéfice.

LA REINE, à demi-voix.

Vous croyez ? (Se levant et s'adressant à Raton.) Monsieur Raton Burkenstaff...

RATON, s'inclinant.

Madame !

LA REINE.

Je suis désolée que l'on ait manqué d'égards envers vous ; j'honore le commerce, je veux le favoriser ; et si, à vous personnellement, je puis rendre quelques services...

RATON.

C'est trop de bontés ; et puisque Votre Majesté daigne m'y encourager, il est une faveur que je sollicite depuis longtemps, le titre de marchand de soieries de la couronne.

ÉRIC, le tirant par son habit.

Mais ce titre appartient déjà à maître Raventlow, votre confrère.

RATON.

Qui n'exerce pas. qui se retire des affaires, qui n'est plus assorti... et quand ce serait un passe-droit, une faveur, — tu as entendu que Sa Majesté voulait favoriser le commerce, — j'ose dire que j'y ai des droits ; car, par le fait, c'est moi qui suis le fournisseur de la cour. Je vends depuis longtemps à Votre Majesté, je vendais à la reine Mathilde... quand elle n'était pas indisposée ; j'ai vendu ce matin à Son Excellence M. le comte de Falkenskield, ministre de la guerre, pour le prochain mariage de sa fille...

ÉRIC, vivement.

De sa fille !... elle se marie !

RANTZAU, le regardant.

Oui, sans doute ! au neveu du comte de Gœlher, notre collègue.

ÉRIC.

Elle se marie !

RATON.

Qu'est-ce que cela te fait ?

ÉRIC.

Rien !... j'en suis content pour vous.

RATON.

Certainement, une belle fourniture ; d'abord les robes de noces et tout l'ameublement, en lampas et en quinze-seize, façon de Lyon, le tout sortant de nos fabriques : c'est fort, c'est moelleux, c'est brillant...

RANTZAU.

J'aperçois Falkenskield, il se rend au conseil.

LA REINE.

Ah ! je ne veux pas le voir. Adieu, comte ; adieu, monsieur Burkenstaff, vous aurez bientôt de mes nouvelles.

RATON.

Je serai nommé... Je cours chez moi l'apprendre à ma femme ; viens-tu, Éric ?

RANTZAU.

Non, pas encore !... J'ai à lui parler. (A Éric, pendant que Raton sort par la porte du fond.) Attendez là, (Il lui montre la coulisse à gauche.) dans cette galerie, vous saurez sur-le-champ la réponse du comte.

ÉRIC, s'inclinant.

Oui, monseigneur.

SCÈNE IX.

RANTZAU, FALKENSKIELD, venant par la porte à droite.

FALKENSKIELD, entrant en rêvant.

Struensée a tort ! il est trop haut maintenant pour avoir rien à craindre, et il peut tout oser. (Apercevant Rantzau.) Ah ! c'est vous, mon cher collègue ; voilà de l'exactitude !

RANTZAU.

Contre mon ordinaire... car j'assiste rarement au conseil.

FALKENSKIELD.

Et nous nous en plaignons.

RANTZAU.

Que voulez-vous ! à mon âge...

FALKENSKIELD.

C'est celui de l'ambition, et vous n'en avez pas assez.

RANTZAU.

Tant d'autres en ont pour moi !... De quoi s'agit-il aujourd'hui ?

FALKENSKIELD.

La reine présidera le conseil, et l'on s'occupera d'un sujet assez délicat. Il règne dans ce moment un laisser-aller, une licence...

RANTZAU.

A la cour ?

FALKENSKIELD.

Non, à la ville. Chacun parle tout haut sur la reine, sur le premier ministre. Moi, je serais pour des moyens forts et

énergiques. Struensée a peur ; il craint des troubles, des
soulèvements, qui ne peuvent se produire ; et, en attendant,
l'audace redouble : il circule des chansons, des pamphlets,
des caricatures.

RANTZAU.

Il me semble cependant qu'attaquer la reine est un crime
de lèse-majesté, et dans ce cas-là la loi vous donne des
pouvoirs...

FALKENSKIELD.

Dont il faut user. Vous avez raison:

RANTZAU.

Mon Dieu ! un bon exemple, et tout le monde se taira.
Vous avez, entre autres mécontents, un bavard, homme de
tète et d'esprit, et d'autant plus dangereux que c'est l'oracle
de son quartier.

FALKENSKIELD.

Et qui donc ?

RANTZAU.

On me l'a cité ; mais je me brouille avec les noms... Un
marchand de soieries... au *Soleil-d'Or*

FALKENSKIELD.

Raton Burkenstaff ?

RANTZAU.

C'est cela même !... Après cela, est-ce vrai ? je n'en sais
rien, ce n'est pas moi qui l'ai entendu...

FALKENSKIELD.

N'importe, les renseignements qu'on vous a donnés ne
sont que trop exacts ; et je ne sais pas pourquoi ma fille
prend toujours chez lui toutes ses étoffes.

RANTZAU, vivement.

Bien entendu qu'il ne faudrait lui faire aucun mal... un ou
deux jours de prison..

FALKENSKIELD.

Mettons-en huit.

RANTZAU, froidement.

Comme vous voudrez.

FALKENSKIELD.

C'est une bonne idée.

RANTZAU.

Qui vient de vous... et je ne veux pas auprès de la reine vous en ôter l'honneur.

FALKENSKIELD.

Je vous en remercie, cela terminera tout... Un service à vous demander...

RANTZAU.

Parlez.

FALKENSKIELD.

Le neveu du comte de Gœlher, notre collègue, va épouser ma fille, et je le propose aujourd'hui pour une place assez belle qui lui donnera entrée au conseil. J'espère que, de votre part, sa nomination ne souffrira aucune difficulté.

RANTZAU.

Et comment pourrait-il y en avoir?

FALKENSKIELD.

On pourrait objecter qu'il est bien jeune...

RANTZAU.

C'est un mérite à présent... c'est la jeunesse qui règne, et la reine ne peut lui faire un crime d'un tort qu'elle même aura si longtemps encore à se reprocher.

FALKENSKIELD.

Ce mot seul la décidera; et l'on a bien raison de dire que le comte Bertrand de Rantzau est l'homme d'État le plus aimable, le plus conciliant, le plus désintéressé...

RANTZAU, tirant un papier.

J'ai une petite demande à vous faire, une lieutenance qu'il
me faut...

FALKENSKIELD.

Je l'accorde à l'intant.

(Il prend la plume.)

RANTZAU, lui montrant le papier.

Voyez auparavant.

FALKENSKIELD, passant à gauche.

N'importe pour qui, dès que vous le recommandez. (Lisant.)
Éric Burkenstaff!... Cela ne se peut...

RANTZAU, froidement et prenant du tabac.

Vous croyez? et pourquoi?

FALKENSKIELD, avec embarras.

C'est le fils de ce séditieux, de ce bavard.

RANTZAU.

Le père, oui; mais le fils ne parle pas, il ne dit rien, et ce
sera au contraire une excellente politique de placer une faveur à côté d'un châtiment.

FALKENSKIELD.

Je ne dis pas non; mais donner une lieutenance à un
jeune homme de vingt ans!...

RANTZAU.

Comme nous le disions tout à l'heure, c'est la jeunesse qui
règne à présent.

FALKENSKIELD.

D'accord; mais ce jeune homme, qui a été dans les magasins de son père et puis dans mes bureaux, n'a jamais servi
dans l'armée.

RANTZAU.

Pas plus que votre gendre dans l'administration. Après
cela, si vous croyez que ce soit un obstacle, je n'insiste plus;

je respecte vos avis, mon cher collègue, je les suivrai en tout... (Avec intention.) Et ce que vous ferez, je le ferai.

FALKENSKIELD, à part.

Morbleu ! (Haut et cherchant à cacher son dépit.) Vous faites de moi ce que vous voulez, et j'examinerai, je verrai.

RANTZAU, d'un air dégagé.

Quand il vous conviendra, aujourd'hui, ce matin ; tenez, avant le conseil, vous pouvez m'en faire expédier le brevet.

FALKENSKIELD.

Nous n'avons pas le temps... il est deux heures...

RANTZAU, tirant sa montre.

Moins un quart.

FALKENSKIELD.

Vous retardez...

RANTZAU, causant avec lui en remontant le théâtre.

Non pas, et la preuve c'est que j'ai toujours su arriver à l'heure.

FALKENSKIELD, souriant.

Je m'en aperçois. (D'un air aimable.) Nous vous verrons ce soir... chez moi, à dîner ?

RANTZAU.

Je n'en sais rien encore, je crains que mes maux d'estomac ne me le permettent pas; mais en tout cas je serai exact au conseil, et vous m'y retrouverez.

FALKENSKIELD.

J'y compte.

(Il sort par la porte du fond.)

SCÈNE X.

ÉRIC, RANTZAU.

(Éric s'est montré à gauche pendant que Rantzau et Falkenskield
remontaient le théâtre.)

ÉRIC.

Eh bien ! monsieur le comte ?... je brûle d'impatience...

RANTZAU, froidement.

Vous êtes nommé, vous êtes lieutenant.

ÉRIC.

Est-il possible !

RANTZAU.

A la sortie du conseil j'irai chez votre père choisir quelques étoffes, et je vous porterai moi-même votre brevet.

ÉRIC.

Ah !... c'est trop de bontés.

RANTZAU.

Un avis encore que je vous donne, à vous, sous le sceau
du secret. Votre père est imprudent... il parle trop haut...
cela pourrait lui attirer de fâcheuses affaires...

ÉRIC.

En voudrait-on à sa liberté ?...

RANTZAU.

Je n'en sais rien, mais ce n'est pas impossible. En tout
cas, vous voilà avertis... vous et vos amis, veillez sur lui...
et surtout du silence.

ÉRIC.

Ah ! l'on me tuerait plutôt que de m'arracher un mot qui
pourrait vous compromettre. (Prenant la main de Rantzau.)
Adieu... adieu, monseigneur.

(Il sort.)

MARTHE.

Vous voyez donc bien qu'il est bon quelquefois de ne se mêler que de son commerce !

ÉRIC, d'un ton suppliant.

Eh ! ma mère...

MARTHE.

Tu as raison ! j'ai tort ; ne songeons qu'à son départ.

ERIC.

Il n'y a pas le moindre danger ; mais n'importe, mon père, je vous accompagnerai.

RATON.

Non, il vaut mieux que tu restes ; car enfin, tantôt, quand ils viendront et qu'ils ne me trouveront plus, s'il y avait du bruit, du tumulte, tu imposeras à ces gens-là, tu veilleras à la sûreté de nos magasins, et puis tu rassureras ta mère, qui est toute tremblante.

MARTHE.

Oui, mon fils, reste avec moi.

ÉRIC.

Comme vous voudrez. (Apercevant Jean qui descend l'escalier.) Et au fait, il suffira de Jean pour accompagner mon père jusque chez Michelson. Jean, tu vas sortir.

JEAN.

Est-il possible ? quel bonheur ! Madame le permet ?

MARTHE.

Sans doute ; tu sortiras avec ton maître.

JEAN.

Oui, madame.

ÉRIC.

Et tu ne le quitteras pas?

JEAN.

Oui, monsieur Éric.

RATON.

Et surtout de la discrétion ; pas de bavardage, pas de curiosité.

JEAN.

Oui, notre maître ; il y a donc quelque chose ?

RATON, à Jean, à demi-voix.

La cour et le ministère sont furieux contre moi ; on veut
m'arrêter, m'incarcérer, m'emprisonner, peut-être pire...

JEAN.

Ah, bien, par exemple ! je voudrais bien voir cela ! Il y
aurait un fameux bruit dans le quartier, et vous m'y verriez,
notre maître ; vous verriez quel tapage ! madame m'entendra
crier.

RATON.

Taisez-vous, Jean, vous êtes trop vif.

MARTHE.

Vous êtes un tapageur.

ÉRIC.

Et du reste, ta bonne volonté sera inutile ; car il n'y aura
rien.

JEAN, tristement et à part.

Il n'y aura rien... Tant pis ! moi qui espérais déjà du bruit
et des carreaux cassés !

RATON, qui pendant ce temps a embrassé sa femme et son fils.

Adieu !... adieu !... soyez tranquilles, il n'arrivera rien.
(Il sort avec Jean par la porte du fond ; Marthe et Éric l'ont reconduit
jusqu'à la porte de la boutique, et le suivent encore quelque temps des
yeux quand il est dans la rue.)

SCÈNE IV.

MARTHE, ÉRIC.

MARTHE.

Tu m'assures que dans quelques jours nous le reverrons ?

ÉRIC.

Oui, ma mère. Il y a quelqu'un qui daigne s'intéresser à nous, et qui, j'en suis sûr, emploiera son crédit à faire cesser les poursuites et à nous rendre mon père.

MARTHE.

Que je serai heureuse alors, quand nous serons tous réunis, quand rien ne nous séparera plus !... Eh bien ! qu'as-tu donc ? d'où viennent cet air sombre et ces regards si tristes ?

ÉRIC, avec embarras.

Je crains... que pour moi du moins... vos vœux ne se réalisent pas... je serai bientôt obligé de vous quitter, et pour longtemps peut-être.

MARTHE.

Nous quitter !

ÉRIC, avec plus de fermete.

Je voulais d'abord ne pas vous en prévenir, et vous éparguer ce chagrin ; mais ce qui arrive aujourd'hui... et puis, partir sans vous embrasser, c'était impossible, je n'en aurais jamais eu le courage.

MARTHE.

Partir !... l'ai-je bien entendu ! et pourquoi donc ?

ÉRIC.

Je veux être militaire ; j'ai demandé une lieutenance.

MARTHE.

Toi ! mon Dieu ! et que t'ai-je donc fait pour me quitter, pour fuir la maison paternelle ? Est-ce que nous t'avons rendu malheureux ? est-ce que nous t'avons causé du chagrin ? Pardonne-le-moi, mon fils ; ce n'est pas ma faute, c'est sans le vouloir, et je réparerai mes torts.

ÉRIC.

Vos torts... vous qui êtes la meilleure et la plus tendre des mères... Non, je n'accuse que moi seul... Mais, voyez-vous, je ne peux rester...

MARTHE.

Et pourquoi ? Y a-t-il quelque endroit sur la terre où l'on t'aimera comme ici ? Que te manque-t-il ? Veux-tu briller dans le monde, éclipser les plus riches seigneurs ? Tu le peux. (Lui donnant la clef de la caisse.) Tiens, tiens, dispose de nos richesses, ton père y consent ; moi, je te le demande et je t'en remercierai, car c'est pour toi que nous amassons et que nous travaillons tous les jours ; cette maison, ces magasins, c'est ton bien, cela t'appartient !

ÉRIC.

Ne parlez pas ainsi ; je n'en veux pas, je ne veux rien ; je ne suis pas digne de vos bontés. Si je vous disais que cette fortune, fruit de vos travaux, je suis tenté de la repousser ; que cet état que vous exercez avec tant d'honneur et de probité, cet état, dont j'étais fier autrefois, est aujourd'hui ce qui fait mon tourment et mon désespoir, ce qui s'oppose à mon bonheur, à ma vengeance, à tout ce que j'ai de passion dans le cœur !

MARTHE.

Et comment cela, mon Dieu ?

ÉRIC.

Ah ! je vous dirai tout ; ce secret-là me pèse depuis longtemps ; et à qui confier ses chagrins, si ce n'est à sa mère ?... Mettant tout votre bonheur dans un fils qui vous a causé tant de peines, vous l'aviez fait élever avec trop de soin, trop de tendresse peut-être

MARTHE.

Comme un seigneur, comme un prince! et s'il y avait eu quelque chose de mieux ou de plus cher, tu l'aurais eu.

ÉRIC.

Vous n'avez pas, alors, voulu me laisser dans ce comptoir, où était ma vraie place !

MARTHE.

Ce n'est pas moi! c'est ton père, qui t'a fait nommer secrétaire particulier de M. de Falkenskield.

ÉRIC.

Pour mon malheur ; car, admis dans son intimité, passant mes jours près de Christine, sa fille unique, mille occasions se présentaient de la voir, de l'entendre, de contempler ses traits charmants, qui sont le moindre des trésors qu'on voit briller en elle... Ah ! si vous aviez pu l'apprécier chaque jour comme je l'ai fait ; si vous l'aviez vue si séduisante à la fois de raison et de grace, si simple et si modeste qu'elle seule semblait ignorer son esprit et ses talents... et une âme si noble, un caractère si généreux!... Ah ! si vous l'aviez vue ainsi, ma mère, vous auriez fait comme moi, vous l'auriez adorée.

MARTHE.

Que dis-tu!...

ÉRIC.

Oui, depuis deux ans cet amour-là fait mon tourment, mon bonheur, mon existence. Et ne croyez pas que, méconnaissant mes devoirs et les droits de l'hospitalité, je lui aie laissé voir ce qui se passait dans mon cœur, ni que jamais j'aie eu l'idée de lui déclarer une passion que j'aurais voulu me cacher à moi-même... Non, je n'aurais plus été digne de l'aimer... Mais ce secret, dont elle ne se doute pas et qu'elle ignorera toujours, d'autres yeux plus clairvoyants l'ont sans doute deviné ; son père se sera aperçu de mon embarras, de mon trouble, de mon émotion ; car à sa vue je m'oubliais moi-

même, j'oubliais tout, mais j'étais heureux... elle était là !
Hélas ! ce bonheur, on m'en a privé... Vous savez comment
le comte m'a congédié sans me faire connaître les motifs de
ma disgrâce, comment il m'a banni de son hôtel, et comment
depuis ce jour il n'y a plus pour moi ni repos, ni joie, ni
plaisir.

MARTHE.

Hélas ! oui.

ÉRIC.

Mais ce que vous ne savez pas, c'est que tous les soirs,
tous les matins, j'errais autour de ses jardins pour apercevoir de plus près Christine, ou plutôt les fenêtres de son
appartement ; et dernièrement je ne sais quel délire, quelle
fièvre s'était emparée de moi... ma raison m'avait abandonné, et, sans savoir ce que je faisais, j'avais pénétré dans
le jardin.

MARTHE.

Quelle imprudence !

ÉRIC.

Oh ! oui, ma mère, car je ne devais pas la voir... sans
cela, et au prix de tout mon sang... mais rassurez-vous. Il
était onze heures du soir ; personne ne m'avait aperçu, personne, qu'un jeune fat qui, suivi de deux domestiques,
traversait une allée pour se rendre chez lui... c'était le
baron Frédéric de Gœlher, neveu du ministre de la marine,
qui tous les soirs, à ce qu'il paraît, venait faire sa cour.
Oui, ma mère, c'est son prétendu, celui qui doit l'épouser... Je n'en savais rien alors... mais je le devinais déjà
à la haine que j'éprouvais pour lui ; et quand il me cria, d'un
ton impertinent et hautain : Où allez-vous ainsi ? qui êtes-
vous ? l'insolence de ma réponse égala celle de la demande,
et alors... ah ! ce souvenir ne s'effacera jamais de ma
mémoire, il ordonna à ses gens de me châtier, et l'un d'eux
leva la main sur moi ; oui, ma mère, oui, il m'a frappé, non

pas deux fois, car à la première je l'avais étendu à mes pieds; mais il m'avait frappé, il m'avait fait affront; et quand je courus à son maître, quand je lui en demandai satisfaction : « Volontiers, me dit-il, qui êtes-vous ? » Je lui dis mon nom. « Burkenstaff ! s'écria-t-il avec dédain; je ne me bats pas avec le fils d'un marchand. Si vous étiez noble ou officier, je ne dis pas !... »

MARTHE, effrayée.

Grand Dieu !

ÉRIC.

Noble ! je ne puis jamais l'être, c'est impossible ! mais officier

MARTHE, vivement.

Tu ne le seras pas ! tu n'obtiendras pas ce grade, auquel tu n'as pas de droit; non, tu n'en as pas... Ta place est ici, dans cette maison, près de ta mère, qui perd tout aujourd'hui : car te voilà comme ton père ; vous voilà tous deux prêts à m'abandonner, à exposer vos jours ; et pourquoi ? parce que vous ne savez pas être heureux, parce qu'il vous faut des désirs ambitieux, parce que vous regardez au-dessus de votre état. Moi, je ne regarde que vous, je n'aime que vous ! Je ne demande rien aux puissances du jour, ni aux grands seigneurs, ni à leurs filles... Je ne veux que mon mari, mon fils... mais je les veux... (Serrant son fils dans ses bras.) Ça m'appartient, c'est mon bien, et on ne me l'ôtera pas !

SCÈNE V.

MARTHE, JEAN, ÉRIC.

JEAN, avec joie et regardant à la cantonade.

Très-bien !... à merveille !... continuez comme ça.

ÉRIC.

Eh quoi ! déjà de retour !... est-ce que mon père est chez Michelson ?

JEAN, avec joie.

Mieux que cela.

MARTHE avec impatience.

Enfin il est en sûreté?

JEAN, d'un air de triomphe.

Il a été arrêté.

MARTHE.

Arrêté !

JEAN.

Ne vous effrayez pas! ça va bien, ça prend une bonne
tournure.

ÉRIC, avec colère.

T'expliqueras-tu?

JEAN.

Je traversais avec lui la rue de Stralsund, quand nous
rencontrons deux soldats aux gardes qui nous examinent...
nous suivent... puis s'adressant à votre père : Maître Burkenstaff, lui dit l'un d'eux en ôtant son chapeau, au nom de
Son Excellence le comte Struensée, je vous invite à nous
suivre ; il désire vous parler.

ÉRIC.

Eh bien?

JEAN.

Voyant un air si doux et si honnête, votre père répond :
Messieurs, je suis prêt à vous accompagner. Et tout cela
s'était passé si tranquillement que personne dans la rue ne
s'en était aperçu ; mais moi, pas si bête... je me mets à
crier de toutes mes forces : A moi ! au secours ! on arrête
mon maître... Raton Burkenstaff... à moi les amis!

ÉRIC.

Imprudent !

JEAN.

Pas du tout ; car j'avais aperçu un groupe d'ouvriers qui

se rendaient à l'ouvrage : ils accourent à ma voix ; en les
voyant courir, les femmes et les enfants font comme eux, on
ne peut plus passer, les voitures s'arrêtent, les marchands
sont sur le pas de leurs portes et les bourgeois se mettent
aux fenêtres. Pendant ce temps, les ouvriers avaient entouré les deux soldats aux gardes, délivré votre père, et
l'emmenaient en triomphe suivi de la foule qui grossissait
toujours ; mais en passant rue d'Altona, ou sont nos ateliers,
ça a été un bien autre tapage !... le bruit s'était déjà répandu qu'on avait voulu assassiner notre bourgeois, qu'il y
avait eu un combat acharné avec les troupes ; toute la fabrique
s'était soulevée et le quartier aussi, et ils marchent au palais
en criant : Vive Burkenstaff ! qu'on nous le rende !

ÉRIC.

Quelle folie !

MARTHE.

Et quel malheur !

ÉRIC.

D'une affaire qui n'était rien, faire une affaire sérieuse qui
va compromettre mon père et justifier les mesures qu'on
prenait contre lui.

JEAN.

Mais du tout... n'ayez donc pas peur... il n'y a plus rien
à craindre ! ça a gagné les autres quartiers. On casse déjà
les réverbères et les croisées des hôtels... ça va bien, c'est
amusant. On ne fait de mal à personne ; mais tous les gens
de la cour que l'on rencontre, on leur jette de la boue à eux
et à leur voiture ! ça approprie les rues... et tenez... tenez.
entendez-vous ces cris ?... voyez-vous ce beau carrosse arrêté
près de notre boutique et qu'on essaye de renverser ?

ÉRIC.

Qu'ai-je vu ? les armes du comte de Falkenskield !... Dieu !
si c'était

(Il s'élance dans la rue.)

SCÈNE VI.

JEAN, MARTHE.

MARTHE, voulant retenir Éric.

Mon fils! mon fils! S'il allait s'exposer!...

JEAN.

Laissez-le donc... lui!... le fils de notre maître.. il ne court aucun danger, il ne risque rien... que d'être porté en triomphe, s'il veut! (Regardant au fond.) Voyez-vous d'ici comme il parle aux messieurs qui entourent la voiture? des jeunes gens du voisinage, je les connais tous... ils s'en vont... ils s'éloignent.

MARTHE.

A la bonne heure!... Mais mon mari... je veux savoir ce qu'il devient... je cours le rejoindre...

JEAN, voulant l'empêcher de sortir.

Y pensez-vous?

MARTHE, le repoussant et s'élançant dans la rue à droite

Laisse-moi, te dis-je, je le veux.

JEAN.

Impossible de la retenir. (Appelant à gauche dans la rue.) Monsieur Éric!... monsieur Éric!... (Regardant.) Tiens, qu'est-ce qu'il fait donc là?... il aide à descendre de la voiture une jeune dame, qui est bien belle, ma foi, et bien élégante... Eh! mais, est-ce qu'elle serait évanouie? (Redescendant le théâtre.) Elle a eu peur de ça... est-elle bonne!

ÉRIC, rentrant et portant dans ses bras Christine qui est évanouie, et qu'il dépose sur un fauteuil à gauche.

Vite des secours... ma mère...

JEAN.

Elle vient de sortir pour avoir des nouvelles de notre bourgeois.

ÉRIC, regardant Christine.

Elle revient à elle. (A Jean qui la regarde aussi.) Qu'est-ce que tu fais là? va-t'en!

JEAN.

Je ne demande pas mieux. (A part.) Je vais retrouver les autres et les aider à crier!

(Il sort par le fond.)

SCÈNE VII.

CHRISTINE, ÉRIC.

CHRISTINE, revenant à elle.

Ces cris... ces menaces... cette multitude furieuse qui m'entourait... que leur ai-je fait?... et où suis-je?

ÉRIC, timidement.

Vous êtes en sûreté; ne craignez rien!

CHRISTINE, avec émotion.

Cette voix... (Se retournant.) Éric... c'est vous!

ÉRIC.

Oui, c'est moi qui vous revois et qui suis le plus heureux des hommes .. car j'ai pu vous défendre... vous protéger et vous donner asile.

CHRISTINE.

Où donc?

ÉRIC.

Chez moi, chez ma mère; pardon de vous recevoir en des lieux si peu dignes de vous. (D'un air humilié.) Ces magasins, ce comptoir, sont bien différents des brillants salons de votre père; mais nous sommes si peu de chose, nous ne sommes que des marchands!

CHRISTINE.

Ce serait déjà un titre à la considération de tous: mais

auprès de moi et auprès de mon père vous en avez d'autres
encore, et le service que vous venez de me rendre...

ÉRIC.

Un service! Ah! ne prononcez pas ce mot-là.

CHRISTINE, toujours assise.

Et pourquoi donc?

ÉRIC.

Parce qu'il va encore m'imposer silence, parce qu'il va de
nouveau m'enchaîner par des liens que je veux rompre enfin.
Oui, tant que je fus accueilli par votre père, tant que j'étais
admis par lui sous son toit hospitalier, j'aurais cru manquer
à la probité, à l'honneur, à tous les devoirs, en trahissant
un secret dont ses affronts me dégagent; je ne lui dois plus
rien, nous sommes quittes; et avant de mourir je veux parler,
je veux, dussiez-vous m'accabler de votre dédain et de votre
colère, que vous sachiez une fois ce que j'ai éprouvé de
tourments, et ce que mon cœur renferme de douleur et de
désespoir.

CHRISTINE, se levant.

Éric, au nom du ciel!

ÉRIC.

Vous le saurez!

CHRISTINE.

Ah! malheureux! croyez-vous que je l'ignore?

ÉRIC, transporté de joie.

Christine!...

CHRISTINE, effrayée, lui imposant silence.

Taisez-vous! taisez-vous! Croyez-vous donc mon cœur si
peu généreux qu'il n'ait pas compris la générosité du vôtre,
qu'il ne vous ait pas tenu compte de votre dévouement et
surtout de votre silence? ((Mouvement de joie d'Éric.) Que ce
soit aujourd'hui la dernière fois que vous ayez osé le rompre;
demain je suis destinée à un autre, mon père l'exige, et soumise à mes devoirs...

ÉRIC.

Vos devoirs...

CHRISTINE.

Oui, je sais ce que je dois à ma famille, à ma naissance, à des distinctions que je n'eusse pas désirées peut-être, mais que le ciel m'a imposées et dont je serai digne. (S'avançant vers lui.) Et vous, Éric (Timidement.) je n'ose dire : mon ami, ne vous abandonnez pas au désespoir où je vous vois ; dites-vous bien que la honte ou l'honneur ne vient pas du rang qu'on occupe, mais de la manière dont on en remplit les devoirs ; et vous ferez comme moi, vous vous soumettrez aux vôtres avec courage et sans vous plaindre. Adieu pour toujours... demain je serai la femme du baron de Gœlher

ÉRIC.

Non pas tant que je vivrai, et je vous jure ici... Dieu ! l'on vient !

SCÈNE VIII.

CHRISTINE, ÉRIC, RANTZAU, MARTHE.

MARTHE, à Rantzau.

Si c'est à mon fils que vous voulez parler, le voici. (A part.) Impossible de rien apprendre.

CHRISTINE, l'apercevant.

Le comte de Rantzau !

MARTHE ET RANTZAU, saluant.

Mademoiselle de Falkenskield !...

ÉRIC, vivement.

A qui nous avons eu le bonheur d'offrir un refuge, car sa voiture avait été arrêtée.

RANTZAU.

Eh ! mais, vous avez l'air de vous justifier d'un trait qu vous fait honneur.

ÉRIC, troublé.

Moi, monsieur le comte!

MARTHE, à part.

Un comte!... (Avec mauvaise humeur.) C'est fini, notre boutique est maintenant le rendez-vous des grands seigneurs.

RANTZAU, qui pendant ce temps a jeté un regard pénétrant sur Christine
et sur Éric, qui tous deux baissent les yeux.

C'est bien!... c'est bien... (Souriant.) Une belle dame en
danger, un jeune chevalier qui la délivre; j'ai vu des romans
qui commençaient ainsi.

ÉRIC, voulant changer la conversation.

Mais vous-même, monsieur le comte, vous êtes bien hardi
de sortir ainsi à pied dans les rues.

RANTZAU.

Pourquoi cela? Dans ce moment, les gens à pied sont des
puissances; ce sont eux qui éclaboussent; et puis, moi, je n'ai
qu'une parole: je vous avais promis, en venant ici faire
quelques emplettes, de vous apporter votre brevet de lieutenant... (Le tirant de sa poche et le lui présentant.) Le voici!

ÉRIC.

Quel bonheur! je suis officier!

MARTHE.

C'est fait de moi... (Montrant Rantzau.) J'avais raison de me
méfier de celui-là.

RANTZAU, se tournant vers elle.

Je vous fais compliment, madame, sur la faveur dont vous
jouissez en ce moment.

MARTHE.

Que voulez-vous dire?

RANTZAU.

Ignorez-vous donc ce qui se passe?

MARTHE.

Je viens de nos ateliers, où il n'y avait plus personne.

RANTZAU.

Il sont tous sur la grande place ; votre mari est devenu l'idole du peuple. De tous les côtés on rencontre des bannières sur lesquelles flottent ces mots : Vive Burkenstaff, notre chef ! Burkenstaff pour toujours !... Son nom est devenu un cri de ralliement.

MARTHE.

Ah ! le malheureux [1]

RANTZAU.

Les flots tumultueux de ses partisans entourent le palais. et ils crient tous de bon cœur : A bas Struensée ! (Souriant.) il y en a même quelques-uns qui crient : A bas les membres de la régence [1]

ÉRIC.

Et vous ne craignez pas...

RANTZAU.

Nullement : je me promene incognito, en simple particulier, en amateur ; d'ailleurs, s'il y avait quelque danger, je me réclamerais de vous !

ÉRIC, vivement.

Et ce ne serait pas en vain, je vous le jure !

RANTZAU, lui prenant la main.

J'y ai compté.

MARTHE, remontant le théâtre.

Ah ! mon Dieu ! entendez-vous ce bruit ?

RANTZAU, à part, froidement et prenant la droite.

C'est bien ! cela marche ! et si cela continue ainsi, on n'aura pas besoin de s'en mêler.

SCÈNE IX.

CHRISTINE, ÉRIC, JEAN, MARTHE, RANTZAU.

JEAN, accourant tout essoufflé.

Victoire !... victoire !... nous l'emportons !...

MARTHE ET ÉRIC.

Parle vite !

RANTZAU.

Parle donc !...

JEAN.

Je n'en peux plus, j'ai tant crié !... Nous étions dans la grande place, devant le palais, sous le balcon, trois ou quatre mille ! et nous répétions : Burkenstaff ! Burkenstaff ! qu'on révoque l'ordre qui le condamne ; Burkenstaff ! ! l Alors, la reine a paru au balcon, et Struensée à côté d'elle, en grand costume, du velours bleu magnifique, et un bel homme, une belle voix ! Il a parlé, et on a fait silence : « Mes amis. de « faux rapports nous avaient abusés ; je révoque toute espèce « d'arrestation, et je vous jure ici, au nom de la reine et au « mien, que M. Burkenstaff est libre et n'a plus rien à « craindre. »

MARTHE.

Je respire !...

CHRISTINE.

Quel bonheur !

ÉRIC.

Tout est sauvé !

RANTZAU, à part.

Tout est perdu [1]

JEAN.

Alors, c'étaient des cris de : Vive la reine ! vive Struensée !

vive Burkenstaff ! Et quand j'ai eu dit à mes voisins : C'est
pourtant moi qui suis Jean, son garçon de boutique ! ils ont
crié : Vive Jean ! et ils m'ont déchiré mon habit, en m'élevant
sur leurs bras pour me montrer à la multitude. Mais ce n'est
rien encore : les voilà tous qui s'organisent, les chefs des
métiers en tête, pour venir ici complimenter notre maître et
le porter en triomphe à la maison commune.

MARTHE à part.

Un triomphe ! il en perdra la tête !

RANTZAU, à part.

Quel dommage ! une révolte qui commençait si bien !
A qui se fier à présent ?

SCÈNE X.

CHRISTINE, ÉRIC, au fond ; RATON et plusieurs notables qui
l'entourent ; MARTHE, JEAN, RANTZAU.

RATON, prenant plusieurs pétitions.

Oui, mes amis, oui, je présenterai vos réclamations à la
reine et au ministre, et il faudra bien qu'on y fasse droit ;
je serai là d'ailleurs, je parlerai. Quant au triomphe que le
peuple me décerne et que ma modestie m'ordonne de refuser...

MARTHE, à part.

A la bonne heure !

RATON.

Je l'accepte ! dans l'intérêt général et pour le bon effet. J'attendrai ici le cortége, qui peut venir me prendre quand il
voudra. Quant à vous, mes chers confrères, vous les notables
de notre corporation, j'espère bien que tantôt, au retour du
triomphe, vous viendrez souper chez moi ; je vous invite
tous.

TOUS, criant en sortant.

Vive Burkenstaff ! vive notre chef !

RATON.

Notre chef!... vous l'entendez! quel honneur! (A Éric.) Quelle gloire, mon fils, pour notre maison! (A Marthe.) Eh bien! ma femme, que te disais-je? je suis une puissance... un pouvoir... rien n'égale ma popularité, et tu vois ce que j'en peux faire.

MARTHE.

Vous en ferez une maladie ; reposez-vous...

RATON, s'essuyant le front.

Du tout! la gloire ne fatigue pas... Quelle belle journée! Tout le monde s'incline devant moi, s'adresse à moi et me fait la cour. (Apercevant Christine et Rantzau qui sont près du comptoir à gauche, et qui étaient masqués par Éric.) Que vois-je? Mademoiselle de Falkenskield et monsieur de Rantzau chez moi! (A Rantzau, d'un air protecteur et avec emphase.) Qu'y a-t-il, monsieur le comte? que puis-je pour votre service? que me demandez-vous?...

RANTZAU, froidement.

Quinze aunes de velours pour un manteau.

RATON, déconcerté.

Ah!... c'est cela, pardon... mais pour ce qui est du commerce, je ne puis pas; si c'était toute autre chose...(Appelant.) Ma femme! (A Rantzau.) Vous sentez qu'au moment d'un triomphe. .(Appelant de nouveau.) Ma femme... montez dans les magasins, servez monsieur le comte.

RANTZAU, donnant un papier à Marthe.

Voici ma note.

RATON, criant à sa femme qui est déjà sur l'escalier.

Et puis, tu songeras au souper, un souper digne de notre nouvelle position ; du bon vin, entends-tu?... (Montrant la porte qui est sous l'escalier.) Le vin du petit caveau.

MARTHE, remontant l'escalier.

Est-ce que j'ai le temps de tout faire?

RATON.

Eh bien! ne te fâche pas... J'irai moi-même... (Marthe remonte l'escalier et disparaît. — A Rantzau.) Mille pardons encore monsieur le comte; mais, voyez-vous, j'ai tant d'occupations, tant d'autres soins... (A Christine, d'un ton protecteur.) Mademoiselle de Falkenskield, j'ai appris par Jean, mon garçon de (Se reprenant.) mon commis... le manque de respect qu'on avait eu pour votre voiture et pour vous; croyez bien que j'ignorais... je ne peux pas être partout. (D'un ton d'importance.) Sans cela, j'aurais interposé mon autorité; je vous promets d'en témoigner tout mon mécontentement, et je veux avant tout...

RANTZAU.

Faire reconduire mademoiselle à l'hôtel de son père.

RATON.

C'est ce que j'allais dire, vous m'y faites penser... Jean, que l'on rende à mademoiselle son carrosse... Vous direz que je l'ordonne, moi, Raton Burkenstaff... et pour escorter mademoiselle...

ÉRIC, vivement.

Je me charge de ce soin, mon père.

RATON.

A la bonne heure!... (A Éric.) S'il vous arrivait quelque chose, si on vous arrêtait... tu diras : Je suis Éric Burkenstaff fils de messire...

JEAN.

Raton Burkenstaff... c'est connu... ça va sans dire.

RANTZAU, saluant Christine.

Adieu, mademoiselle... adieu, mon jeune ami.

(Éric a offert sa main à Christine et sort avec elle, suivi de Jean.)

SCÈNE XI.

RANTZAU, RATON.

(Rantzau s'est assis près du comptoir, et Raton de l'autre côté, à droite.)

RATON.

On vous a fait attendre, et j'en suis désolé.

RANTZAU.

J'en suis ravi... je reste plus longtemps avec vous; et l'on aime à voir de près les personnages célèbres.

RATON.

Célèbre !... vous êtes trop bon. Du reste, c'est une chose inconcevable... ce matin personne n'y pensait, moi non plus... c'est venu en un instant.

RANTZAU.

C'est toujours ainsi que cela arrive (A part.) et que cela s'en va. (Haut.) Je suis seulement fâché que cela n'ait pas duré plus longtemps.

RATON, naïvement et se levant.

Mais ça n'est pas fini... Vous l'avez entendu... ils vont venir me prendre pour me mener en triomphe. Pardon, je vais m'occuper de ma toilette, car, si je les faisais attendre, ils seraient inquiets; ils croiraient que la cour m'a fait disparaître.

RANTZAU, souriant.

C'est vrai, et cela recommencerait.

RATON.

Comme vous dites... ils m'aiment tant aussi !... Et puis, ce soir, ce souper que je donne aux notables sera, je crois, d'un bon effet, parce que dans un repas on boit...

RANTZAU.

On s'anime.

RATON.

On porte des toasts à Burkenstaff, au chef du peuple, comme ils m'appellent... Vous comprenez... Adieu, monsieur le comte.

RANTZAU, souriant et le rappelant.

Un instant, un instant... pour boire à votre santé il faut du vin, et ce que vous disiez tout à l'heure à votre femme...

RATON, se frappant le front.

C'est juste... je l'oubliais... (Il passe derrière Rantzau et derrière le comptoir, et montre la porte qui est sous l'escalier.) J'ai là le caveau secret, le bon endroit où je tiens cachés mes vins du Rhin et mes vins de France... Il n'y a que moi et ma femme qui en ayons la clef.

RANTZAU, à Raton qui ouvre la porte.

C'est prudent. J'ai cru d'abord que c'était là votre caisse.

RATON.

Non vraiment, quoiqu'elle y fût en sûreté. (Frappant sur la porte.) Six pouces d'épaisseur; doublée en fer; et puis, il y a une seconde porte exactement pareille. (Prêt à entrer.) Vous permettez, monsieur le comte?

RANTZAU.

Je vous en prie... je monte au magasin. (Raton est descendu dans le caveau; Rantzau, qui avait fait quelques pas vers l'escalier du magasin, revient en regardant autour de lui, s'avance vers la porte du caveau, la ferme, retire la clef et revient tranquillement au bord du théâtre, en disant :) C'est un trésor qu'un homme pareil, et les trésors... (Montrant la clef.) il faut les mettre sous clef. (Il monte tranquillement l'escalier qui conduit aux magasins et disparaît.)

SCÈNE XII.

JEAN, MARTHE.

JEAN, paraissant au fond, à la porte de la boutique pendant que le comte monte l'escalier.

Les voici, les voici... c'est superbe à voir, un cortége magnifique... les chefs des corporations avec leurs bannières, et puis de la musique. (On entend une marche triomphale, et l'on voit paraître la tête du cortège, qui se range au fond du théâtre, dans la rue, en face de la boutique.) Où est donc notre maître? là-haut, sans doute. (Courant à l'escalier). Notre maître, descendez donc l. on vient vous chercher.. m'entendez-vous?

MARTHE, paraissant sur l'escalier avec deux garçons de boutique.

Qu'est-ce que tu as encore à crier?

JEAN.

Je crie après notre maître.

MARTHE.

Il est en bas.

JEAN.

Il est en haut.

MARTHE.

Je te dis que non.

TOUT LE PEUPLE, en dehors

Vive Burkenstaff! vive notre chef!

JEAN.

Et il n'est pas là... et on va crier sans lui. (Aux deux garçons de boutique qui sont descendus.) voyez vous autres... parcourez la maison...

LE PEUPLE, en dehors.

Vive Burkenstaff!... qu'il paraisse! .. qu'il paraisse [1]

JEAN, à la porte de la boutique et criant.

Dans l'instant... on a été le chercher, on va vous le montrer. (Parcourant le théâtre.) Ça me fait mal... ça me fait bouillir le sang...

PLUSIEURS GARÇONS, rentrant par la droite.

Nous ne l'avons pas trouvé.

D'AUTRES GARÇONS, redescendant du magasin.

Nous non plus... il n'est pas dans la maison.

LE PEUPLE, en dehors, avec des murmures.

Burkenstaff!... Burkenstaff!...

JEAN.

Voilà qu'on s'impatiente, qu'on murmure ; et après avoir crié pour lui, on va crier après lui... Où peut-il être ?

MARTHE.

Est-ce qu'on l'aurait arrêté de nouveau ?

JEAN.

Laissez donc ! Après les promesses qu'on nous a faites ! (Se frappant le front.) Ah ! mon Dieu !... Ces soldats que j'ai vus rôder autour de la maison... (Courant au fond.) Et la musique du triomphe qui va toujours !... Taisez-vous donc... Il me vient une idée... (Criant.) C'est une horreur... une infamie !...

MARTHE.

Qu'est-ce qui lui prend donc ?

JEAN, s'adressant à une douzaine de gens du peuple.

Oui, mes amis, oui, on s'est emparé de notre maître... on s'est assuré de sa personne ; et pendant qu'on vous trompait par de belles paroles... il était arrêté... emprisonné de nouveau... A nous, les amis !

LE PEUPLE, se précipitant dans la boutique en brisant les vitrages du fond.

Nous voici !... Vive Burkenstaff !... notre chef... notre ami...

MARTHE.

Votre ami... et vous brisez sa boutique !

JEAN.

Il n'y a pas de mal ! c'est de l'enthousiasme... et des carreaux cassés... Courons au palais !

TOUS.

Au palais ! au palais !

RANTZAU, paraissant au haut de l'escalier et regardant ce qui se passe.

A la bonne heure, au moins... cela recommence.

TOUS, agitant leurs bannières et leurs bonnets.

A bas Struensée ! Vive Burkenstaff ! qu'on nous le rende ! Burkenstaff pour toujours !

(Tout le peuple sort en désordre avec Jean. Marthe tombe désespérée dans le fauteuil qui est près du comptoir, et Rantzau descend lentement l'escalier en se frottant les mains.)

ACTE TROISIÈME

Un appartement dans l'hôtel du comte de Falkenskield. A gauche, un balcon donnant sur la rue. Une petite porte à droite s'ouvrant dans la boiserie. Porte au fond, deux portes latérales. A gauche, sur le premier plan, une table, des livres, etc.

SCÈNE PREMIÈRE.

CHRISTINE, GŒLHER.

CHRISTINE.

Eh! mais, monsieur le baron, qu'est-ce que cela signifie? qu'y a-t-il donc encore de nouveau?

GOELHER.

Rien, mademoiselle.

CHRISTINE.

Le comte Struensée vient de s'enfermer dans le cabinet de mon père; ils ont envoyé chercher M. de Rantzau. A quoi bon cette réunion extraordinaire? Il y a déjà eu conseil ce matin, et tantôt ces messieurs doivent se trouver ici à dîner.

GOELHER.

Je l'ignore... mais il n'y a rien d'important, rien de sé- rieux... sans cela j'en aurais été prévenu! ma nouvelle place de secrétaire du conseil m'oblige d'assister à toutes les déli- bérations.

CHRISTINE.

GOELHER.

De ce matin!... sur la proposition de votre père : et la
reine a déjà confirmé ce choix. Je viens de la voir ainsi que
toutes ces dames, encore un peu troublées de l'algarade de
ces bons bourgeois... On craignait d'abord que cela ne dé
rangeât le bal de demain ; grâce au ciel, il n'en est rien ; il
m'est même venu là-dessus quelques plaisanteries assez heu‧
reuses qui ont obtenu l'approbation de Sa Majesté, et elle a
fini par rire de la manière la plus aimable.

CHRISTINE.

Ah ! elle a ri !

GOELHER.

Oui, mademoiselle, tout en me félicitant de ma nomination et de mon mariage... et elle m'a dit à ce sujet des
choses... (Souriant avec fatuité.) qui donneraient beaucoup à
penser à ma vanité, si j'en avais... (A part.) car enfin Struensée
ne sera pas éternel... (Haut.) Mais je n'y pense plus... Me
voilà lancé dans les affaires d'État, les affaires sérieuses, pour
lesquelles j'ai toujours eu du goût... Oui, mademoiselle, il
ne faut pas croire, parce que vous me voyez léger et frivole,
que je ne puisse pas aussi bien que tout autre... mon Dieu '
on peut traiter tout cela en se jouant, en plaisantant... Que
j'arrive seulement au pouvoir, et l'on verra !

CHRISTINE.

Vous au pouvoir !...

GOELHER.

Certainement, je puis vous le dire, à vous, en confidence,
cela ne tardera peut-être pas. Il faut que le Danemark se
rajeunisse, c'est l'avis de la reine, de Struensée, de votre
père... et si l'on peut éliminer ce vieux comte de Rantzau,
qui n'est plus bon à rien, et que l'on garde parce que son
ancienne réputation d'habileté impose encore aux cours
étrangères... j'ai la promesse formelle d'être nommé à sa
place, et vous sentez que M. de Falkenskield et moi... le

beau-père et le gendre à la tète des affaires... nous mène-
rons cela autrement.. Ce matin par exemple, je les voyais
tous effrayés, cela me faisait sourire : si l'on m'avait laissé
faire, je vous réponds bien qu'en un instant...

CHRISTINE, écoutant.

Taisez-vous !

GOELHER.

Qu'est-ce donc ?

CHRISTINE.

Il m'avait semblé entendre dans le lointain des cris confus.

GOELHER.

Vous vous trompez.

CHRISTINE.

C'est possible.

GOELHER.

Des gens du peuple qui se disputent... ou se battent dans
la rue; ne voulez-vous pas les priver de ce plaisir-là ? Ce serait cruel, ce serait tyrannique; et nous avons à parler de
choses bien plus importantes, de notre mariage, dont je n'ai
pas encore pu vous dire un mot, et du bal de demain, et de
la corbeille, qui ne sera peut-être pas achevée... car je ne
vois que cela de terrible dans les émeutes et les révoltes,
c'est que les ouvriers nous font attendre, et que rien n'est
prêt.

CHRISTINE.

Ah ! vous n'y voyez que cela de fâcheux... vous etes bien
bon... moi qui, ce matin, me suis trouvée au milieu du tumulte...

GOELHER.

Est-il possible !

CHRISTINE.

Oui, monsieur, et sans le courage et la générosité de
M. Éric Burkenstaff qui m'a protégée et reconduite jusqu'ici..

GOELHER.

M. Éric!... et de quoi se mêle-t-il? et depuis quand lui est-il permis de vous protéger?... Voilà à coup sûr une prétention encore plus étrange que celle de monsieur son père.

JOSEPH, entrant et restant au fond.

Une lettre pour monsieur le baron.

GOELHER.

De quelle part?

JOSEPH.

Je l'ignore... celui qui l'a apportée est un jeune militaire, un officier, qui attend en bas la réponse.

CHRISTINE.

C'est quelque rapport sur ce qui se passe.

GOELHER.

Probablement... (Lisant.) « Je porte une épaulette; mon-
« sieur le baron de Gœlher ne peut plus me refuser une sa-
« tisfaction qu'il me faut à l'instant. Quoique insulté, je lui
« laisse le choix des armes et l'attends aux portes de ce pa-
« lais avec des pistolets et une épée. — ÉRIC BURKENSTAFF. »
(A part.) Quelle insolence !

CHRISTINE.

Eh bien ! qu'y a-t-il?

GOELHER.

Ce n'est rien. (Au domestique.) Laissez-nous... dites que plus tard... je verrai... (A part.) Encore une leçon à donner.

CHRISTINE.

Vous voulez me le cacher... il y a quelque chose... il y a du danger... j'en suis sûre à votre trouble.

GOELHER.

Moi troublé !

CHRISTINE.

Eh bien ! montrez-moi ce billet et je vous croirai.

GOELHER.

Impossible, vous dis-je !

CHRISTINE, se retournant et apercevant Koller.

Le colonel Koller ! il sera moins discret, je l'espère, et je saurai par lui...

SCÈNE II.

CHRISTINE, GŒLHER, KOLLER.

CHRISTINE.

Parlez, colonel; qu'y a-t-il ?

KOLLER.

L'insurrection que l'on croyait apaisée recommence avec plus de force que jamais.

CHRISTINE, à Gœlher.

Vous le voyez... (A Koller.) Et comment cela ?

KOLLER.

On accuse la cour, qui avait promis la liberté de Burkenstaff, de l'avoir fait disparaître pour s'exempter de tenir cette promesse.

GOELHER.

Eh ! mais, ce ne serait pas déjà si maladroit !

CHRISTINE.

Y pensez-vous ?

(Elle court à la croisée, qu'elle ouvre, et regarde, ainsi que Gœlher.)

KOLLER, à part et seul sur le devant.

En attendant, nous en avons profité pour soulever le peuple. Hermann et Christian, mes deux émissaires, se sont chargés de ce soin, et j'espère que la reine mère sera contente. Nous voilà sûrs de réussir, sans que ce maudit comte de Rantzau y soit pour rien.

CHRISTINE, regardant à la fenêtre.

Voyez, voyez là-bas ! la foule grossit et s'agite ; ils entourent le palais, dont on vient de fermer les portes... Ah ! cela me fait peur !

(Elle referme la fenêtre.)

GOELHER.

C'est-à-dire que c'est inouï... Et vous, colonel, vous restez là ?

KOLLER.

Je viens prendre les ordres du conseil, qui m'a fait appeler et j'attends.

GOELHER.

Mais c'est qu'on devrait se hâter... La reine et toutes ces dames vont être effrayées, j'en suis certain... et l'on ne pense à rien... on devrait prendre des mesures.

CHRISTINE.

Et lesquelles ?

GOELHER, trouble.

Lesquelles ?... Il doit y en avoir... il est impossible qu'il n'y en ait pas !

CHRISTINE.

Mais enfin, vous, monsieur, que feriez-vous ?

GOELHER, perdant la tête.

Moi !... Écoutez donc... vous me demandez là à l'improviste... Je ne sais pas.

CHRISTINE.

Mais vous disiez tout à l'heure...

GOELHER.

Certainement... si j'étais ministre... mais je ne le suis pas... je ne le suis pas encore... cela ne me regarde pas ; et il est inconcevable que les gens qui sont à la tête des affaires, des gens qui devraient gouverner... ne... Que diable ! dans ce cas-

là... ou on ne s'en mêle pas... Voilà mon avis... c'est le seul.
et si j'étais de la reine, je leur apprendrais...

SCÈNE III.

CHRISTINE, GŒLHER, RANTZAU, entrant par la porte du fond ·
KOLLER.

GŒLHER, courant à Rantzau avec empressement.

Ah ! monsieur le comte, venez rassurer mademoiselle, qui
est dans un effroi... j'ai beau lui répéter que ce ne sera rien...
elle est tout émue, toute troublée.

RANTZAU, froidement et le regardant.

Et vous partagez bien vivement ses peines... cela doit
être... en amant bien épris. (Apercevant Koller) Ah ! vous voilà
colonel ?

KOLLER.

Je viens prendre les ordres du conseil.

GOELHER, vivement.

Qu'a-t-il décidé ?

RANTZAU, froidement.

On a beaucoup parlé, délibéré ; Struensée voulait qu'on
entrât en arrangement avec le peuple.

GOELHER, vivement et avec approbation.

Il a raison ! pourquoi l'a-t-on mécontenté ?

RANTZAU.

M. de Falkenskield, qui est pour l'énergie, voulait d'autres
arguments ; il voulait faire avancer de l'artillerie.

GOELHER, de même.

Au fait ! c'est le moyen d'en finir ; il n'y a que celui-là.

RANTZAU.

Moi, j'étais d'un avis qui a d'abord été généralement repoussé, et qui forcément a fini par prévaloir.

KOLLER, CHRISTINE ET GOELHER.

Et quel est-il?

RANTZAU, froidement.

De ne rien faire... c'est ce qu'ils font.

GOELHER.

Eh bien! ils n'ont peut-être pas tort, parce que enfin, quand le peuple aura bien crié...

RANTZAU.

Il se lassera.

GOELHER.

C'est ce que j'allais dire.

KOLLER.

Il fera comme ce matin.

RANTZAU, s'asseyant.

Oh! mon Dieu, oui.

GOELHER, se rassurant.

N'est-il pas vrai? Il brisera les vitres, et voilà tout.

KOLLER.

C'est ce qu'ils ont déjà fait à tous les hôtels des ministres, (A Gœlher.) ainsi qu'au vôtre, monsieur.

GOELHER.

Eh bien! par exemple!

RANTZAU.

Quant au mien, je suis tranquille; je les en défie bien.

GOELHER.

Et pourquoi cela?

RANTZAU.

Parce que, depuis la dernière émeute, je n'ai pas fait remettre un seul carreau aux fenêtres de mon hôtel. Je me suis dit : cela servira pour la première fois.

CHRISTINE, écoutant près de la fenêtre.

Cela se calme, cela s'apaise un peu.

GOELHER.

J'en étais sûr! Il ne faut pas s'effrayer de toutes ces cla-
meurs-là. Et qu'en dit mon oncle, le ministre de la marine?

RANTZAU, froidement.

Nous ne l'avons pas vu. (Avec ironie.) Son indisposition, qui
n'était que légère, a pris depuis les derniers troubles un caractère assez grave. C'est comme une fatalité; dès qu'il y a
émeute, il est au lit, il est malade!

GOELHER, avec intention.

Et vous, vous vous portez bien?

RANTZAU, souriant.

C'est peut-être ce qui vous fâche. Il y a des gens que ma
santé met de mauvaise humeur et qui voudraient me voir à
l'extrémité.

GOELHER.

Eh! qui donc?

RANTZAU, toujours assis et d'un air goguenard.

Eh! mais, par exemple, ceux qui espèrent hériter de moi.

GOELHER.

Il y en a qui pourraient hériter de votre vivant.

RANTZAU, le regardant froidement.

Monsieur de Gœlher, vous qui, en qualité de conseiller,
avez fait votre droit, avez-vous lu l'article 302 du Code
danois?

GOELHER.

Non, monsieur.

RANTZAU, de même.

Je m'en doutais. Il dit qu'il ne suffit pas qu'une succession
soit ouverte... il faut encore être apte à succéder.

GŒLHER.

Et à qui s'adresse cet axiome?

RANTZAU, de même.

A ceux qui manquent d'aptitude.

GOELHER.

Monsieur, vous le prenez bien haut!

RANTZAU, se levant et sans changer de ton.

Pardon!... Allez-vous demain au bal de la reine?

GOELHER, avec colère.

Monsieur!...

RANTZAU.

Dansez-vous avec elle?... Les quadrilles sont-ils de votre composition?

GOELHER.

Je saurai ce que signifie ce persifflage.

RANTZAU.

Vous m'accusiez de le prendre trop haut!... Je descends; je me mets à votre portée.

GOELHER.

C'en est trop!

CHRISTINE, près de la croisée.

Taisez-vous donc! je crois que cela recommence. (Elle redescend le théâtre.)

GOELHER, avec effroi et remontant le théâtre.

Encore! Est-ce que cela n'en finira pas?... c'est insupportable!

CHRISTINE.

Le bruit redouble!... tout est perdu!... Ah! mon père!...

SCÈNE IV.

KOLLER, à l'extrémité du théâtre, à gauche, GŒLHER, CHRIS-
TINE, FALKENSKIELD, RANTZAU, à l'extrémité, à droite.

FALKENSKIELD.

Rassurez-vous ! ces cris que l'on entend dans le lointain
n'ont plus rien d'effrayant.

GOELHER.

Je le disais bien... cela ne pouvait pas durer

CHRISTINE.

Tout est donc terminé ?

FALKENSKIELD.

Pas encore ! mais cela va mieux.

RANTZAU ET KOLLER, chacun à part, et d'un air fâché.

Ah ! mon Dieu !...

FALKENSKIELD.

On avait beau répéter à la multitude que l'on n'avait pas
attenté à la liberté de Burkenstaff; que lui-même, sans doute
par prudence ou par modestie, avait voulu se dérober aux
honneurs qu'on lui préparait, et se soustraire à tous les
regards...

RANTZAU.

Au moment d'un triomphe, ce n'est guère vraisemblable.

FALKENSKIELD.

Je ne dis pas non ; aussi on aurait eu peut-être de la peine
à convaincre ses partisans, sans l'arrivée d'un régiment d'in-
fanterie, sur lequel nous ne comptions pas, et qui, pour se
rendre à sa nouvelle garnison, traversait Copenhague tambour
battant et enseignes déployées. Sa présence inattendue a
changé la disposition des esprits ; on a commencé à s'entendre ; et, sur les assurances réitérées qu'on ne négligerait

rien pour rechercher-et découvrir Raton Burkenstaff, chacun
s'est retiré chez soi, excepté quelques individus qui semblaient prendre à tâche d'exciter et de continuer le désordre.

KOLLER, à part.

Ce sont les nôtres !

FALKENSKIELD.

On s'en est emparé.

KOLLER, à part.

Ciel !

FALKENSKIELD.

Et comme, cette fois, il faut en finir...

GOELHER.

C'est ce que je répète depuis ce matin.

FALKENSKIELD.

Comme il ne faut plus que de pareilles scènes se renon-
vellent, nous sommes décidés à prendre des mesures sévères.

RANTZAU.

Quels sont ceux qu'on est parvenu à saisir ?

FALKENSKIELD.

Des gens obscurs, inconnus...

KOLLER.

Sait-on leurs noms ?

FALKENSKIELD.

Hermann et Christian.

KOLLER, à part.

Les maladroits !

FALKENSKIELD.

Vous comprenez que ces misérables n'agissaient pas d'eux-
mêmes, qu'ils avaient reçu des instructions et de l'argent ;
et ce qu'il nous importe de connaître, ce sont les gens qui
les font agir.

RANTZAU, regardant Koller.

Les nommeront-ils?

FALKENSKIELD.

Sans doute!... leur grâce s'ils parlent, et fusillés s'ils se taisent. (A Rantzau.) Je viens vous prendre pour les interroger et arriver par là à la découverte d'un complot...

KOLLER, s'avançant vers Falkenskield.

Dont je crois tenir déjà quelques ramifications.

FALKENSKIELD.

Vous, Koller!...

KOLLER.

Oui, monseigneur. (A part.) Il n'y a que ce moyen de me sauver.

RANTZAU.

Et pourquoi ne pas nous avoir fait part plus tôt de vos lumières à ce sujet?

KOLLER.

Je n'ai de certitude que d'aujourd'hui, et je m'étais empressé d'accourir. J'attendais la fin du conseil pour parler au comte Struensée ; mais, puisque vous voilà, messeigneurs...

FALKENSKIELD.

C'est bien... nous sommes prêts à vous entendre.

CHRISTINE, qui était au fond avec Gœlher, a redescendu le théâtre de quelques pas.

Je me retire, mon père.

FALKENSKIELD.

Oui, pour quelques instants.

CHRISTINE.

Messieurs...

(Elle leur fait la révérence, sort par la porte à gauche ; Gœlher la reconduit par la main jusque-là, et se dispose à sortir par le fond.)

SCÈNE V.

KOLLER, GŒLHER, FALKENSKIELD, RANTZAU.

FALKENSKIELD, à Gœlher qui va se retirer.

Restez, mon cher ; comme secrétaire du conseil, vous avez le droit d'assister à cette séance.

RANTZAU, gravement.

Où vos talents et votre expérience nous seront d'un grand secours... (A part et regardant Koller.) Notre homme a l'air assez embarrassé ; en tout cas, veillons sur lui et tâchons qu'il se tire de là sans compromettre ni la reine mère, ni des amis qui plus tard peuvent servir

(Pendant cet aparté, Gœlher et Falkenskield ont pris des chaises et se sont assis.)

FALKENSKIELD.

Parlez, colonel... donnez-nous toujours les renseignements qui sont en votre pouvoir et que plus tard nous communiquerons au conseil.

(Koller est debout à gauche. Gœbler, Falkenskield et Rantzau sont assis à droite.)

KOLLER, cherchant ses phrases.

Depuis longtemps, messieurs, je soupçonnais contre la reine Mathilde et les membres de la régence un complot que plusieurs indices me faisaient pressentir, mais dont je ne pouvais obtenir aucune preuve réelle. Pour y parvenir, j'ai tâché de gagner la confiance de quelques-uns des principaux chefs ; je me suis plaint, j'ai fait le mécontent, je leur ai laissé voir que je n'étais pas éloigné de conspirer ; je leur ai même proposé de le faire...

GOELHER.

C'est ce qui s'appelle de l'adresse...

RANTZAU, froidement.

Oui, ça peut appeler comme cela... si on veut !

KOLLER, à Falkenskield.

Ma ruse a obtenu le succès que je désirais, car ce matin on est venu me proposer d'entrer dans un complot qui doit éclater ce soir même... pendant le dîner que vous devez donner aux ministres, vos collègues.

GOELHER.

Voyez-vous cela [1]

KOLLER.

Les conjurés doivent s'introduire dans l'hôtel, sous divers déguisements, et, pénétrant dans la salle à manger, s'emparer de tous ceux qu'ils y trouveront.

FALKENSKIELD.

Est-il possible

GOELHER.

Même de ceux qui ne sont pas ministres ?... Quelle horreur !... (A Rantzau.) Et vous ne frémissez point !...

RANTZAU, froidement.

Pas encore. (A Koller.) Êtes-vous bien sûr, colonel, de ce que vous nous dites là ?

KOLLER.

J'en suis sûr... c'est-à-dire... je suis sûr qu'on me l'a proposé... et je m'empressais de vous en prévenir...

RANTZAU, cherchant à l'aider.

C'est bien... Mais vous ne connaissez pas les gens qui vous ont fait cette proposition ?

KOLLER.

Si vraiment... Ce sont Hermann et Christian, ceux-là même que l'on vient d'arrêter... et qui ne manqueront pas de s'en défendre... ou de m'accuser... Mais, par bonheur... j'ai là des preuves ; cette liste écrite... sous leur dictée.

FALKENSKIELD, la prenant vivement.

La liste des conjurés.

(Il la parcourt.)

RANTZAU, avec compassion et à part.

D'honnêtes conspirateurs sans doute... pauvres gens!...
Fiez-vous donc à des lâches comme celui-là... qui au premier danger vous livrent pour se sauver.

FALKENSKIELD, lui remettant la liste.

Tenez... Eh bien ! qu'en dites-vous ?

RANTZAU.

Je dis que je ne vois dans tout cela rien encore de bien
positif. Tout le monde peut faire une liste de conjurés ; cela
ne prouve pas qu'il y ait conjuration ! Il faut en outre un but ;
il faut un chef.

FALKENSKIELD.

Et ne voyez-vous pas que ce chef... c'est la reine mère,
c'est Julie-Marie ?

RANTZAU.

Rien ne me le démontre ; et à moins que le colonel... (Appuyant.) n'ait des preuves... positives... personnelles...

KOLLER.

Non, monseigneur.

RANTZAU, à part.

C'est bien heureux !... Voilà la première fois que cet imbécile-là m'a compris !

GOELHER.

Alors cela devient très-délicat.

RANTZAU.

Sans doute. (Montrant la liste.) Il y a là des gens de distinction, des gens de naissance... Les condamnerez-vous de confiance et sur parole, parce qu'il a plu à MM. Hermann et
Christian de faire une confidence à M. Koller... confidence, du reste, fort bien placée... Mais enfin, et monsieur

le baron, qui connaît les lois, vous dira comme moi, que là
(Avec intention.) où il n'y a point commencement d'exécution,
il n'y a pas de coupable.

GOELHER.

C'est juste !

FALKENSKIELD se lève vivement, Rantzau en fait autant.

Eh bien !... laissons-les exécuter leur complot... Que rien
ne transpire, colonel, de la communication que vous venez de
nous faire ; que rien ne soit changé à ce repas, qu'il ait toujours lieu ; que des soldats soient cachés dans l'hôtel, dont
les portes resteront ouvertes...

RANTZAU, à part.

Et allons donc !... on a bien de la peine à lui faire arriver
une idée.

FALKENSKIELD.

Et dès qu'un des conjurés se présentera, qu'on le laisse
entrer, et qu'un instant après l'on s'en empare. Sa présence
chez moi à une pareille heure, les armes dont il sera muni
seront, j'espère, des preuves irrécusables.

RANTZAU.

A la bonne heure !

GOELHER, avec finesse.

Je comprends votre idée... Mais maintenant que nous les
tenons, si par malheur ils ne venaient pas ?...

RANTZAU.

C'est qu'on aura trompé le colonel ! c'est qu'il n'y avait ni
conjuration, ni conjurés.

FALKENSKIELD, haussant les épaules.

Laissez donc !
(Il va à la table à gauche et écrit pendant que Koller remonte le théâtre
et se tient au milieu, un peu au fond.)

RANTZAU, à part.

Et il n'y en aura pas ; faisons prévenir la reine mère qu'ils aient à rester chez eux. Encore une conspiration tombée dans l'eau! (Regardant Koller.) C'est lui qui les trahit, et c'est moi qui les sauve! (Haut.) Adieu, messieurs, je retourne près de Struensée.

FALKENSKIELD, qui pendant ce temps s'est assis à la table et écrit un ordre. — A Gœlber.

Cet ordre au gouverneur... (A Rantzau.) Vous nous revenez... je l'espère?

RANTZAU.

Je le crois bien ; je ne peux plus maintenant dîner ailleurs que chez vous, j'y suis engagé d'honneur ; je vais seulement rendre compte à Son Excellence de la belle conduite du colonel Koller ; car enfin, si ces braves gens-là ne sont pas arrêtés, ce n'est pas sa faute... il aura fait tout ce qu'il fallait pour cela, et on lui doit une récompense.

FALKENSKIELD.

Qu'il aura.

RANTZAU, avec intention.

S'il y a une justice sur terre... Je m'en chargerais plutôt.

KOLLER, s'inclinant.

Monsieur le comte, quels remercîments...

RANTZAU, avec mépris.

Oui, vous m'en devriez peut-être, mais je vous en dispense.

(Il sort.)

KOLLER, à part, redescendant le théâtre.

Maudit homme! on ne sait jamais s'il est pour ou contre vous. (Saluant.) Messieurs...

GOELIER.

Je vous suis, colonel. (A Falkenskield.) Cet ordre au gouverneur, et je cours raconter à la reine ce que nous avons décidé et ce que nous avons fait.

(Il sort avec Koller par la porte du fond.)

SCÈNE VI.

FALKENSKIELD, seul, riant en lui-même.

Tous ces gens-là sont faibles, irrésolus ; et si on n'avait pas de l'énergie pour eux, si on ne les menait pas... ce comte de Rantzau surtout ne voyant de coupables nulle part, et n'osant condamner personne; flottant, indécis, bon homme du reste, qui nous cédera volontiers sa place dès qu'il nous la faudra pour mon gendre... et ce ne sera pas long.

SCÈNE VII.

CHRISTINE, sortant de la porte à gauche, FALKENSKIELD.

CHRISTINE.

Descendez-vous au salon, mon père ?

FALKENSKIELD.

Oui, dans l'instant

CHRISTINE.

A la bonne heure ; car vos convives vont arriver ; et quand vous me laissez seule pour faire les honneurs, c'est si pénible aujourd'hui surtout, que je ne me sens pas bien.

FALKENSKIELD.

Et pourquoi ?

CHRISTINE.

Sans doute les émotions de la journée.

FALKENSKIELD.

S'il en est ainsi, rassure-toi ; je te dispense de descendre au salon, et même d'assister à ce diner.

CHRISTINE.

Dites-vous vrai?

FALKENSKIELD.

Je l'aime mieux, parce qu'il pourrait arriver tel événement... et au milieu de tout cela une femme s'effraye, se trouve mal...

CHRISTINE.

Que voulez-vous dire?

FALKENSKIELD.

Rien; tu n'as pas besoin de savoir...

CHRISTINE.

Parlez, parlez sans crainte... je devine... ce repas avait pour but de célébrer des fiançailles, qui seront différées, qui peut-être même n'auront pas lieu; et si c'est là ce que vous redoutez de m'apprendre...

FALKENSKIELD froidement.

Du tout, le mariage aura lieu.

CHRISTINE.

O ciel!

FALKENSKIELD, lentement et la regardant.

Rien n'est changé; et à ce sujet, ma fille, un mot...

CHRISTINE, baissant les yeux.

Je vous écoute, monsieur.

FALKENSKIELD.

Les affaires d'État n'absorbent pas tellement mes pensées, que je n'aie encore le loisir d'observer ce qui se passe chez moi; et, il y a quelque temps, j'ai cru m'apercevoir qu'un jeune homme sans naissance, un homme de rien, à qui mes bontés avaient donné accès dans cette maison, osait en secret vous aimer... (Mouvement de Christine.) Le saviez-vous, Christine?

CHRISTINE.

Oui, mon père.

FALKENSKIELD.

Je l'ai congédié; et, quels que soient ses talents, son mérite personnel, que je vous ai entendue élever beaucoup trop haut .. je vous déclare ici, et vous savez si mes réso- lutions sont fortes et énergiques, que, mon existence dût-elle en dépendre, je ne consentirais jamais...

CHRISTINE.

Rassurez-vous, mon père; je sais que l'idée seule d'une mésalliance ferait le malheur de votre vie, et, je vous le promets, ce n'est pas vous qui serez malheureux.

FALKENSKIELD prend la main de sa fille, puis, après un instant de si- lence, lui dit ·

Voilà le courage que je te voulais...Je te laisse... je t'excu- serai près de ces messieurs; je leur dirai que tu es souffrante, indisposée, et je crains que ce ne soit la vérité; reste là dans ton appartement; et, quoi qu'il arrive ce soir, quelque bruit que tu puisses entendre, garde-toi d'en sortir... Adieu.

(Il sort.)

SCÈNE VIII.

CHRISTINE. seule, ne pouvant retenir ses larmes.

Ah!... il est parti!... je peux enfin pleurer!... Pauvre Éric! tant de dévouement, tant d'amour! c'est ainsi qu'il en sera récompensé!... l'oublier! et pour qui? Mon Dieu! que le ciel est injuste! pourquoi ne lui a-t-il pas donné le rang et la naissance dont il était digne? Alors il m'eût été permis d'aimer les vertus qui brillent en lui, alors on eût approuvé mon choix... tandis que maintenant y penser même est un crime!.,. Mais ce jour du moins m'appartient encore, je ne me suis pas donnée, je suis libre; et puisque je ne dois plus le revoir...

SCÈNE IX.

CHRISTINE; ÉRIC, enveloppé d'un manteau et entrant par la petite porte à droite.

ÉRIC, entrant vivement.

Ils ont perdu mes traces.

CHRISTINE.

Éric!...

ÉRIC, se retournant.

Ah! Christine!

CHRISTINE.

Que voulez-vous? D'où vous vient tant d'audace? Et de quel droit, monsieur, osez-vous pénétrer jusqu'ici?

ÉRIC.

Pardon! pardon mille fois!... Tout à l'heure, au moment où, couvert de ce manteau, je me glissais dans l'hôtel, des gens que je ne crois pas être de la maison se sont élancés sur moi; je me suis dégagé de leurs mains; et, connaissant mieux qu'eux les détours de cet hôtel, je suis arrivé jusqu'à cet escalier, d'où je n'ai plus entendu le bruit de leurs pas.

CHRISTINE.

Mais dans quel dessein vous introduire ainsi dans la maison de mon père? pourquoi ce mystère? ce manteau... ces armes que j'aperçois? Parlez, monsieur, je le veux... je l'exige!

ÉRIC, troublé.

Demain je pars; le régiment où je sers quitte le Danemark... J'ai adressé à M. de Gœlher un billet qui demandait une prompte réponse; et comme elle n'arrivait pas, je suis venu la chercher.

CHRISTINE.

Un défi!... j'en suis sûrc! Le délire vous égare! vous allez vous perdre !

ÉRIC.

Qu'importe! si j'empêche votre mariage! Je ne connais que ce moven, je n'en ai pas d'autre.

CHRISTINE.

Éric!... si j'ai sur vous quelque pouvoir, vous ne repousserez pas ma prière, vous renoncerez à votre projet, vous n'irez pas insulter M. de Gœlher et provoquer un éclat terrible pour vous... et pour moi, monsieur!... Oui, c'est ma réputation que je vous confie, que je remets sous la sauvegarde de votre honneur... Ai-je tort d'y compter?

ÉRIC.

Ah! que me demandez-vous?... de vous sacrifier tout... jusqu'à ma vengeance! Et vous seriez à un autre!... et vous appartiendriez à celui que j'aurais épargné!...

CHRISTINE.

Non, je vous le jure !

ÉRIC.

Que dites-vous?

CHRISTINE.

Que, si vous vous rendez à mes prières, je refuserai ce mariage, je resterai libre ; je veux l'être...

ÉRIC, avec joie.

Grand Dieu !

CHRISTINE.

Oui, je vous le jure ici, je n'appartiendrai ni à M. de Gœlher, ni à vous

ÉRIC, hors de lui.

Christine !

CHRISTINE.

Vous connaissez maintenant tout ce qui se passe dans mon cœur; nous ne nous verrons plus, nous serons séparés; mais vous saurez du moins que vous n'êtes pas seul à souffrir, et que, ne pouvant être à vous, je ne serai à personne.

ÉRIC, avec joie.

Ah! je ne puis y croire encore.

CHRISTINE.

Partez maintenant... Depuis trop longtemps déjà vous êtes ici; n'exposez pas les seuls biens qui me restent, mon honneur. ma réputation; je n'ai plus que ceux-là, et, s'il fallait les perdre, ou les voir compromis... j'aimerais mieux mourir!

ÉRIC.

Et moi, plutôt perdre la vie que de vous exposer au moindre soupçon. Ne craignez rien, je m'éloigne... Adieu! adieu!... (Il ouvre la porte à droite par laquelle il est entré.) Ciel! il y a des soldats au bas de cet escalier.

CHRISTINE.

Des soldats!

ÉRIC, montrant la porte du fond.

Mais par ici du moins...

CHRISTINE, le retenant.

Non-pas, entendez-vous ce bruit? (Écoutant près de la porte du fond.) On monte... c'est la voix de mon père... plusieurs voix lui répondent... ils viennent tous... et si l'on vous trouve ici, seul avec moi, je suis perdue!...

ÉRIC.

Perdue!... oh non! je vous en réponds, fût-ce aux dépens de mes jours... (Montrant la porte à gauche.) Là!... cette porte...

CHRISTINE.

Monsieur... O ciel! mon appartement!

(La porte s'est refermée; Christine, entendant venir par le fond, s'élance vers la table à gauche, y prend un livre et s'assied.)

SCÈNE X.

CHRISTINE, GŒLHER, FALKENSKIELD, RANTZAU, KOLLER; Plusieurs Seigneurs et Dames; des Soldats qui restent au fond, en dehors.

FALKENSKIELD.

Cette partie de l'hôtel est la seule qu'on n'ait pas visitée ; ils ne peuvent être qu'ici.

CHRISTINE.

Eh ! mon Dieu, qu'y a-t-il ?

GOELHER.

Un complot tramé contre nous.

FALKENSKIELD.

Et dont je voulais t'éviter la connaissance : un homme s'est introduit dans l'hôtel.

GOELHER.

Les gardes qui étaient postés dans la première cour disent en avoir vu se glisser trois.

RANTZAU.

D'autres disent en avoir vu sept !... De sorte qu'il pourrait bien n'y avoir personne.

FALKENSKIELD.

Il y en avait au moins un et il était armé, témoin le pistolet qu'il a laissé tomber dans la seconde cour en s'enfuyant ; du reste, et si, comme je le pense, il a cherché asile dans ce pavillon, il n'a pu y pénétrer que par cet escalier dérobé, et je suis étonné que tu ne l'aies pas vu.

CHRISTINE, avec émotion.

Non, vraiment.

FALKENSKIELD.

Ou du moins que tu n'aies rien entendu.

CHRISTINE, dans le plus grand trouble.

Tout à l'heure, en effet, et pendant que j'étais à lire, j'ai cru entendre traverser cette pièce ; on se dirigeait vers le salon, et c'est là sans doute...

GOELHER.

Impossible, nous en venons ; et s'il n'y avait pas des soldats au bas de cet escalier, je croirais qu'il y est encore.

FALKENSKIELD.

Peut-être bien !... Voyez, Koller.

(Faisant signe à deux soldats, qui ouvrent la porte à droite et disparaissent avec Koller.)

RANTZAU, à part, sur le devant du théâtre, à droite.

Quelque maladroit, quelque conspirateur en retard qui n'aura pas reçu contre-ordre et qui sera venu seul au rendez-vous ?

KOLLER, entrant et restant au fond.

Personne !

RANTZAU, à part.

Tant mieux !

KOLLER.

Et je ne conçois pas par quel hasard ils ont changé de plan.

RANTZAU, à part, souriant.

Le hasard ! les sots y croient tous !

FALKENSKIELD, à Gœlber et à quelques soldats, montrant l'appartement à gauche.

Il n'y a plus que cet appartement.

CHRISTINE.

Le mien, y pensez-vous ?

FALKENSKIELD.

N'importe, entrez-y !

(Gœlber, Koller et quelques soldats se présentent à la porte de la chambre, qui s'ouvre tout à coup, et Éric paraît.)

SCÈNE XI.

CHRISTINE, à gauche sur le devant du théâtre et s'appuyant sur la table qui est près d'elle ; ÉRIC, qui vient d'ouvrir la porte à gauche ; GŒLHER, KOLLER, au milieu et un peu au fond ; FALKENS KIELD et RANTZAU, sur le devant, à droite.

TOUS, apercevant Éric.

Ah !

CHRISTINE.

Je me meurs !

ÉRIC.

Me voici, je suis celui que vous cherchez.

FALKENSKIELD, avec colère.

Éric Burkenstaff dans l'appartement de ma fille !

GŒLHER.

Au nombre des conjurés !..

ÉRIC, regardant Christine qui est près de se trouver mal.

Oui, j'étais des conjurés ! (Avec force et s'avançant au milieu du théâtre.) Oui, je conspirais !

TOUS.

Est-il possible ?

KOLLER, redescendant le théâtre.

Et je n'en savais rien !...

RANTZAU.

Et lui aussi !

KOLLER, à part.

Il sait tout !... S'il parle, je suis compromis.

(Pendant cet aparté, Falkenskield a fait signe à Gœlher de se mettre à la table à gauche et d'écrire. Il se retourne alors vers Éric, qu'il interroge.)

FALKENSKIELD.

Où sont vos complices ! quels sont-ils ?

ÉRIC.

Je n'en ai pas.

KOLLER, bas à Éric.

C'est bien !

(Il s'éloigne vivement, Éric le regarde avec étonnement et se rapproche de Rantzau.)

RANTZAU fait à Éric un geste de tête approbatif et dit à part.

Ce n'est pas un lâche, celui-là.

FALKENSKIELD, à Gœlher.

Vous avez écrit? (Se retournant vers Éric.) Point de complices, dites-vous ?... c'est impossible ; les troubles dont votre père a été aujourd'hui la cause ou le prétexte, les armes que vous portiez prouvent un projet dont nous avions déjà connaissance : vous vouliez attenter à la liberté des ministres, à leurs jours peut-être ; et ce projet, vous ne pouviez l'exécuter seul.

ÉRIC.

Je n'ai rien à répondre, et vous ne saurez rien de moi, sinon que je conspirais contre vous ; oui, je voulais briser le joug honteux sous lequel gémissent le roi et le Danemark ; oui, il est parmi vous des gens indignes du pouvoir, des lâches que j'ai défiés en vain.

GOELHER, toujours à table.

Je donnerai là-dessus des explications au conseil.

FALKENSKIELD.

Silence, Gœlher ! et puisque monsieur Éric convient qu'il était d'une conspiration.

ÉRIC, avec force.

Oui !

CHRISTINE, à Falkenskield.

Il vous trompe, il vous abuse.

ÉRIC.

Non, mademoiselle; ce que je dis, je dois le dire ; je suis trop heureux de l'avouer tout haut, (Avec intention et la regardant.) et de donner au parti que je sers ce dernier gage de dévouement.

KOLLER, bas à Rantzau.

C'est un homme perdu et son parti aussi.

RANTZAU, à part, seul à la droite du spectateur.

Pas encore ! C'est le moment, je crois, de délivrer Burkenstaff ; maintenant qu'il s'agit de son fils, il faudra bien qu'il se montre de nouveau, et cette fois enfin...

(Il se retourne vers Falkenskield et Gœlher qui se sont approchés de lui.)

FALKENSKIELD, donnant à Rantzau le papier que lui a remis Gœlber, et s'adressant à Éric.

Telle est décidément votre déclaration ?

ÉRIC.

Oui, j'ai conspiré, oui, je suis prêt à le signer de mon sang ; vous ne saurez rien de plus.

(Gœlber, Falkenskield et Rantzau semblent, à ce mot, délibérer tous trois, à droite. Pendant ce temps Christine, qui est à gauche près d'Éric, lui dit à voix basse.)

CHRISTINE.

Vous vous perdez, il y va de vos jours.

ÉRIC, de même.

Qu'importe ? vous ne serez pas compromise, et je vous l'avais juré.

FALKENSKIELD, cessant de causer avec ses collègues, et s'adressant à Koller et aux soldats qui sont derrière lui, leur dit en montrant Éric.

Assurez-vous de lui.

ÉRIC.

Marchons !

RANTZAU, à part.

Pauvre jeune homme ! (Prenant une prise de tabac.) Tout va bien.

(Des soldats emmenent Éric par la porte du fond, Christine tombe anéantie dans un fauteuil.)

ACTE QUATRIÈME

L'appartement de la reine mère dans le palais de Christianborg. Une porte au fond. Deux portes latérales. Porte secrète à gauche. A droite, un guéridon couvert d'un riche tapis.

SCÈNE PREMIÈRE.

LA REINE, seule à droite, assise près du guéridon.

Personne! personne encore! Je suis d'une inquiétude que chaque instant redouble, et je ne conçois rien à ce billet que m'adresse une main inconnue. (Lisant). « Malgré le con- « tre-ordre donné par vous, un des conjurés a été arrêté « hier soir dans l'hôtel de Falkenskield. C'est le jeune Éric « Burkenstaff. Voyez son père et faites-le agir, il n'y a pas « de temps à perdre. » Éric Burkenstaff arrêté comme cons- pirateur! Il était donc des nôtres! Pourquoi alors Koller ne m'en a-t-il pas prévenue? Depuis hier je ne l'ai pas vu; je ne sais pas ce qu'il devient. Pourvu que lui aussi ne soit pas compromis; lui, le seul ami sur lequel je puisse compter; car je viens de voir le roi; je lui ai parlé, espérant m'en faire un appui; mais sa tête est plus faible que jamais : à peine s'il a pu me comprendre ou me reconnaître. Et si ce jeune homme, intimidé par leurs menaces, nomme les chefs de la conspiration, s'il me trahit... Oh! non; il a du cœur, du courage. Mais son père! son père qui ne vient pas et qui maintenant est mon seul espoir! Je lui ai fait dire de m'ap- porter les étoffes que je lui avais commandées, et il a dû me comprendre ; car, à présent, notre sort, nos intérêts sont les mêmes : c'est de notre accord que dépend le succès.

UN HUISSIER DE LA CHAMBRE, entrant.

Messire Raton Burkenstaff, le marchand, demande à présenter des étoffes à Votre Majesté.

LA REINE, vivement.

Qu'il entre ! qu'il entre !

SCÈNE II.

LA REINE, RATON, MARTHE, portant des étoffes sous son bras L'HUISSIER, qui reste au fond.

RATON.

Tu vois, femme, on ne nous a pas fait faire antichambre un seul instant ; à peine arrivés, aussitôt introduits.

LA REINE.

Venez vite, je vous attendais.

RATON.

Votre Majesté est trop bonne ! Vous n'aviez fait demander que moi, j'ai pris la liberté d'amener ma femme, à qui je n'étais pas fâché de faire voir le palais, et de montrer surtout la faveur dont Votre Majesté daigne m'honorer.

LA REINE.

Peu importe, si on peut se fier à elle. (A l'huissier.) Laissez-nous.

(L'huissier sort.)

MARTHE.

Voici quelques échantillons que je soumettrai à Votre Majesté...

LA REINE.

Il n'est plus question de cela. Vous savez ce qui arrive ?

RATON.

Eh ! non, vraiment ! je ne suis pas sorti de chez moi ;
par un hasard que nous ne pouvons comprendre, j'étais sous
clef.

MARTHE.

Et il y serait encore sans un avis secret que j'ai reçu.

LA REINE, vivement.

N'importe... Je vous ai fait venir, Burkenstaff, parce que
j'ai besoin de vos conseils et de votre appui...

RATON.

Est il possible ! (A Marthe.) Tu l'entends ?

LA REINE.

C'est le moment d'employer votre influence, de vous montrer enfin.

RATON.

Vous croyez ?

MARTHE.

Et moi, n'en déplaise à Votre Majesté, je crois que c'est
le moment de rester tranquille...

RATON, à voix haute.

Te tairas-tu ? (La reine lui fait signe de se modérer et va regarder
au fond si on ne peut les entendre. Pendant ce temps, Raton continue à
demi-voix en s'adressant à sa femme.) Vouloir nuire à mon avance-
ment, à ma fortune !

MARTHE, à demi-voix à son mari.

Une jolie fortune ! nos meubles brisés, nos marchandises
au pillage, six heures de prison dans une cave !

RATON, hors de lui.

Ma femme !... Je demande pardon à Votre Majesté. (A part.)
Si j'avais su, je me serais bien gardé de l'amener. (Haut, à la
reine.) Qu'exigez-vous de moi ?

LA REINE.

Que vous unissiez vos efforts aux miens pour sauver notre pays qu'on opprime, et lui rendre la liberté !

RATON.

Dieu merci ! on me connaît ; il n'y a rien que je ne fasse pour le pays et pour la liberté.

MARTHE.

Et pour être nommé bourgmestre ; car c'est là ce que tu désires maintenant.

RATON.

Ce que je désire, c'est que vous vous taisiez, ou sinon...

LA REINE, à Raton, pour le modérer.

Silence...

RATON, à demi-voix.

Parlez, madame ; parlez vite !

LA REINE.

Koller, un des nôtres, vous avait instruit de nos projets d'hier ?

RATON.

Du tout.

LA REINE.

Ce n'est pas possible ! et cela m'étonne à un point...

RATON, avec impatience.

Moi aussi... car enfin, et puisque M. Koller est un des nôtres, il me semble que j'étais le premier avec qui l'on devait s'entendre.

LA REINE.

Surtout depuis l'arrestation de votre fils.

MARTHE, poussant un cri.

Arrêté ! dites-vous ? mon fils est arrêté ?

RATON.

On a osé arrêter mon fils !

I—II.   24

LA REINE.

Quoi ! ne le saviez-vous pas ?... Accusé de conspiration... il y va de ses jours... et voilà pourquoi je vous ai fait venir.

MARTHE, courant à elle.

C'est bien différent, et si j'avais su... Pardon, madame... pardonnez-moi... (Pleurant.) Mon fils, mon pauvre enfant ! (A Raton, avec chaleur.) La reine a raison, il faut le sauver, il faut le délivrer.

RATON.

Certainement ; il faut soulever le quartier, soulever la ville entière.

MARTHE, qui a remonté le théâtre de quelques pas, revient près de lui.

Et vous restez là, tranquille ; vous n'êtes pas déjà au milieu de nos amis, de nos voisins, de nos ouvriers, pour les appeler, comme hier, à la révolte !

LA REINE.

C'est tout ce que je vous demande.

RATON.

J'entends bien, mais encore faut-il délibérer.

MARTHE.

Il faut agir... il faut prendre les armes... courir au palais... Qu'on me rende mon fils, qu'on nous le rende. (s'avançant sur son mari qui recule de quelques pas vers la droite.) Vous n'êtes pas un homme, si vous supportez un pareil affront, si vous et les citoyens de cette ville souffrez qu'on enlève un fils à sa mère, qu'on le plonge sans raison dans un cachot, qu'on fasse tomber sa tête ; il y va du salut de tous ; il y va de l'honneur du pays et de sa liberté !

RATON.

La liberté... t'y voilà aussi !

MARTHE, hors d'elle-même et sanglotant.

Eh ! oui, sans doute ! la liberté de mon fils, peu m'importe le reste ; je ne vois que cela !... Mais nous l'obtiendrons.

LA REINE.

Elle est entre vos mains ; je vous seconderai de tout mon pouvoir, moi et les amis attachés à ma cause ; mais agissez !... agissez de votre côté pour renverser Struensée.

MARTHE.

Oui, madame, et pour sauver mon fils ; comptez sur notre dévouement.

LA REINE.

Tenez-moi au courant de ce que vous ferez, et des progrès de la sédition. (Montrant la porte à gauche.) Et tenez, tenez, par cet escalier secret qui donne sur les jardins, vous pourrez, vous et vos amis, communiquer avec moi et recevoir mes ordres... On vient, partez.

RATON.

C'est très-bien... mais encore, si vous me disiez ce qu'il faut...

MARTHE, l'entraînant.

Il faut me suivre... mon fils nous attend... viens... viens vite. (A la reine.) Soyez tranquille, madame, je vous réponds de lui et de la révolte !

(Elle sort en entraînant son mari par la petite porte à gauche. Au même instant, et par la porte du fond, paraît l'huissier.)

LA REINE.

Qu'y a-t-il ? que me voulez-vous ?

L'HUISSIER.

Deux ministres qui, au nom du conseil, sont chargés, disent-ils, d'une communication importante pour Votre Majesté !

LA REINE, à part, avec émotion.

Qu'est-ce que cela signifie ? (Haut.) Qu'ils entrent, je suis prête à les recevoir.

(Elle s'assied.)

SCÈNE III.

RANTZAU, FALKENSKIELD ; LA REINE, assise à droite près
du guéridon.

FALKENSKIELD.

Madame, depuis hier la tranquillité de la ville a été, à plusieurs reprises, sérieusement troublée ; des rassemblements,
des cris séditieux ont éclaté sur plusieurs points, et enfin hier
soir on a tenté d'exécuter dans mon hôtel un complot dont
on ignore encore les chefs ; mais il nous est facile de les
soupçonner.

LA REINE.

Je pense, en effet, monsieur le comte, qu'il vous est plus
facile d'avoir des soupçons que des preuves.

RANTZAU, avec intention et regardant la reine.

Il est vrai qu'Éric Burkenstaff persiste à garder le silence...

FALKENSKIELD.

Obstination ou générosité qui lui coûtera la vie. Mais, en
attendant, par une mesure que la prudence commande, et
pour prévenir dans leur origine des complots dont les auteurs
ne resteront pas longtemps impunis, nous venons, au nom de
la reine Mathilde et de Struensée, vous intimer l'ordre de ne
point sortir de ce palais.

LA REINE, se lève.

Un pareil ordre... à moi !... et de quel droit ?

FALKENSKIELD

D'un droit que nous n'avions pas hier et que nous prenons
aujourd'hui. Un complot découvert rend un gouvernement
plus fort. Struensée, qui hésitait encore, s'est enfin décidé à
adopter les mesures énergiques que, depuis longtemps, je
proposais : il ne suffit pas de frapper, il faut frapper promp-
tement. Ainsi ce n'est plus devant les cours de justice ordi-

naire que doivent se traduire les crimes d'État : c'est devant
le conseil de régence, seul tribunal compétent ; c'est là que,
dans ce moment, se décide le soit d'Éric Burkenstaff, en attendant que nous fassions comparaître devant nous des coupables d'un rang plus élevé.

LA REINE.

Monsieur le comte !...

SCÈNE IV.

RANTZAU, à gauche à l'écart; GOELHER, FALKENSKIELD, LA REINE.

(Gœlber entre par le fond, tenant plusieurs papiers à la main. Il aperçoit
la reine, qu'il salue avec respect; puis s'adresse à Falkenskield, sans voir
Rantzau qui est derriere lui.)

GOELHER, à Falkenskield.

Voici l'arret du conseil, qu'en ma qualité de secrétaire général je viens d'expédier, et auquel il ne manque plus que
deux signatures.

FALKENSKIELD.

C'est bien.

GOELHER, étourdiment et montrant plusieurs papiers qu'il tient encore.

J'ai là en même temps, et comme vous m'en aviez chargé,
le projet d'ordonnance où nous proposons à la reine d'ad-
mettre à la retraite.

FALKENSKIELD, à voix basse et lui montant Rantzau.

Taisez-vous donc !

GOELHER, à part.

C'est juste ; je ne le voyais pas. (Regardant Rantzau dont la phy-
soinomie est restée immobile.) Il n'a pas entendu ; il ne se doute de
rien.

FALKENSKIELD, parcourant les papiers que 'ui a remis Gœlher.

L'arrêt d'Éric Burkenstaff ! (Lisant.) Il est condamné !

LA REINE, vivement.

Condamné !

FALKENSKIELD.

Oui, madame, et le même sort attend désormais quiconque serait tenté de l'imiter.

GOELHER.

J'ai rencontré aussi une députation de magistrats et de conseillers du tribunal suprême. Sur le bruit seul qu'en violation de leurs droits et priviléges le conseil de régence s'attribuait l'affaire d'Éric Burkenstaff, ils venaient porter leurs plaintes au roi, et, pour parvenir jusqu'à lui, voulaient s'adresser à madame.

FALKENSKIELD.

Vous le voyez ; c'est auprès de vous, madame, que viennent se rallier tous les mécontents.

LA REINE.

Et grâce à vous, ma cour augmente chaque jour.

FALKENSKIELD, à la reine.

Je ne veux pas alors refuser à Votre Majesté la vue de ses fidèles serviteurs. (A Gœlher.) Ordonnez qu'ils entrent ; nous les recevrons en votre présence.

SCÈNE V.

RANTZAU ; LE PRÉSIDENT, en habit noir ; QUATRE CONSEIL-LERS, également en habit noir et se tenant à quelques pas derrière lui ; GOELHER, au milieu du théâtre ; FALKENSKIELD, plus rapproché de LA REINE, qui se lève à l'arrivée des magistrats et se rassied à la même place à droite.

FALKENSKIELD.

Messieurs les conseillers, j'ai appris le motif qui vous amène : c'est pour prévenir, par un châtiment rapide, des scènes pareilles à celles qui nous ont dernièrement affligés, que nous nous sommes vus forcés, à regret, de changer les formes ordinaires de la justice.

LE PRÉSIDENT, d'une voix ferme.

Pardon, monseigneur : c'est quand l'État est en danger, c'est quand l'ordre public est troublé, qu'il faut demander à la justice et aux lois un appui contre la révolte, et non pas s'appuyer sur la révolte pour renverser la justice.

FALKENSKIELD, avec hauteur.

Quelle que soit votre opinion à ce sujet, messieurs, je dois vous prévenir que nous n'accordons pas ici, comme en France, aux parlements et aux cours souveraines le droit de remontrance : je vous exhorte, au contraire, à user de votre influence sur le peuple pour lui conseiller la soumission, pour l'engager à ne point renouveler les désordres d'hier ; sinon, qu'il ne s'en prenne qu'à lui-même des malheurs qui pourraient en résulter pour la ville. Des troupes nombreuses v sont entrées cette nuit et y sont casernées. La garde du palais est confiée au colonel Koller, qui a ordre de repousser la moindre attaque par la force ; et, pour prouver à tous que rien ne saurait nous intimider, Éric Burkenstaff, fils de ce bourgeois factieux à qui déjà nous avions fait grâce, Éric Burkenstaff, convaincu par son propre aveu de conspiration contre la reine et le conseil de régence, vient d'être condamné à mort, et c'est son arrêt que je signe. (A Rantzau.) Comte de Rantzau, il n'y manque que votre signature.

(Il s'approche de Rantzau.)

RANTZAU, froidement.

Je ne la donnerai pas.

TOUS.

O ciel !

FALKENSKIELD.

Et pourquoi?

RANTZAU.

Parce que l'arrêt me semble injuste, aussi bien que la dé
termination d'ôter à la cour suprême des priviléges que nous
n'avons pas le droit de lui ravir.

FALKENSKIELD.

Monsieur !...

RANTZAU.

C'est mon avis, du moins. Je désapprouve toutes ces mesures ; elles sont contre ma éonscience, et je ne signerai
pas.

FALKENSKIELD.

C'était devant le conseil qu'il fallait vous exprimer ainsi.

RANTZAU.

C'est tout haut, c'est partout qu'il faut protester contre
l'injustice !

GOELHER.

Dans ces cas-là, monsieur, on donne sa démission.

RANTZAU.

Je ne le pouvais pas hier : vous étiez en danger, vous étiez
menacés ; aujourd'hui vous êtes tout-puissants, rien ne vous
résiste ; je peux me retirer sans lâcheté ; et cette démission,
que M. Gœlher attend avec tant d'impatience, je la donne.

FALKENSKIELD, vivement.

Je la transmettrai à la reine, qui l'acceptera.

GOELHER.

Nous l'acceptons.

FALKENSKIELD, aux conseillers.

Messieurs, vous m'avez entendu... vous pouvez vous retirer.

LE PRÉSIDENT, à Rantzau.

Nous n'attendions pas moins de vous, monsieur le comte,
et le pays vous en remercie.

(Le président et les conseillers sortent.)

FALKENSKIELD.

Je vais rendre compte à la reine et à Struensée d'une conduite à laquelle j'étais loin de m'attendre.

RANTZAU.

Mais qui vous enchante.

FALKENSKIELD.

Vous me suivez, Gœlher?

GOELHER.

Dans l'instant. (S'approchant de Rantzau d'un air railleur.) Je
voulais auparavant...

RANTZAU.

Me remercier?... Il n'y a pas de quoi... vous voilà ministre.

GOELHER.

Je l'aurais été sans cela. (Lui montrant les papiers qu'il tient encore
à la main.) J'avais pris mes précautions. Je vous avais bien dit
que je vous renverserais !

RANTZAU, souriant.

C'est vrai ! Alors, que je ne vous retienne pas ; hâtez-vous,
ministre d'un jour !

GOELHER, fièrement.

Ministre d'un jour !

RANTZAU.

Qui sait?... peut-être moins encore.

GOELHER.

Vous croyez?

RANTZAU.

Aussi je serais désolé de vous faire perdre quelques instants de pouvoir ; ils sont trop précieux !

GOELHER.

Comme vous dites.

(Il salue la reine respectueusement et sort.)

SCÈNE VI.

LA REINE, étonnée, le suit quelque temps des yeux en remontant le théâtre, RANTZAU.

RANTZAU, à part.

Ah ! mes chers collègues étaient décidés à me destituer ; je les ai prévenus, et maintenant nous allons voir.

LA REINE.

Je n'en puis revenir encore ! Vous, Rantzau, donner votre démission !

RANTZAU.

Pourquoi pas ? Il y a des occasions où l'homme d'honneur doit se montrer.

LA REINE.

Mais c'est vous perdre.

RANTZAU.

Du tout, c'est une excellente chose qu'une bonne démission donnée à propos. (A part.) C'est une pierre d'attente. (Haut.) Et puis, s'il faut vous avouer ma faiblesse, moi, homme d'État, qui me croyais à l'abri de toute émotion, je me sens là un penchant pour ce pauvre Éric Burkenstaff ; je suis indigné de la conduite que l'on tient envers lui... et envers vous, madame, et c'est là surtout ce qui m'a décidé.

LA REINE.

En effet, oser me retenir ici !...

RANTZAU.

Si ce n'était que cela !

LA REINE.

Comment !... ils ont d'autres projets !... vous les connaissez ?

RANTZAU.

Oui, madame ; et maintenant que je ne suis plus membre
du conseil, mon amitié peut vous les révéler. Éric n'est pas
le seul qu'on ait arrêté. Deux autres agents subalternes, Hermann et Christian.

LA REINE.

Grand Dieu !... ils ont parlé !... Ce pauvre Koller sera compromis !

RANTZAU.

Non, madame ; ce pauvre Koller est le premier qui vous ait
abandonnée, qui vous ait trahie.

LA REINE.

Ce n'est pas possible !

RANTZAU.

La preuve... c'est qu'il est plus en faveur que jamais...
c'est que la garde du palais lui est confiée ; et quand je
vous disais encore hier : Ne vous livrez point à lui... il vous
vendra !...

LA REINE.

A qui donc se fier ? grand Dieu !

RANTZAU.

A personne !... et vous en ferez la triste expérience ; car,
en attendant le procès qu'on doit vous intenter pour la forme,
on est décidé à vous jeter dans un château fort d'où vous ne
sortirez plus. C'est ce soir même qu'on doit vous y conduire,
et celui qui est chargé d'exécuter cet ordre... que dis-je ?
celui qui l'a sollicité... c'est Koller.

LA REINE.

Quelle horreur !

RANTZAU.

Il doit se rendre ici, à la nuit tombante.

LA REINE.

Lui ! Koller ! tant d'audace et d'ingratitude !... Mais savez-vous que j'ai de quoi le perdre, savez-vous que j'ai ici des lettres de sa main?

RANTZAU, souriant.

Vraiment?...

LA REINE.

Vous allez voir.

RANTZAU.

Je comprends alors pourquoi il tenait tant à se charger seul de votre arrestation, pour saisir en même temps vos papiers et ne remettre au conseil que ceux qu'il jugerait convenable.

LA REINE, qui a ouvert son secrétaire et qui y a pris des lettres qu'elle présente à Rantzau.

Tenez... tenez!... et, si je succombe, qu'au moins j'aie le plaisir de faire tomber sa tête.

RANTZAU, prenant vivement les lettres, qu'il met dans sa poche.

Et que feriez-vous, madame, de la tête de Koller? Il ne s'agit pas ici de se venger... mais de réussir

LA REINE.

Réussir! et comment?... Tous mes amis m'abandonnent, excepté un seul... une main inconnue, la vôtre peut-être, qui m'a conseillé de m'adresser à Raton Burkenstaff.

RANTZAU.

Moi!... Y pensez-vous?

LA REINE, vivement.

Enfin, croyez-vous qu'il puisse parvenir à soulever le peuple?

RANTZAU.

A lui seul?... non, madame.

LA REINE.

Il l'a bien fait hier.

RANTZAU.

Raison de plus pour ne pas le faire aujourd'hui; l'autorité

est averlie, elle est sur ses gardes, elle a pris ses mesures ; d'ailleurs, votre Raton Burkenstaff est incapable d'agir par lui-même ! C'est un instrument, une machine, un levier qui, dirigé par une main habile ou puissante, peut rendre des services, mais à la condition qu'il ne saura ni pour qui, m comment... car, s'il se mêle de comprendre, il n'est plus bon à rien !

LA REINE.

Que me reste-t-il alors ?... Entourée d'ennemis ou de piéges ; sans secours, sans appui, menacée dans ma liberté, dans mes jours peut-être, il faut se résigner à son sort et savoir mourir... Mathilde l'emporte... et ma cause est perdue !

RANTZAU, froidement et à demi-voix.

C'est ce qui vous trompe... elle n'a jamais été plus belle.

LA REINE.

Que dites-vous ?

RANTZAU.

Hier, il n'y avait rien à faire, car vous n'aviez pour vous qu'une poignée d'intrigants, et vous conspiriez au hasard et sans but. Aujourd'hui, vous avez pour vous l'opinion publique, les magistrats, le pays tout entier qu'on insulte, qu'on outrage, qu'on veut tyranniser, à qui l'on veut ravir ses droits... Vous les défendez, et lui, défend les vôtres. Notre roi Christian est dépouillé de son autorité contre toute justice, vous et Éric Burkenstaff vous êtes condamnés contre toutes les lois ; le peuple se prononce toujours pour ceux qui sont opprimés ; vous l'êtes en ce moment... grâce au ciel ; c'est un avantage qu'il ne faut pas perdre et dont il faut profiter !

LA REINE.

Et comment, puisque le peuple ne peut me secourir ?...

RANTZAU.

Il faut vous en passer, il faut agir sans lui, certaine, quoi qu'il arrive, de l'avoir pour allié.

LA REINE.

Et si demain Mathilde ou Struensée doivent me faire arrêter, comment les en empêcher ?

RANTZAU, souriant.

En les arrêtant dès ce soir.

LA REINE, effrayée.

Vous oseriez ?...

RANTZAU, froidement.

Il ne s'agit pas de moi... mais de vous.

LA REINE, étonnée.

Qu'est-ce à dire ?

RANTZAU.

Un mot d'abord : êtes-vous bien persuadée, comme je le suis moi-même, que dans ce moment il ne vous reste d'autre chance, d'autre alternative que la régence, ou une prison perpétuelle?

LA REINE.

Oui! oui!... je le crois fermement.

RANTZAU.

Avec une telle certitude on peut tout oser : ce qui serait témérité ailleurs devient de la prudence ! (Lentement et montrant la porte à gauche.) Cette porte conduit dans l'appartement du roi?

LA REINE.

Oui! je viens de le voir... seul, abandonné de tous, et dans ce moment presque tombé en enfance.

RANTZAU, de même et à demi-voix.

Alors, et puisque vous pouvez encore pénétrer jusqu'à lui, il vous serait facile d'obtenir...

LA REINE.

Sans doute !... mais à quoi bon ? à quoi servira l'ordre d'un roi sans pouvoir?

RANTZAU, à demi-voix et avec force.

Que nous l'ayons seulement !...

LA REINE, vivement.

Et vous agirez ?...

RANTZAU.

Non pas moi.

LA REINE.

Et qui donc ?

RANTZAU, s'arrêtant.

On frappe.

(Montrant la petite porte à gauche.)

LA REINE, à demi-voix.

Qui vient là ?

RATON, en dehors.

Moi, Raton Burkenstaff.

RANTZAU, à demi-voix, à la reine.

A merveille !... c'est l'homme qu'il vous faut pour exécuter vos ordres, lui et Koller.

LA REINE.

Y pensez-vous ?

RANTZAU.

Il est inutile qu'il me voie ; faites-le attendre ici quelques instants et venez me retrouver.

LA REINE.

Où donc ?

RANTZAU, à demi-voix.

Là !

LA REINE.

Dans l'antichambre du roi ?

(Rantzau sort par la porte à deux battants, à gauche.)

SCÈNE VII.

RATON, LA REINE.

RATON, entrant mystérieusement.

C'est moi, madame, qui n'ai rien encore à vous annoncer et qui viens à ce sujet consulter Votre Majesté.

LA REINE, vivement.

C'est bien!... c'est bien!... c'est le ciel qui vous envoie... Attendez ici et n'en sortez pas... Vous aurez soin d'exécuter à l'instant les ordres que je vais vous donner.

RATON, s'inclinant.

Oui, madame...

(La reine entre dans l'appartement à gauche.)

SCÈNE VIII.

RATON, seul.

Ça ne fera pas mal!... je ne serai pas fâché de savoir ce que j'ai à faire... car tout retombe sur moi, et je ne sais auquel entendre... Maître, où faut-il aller?... maître, qu'est-ce qu'il faut dire?... maître, qu'est-ce qu'il faut faire?... Est-ce que je sais? Je leur réponds toujours : Attendez!... on ne risque rien d'attendre... il peut arriver des idées, tandis qu'en se pressant...

SCÈNE IX.

JEAN, RATON, MARTHE.

RATON, à Marthe et à Jean qui entrent par la petite porte à gauche.

Eh bien?

JEAN, tristement.

Cela va mal... tout est tranquille!

MARTHE.

Les rues sont désertes, les boutiques sont fermées, les ouvriers que nous avons envoyés ont eu beau crier : Vive Burkenstaff! personne n'a répondu !...

RATON.

Personne !... c'est inconcevable !... des gens qui m'adoraient hier !... qui me portaient en triomphe... et aujourd'hui ils restent chez eux !

JEAN.

Et le moyen de sortir ? Il y a des soldats dans toutes les rues.

RATON.

Vraiment ?

JEAN.

Les portes de nos ateliers sont gardées par des piquets de cavalerie.

RATON.

Ah ! mon Dieu !

MARTHE.

Et ceux des ouvriers qui ont voulu se montrer ont été arrêtés à l'instant même.

RATON, effrayé.

Voilà qui est bien différent. Écoutez donc, mes enfants, je ne savais pas cela. Je dirai à la reine mère : Madame, j'en suis bien fâché ; mais à l'impossible nul n'est tenu, et je crois que ce que nous avons de mieux à faire est de retourner chacun chez nous.

MARTHE.

Ce n'est plus possible, notre maison est envahie ; des trabans de la garde y sont casernés ; ils mettent tout au pillage ; et si vous y paraissiez maintenant, ils ont ordre de vous arrêter et peut-être pire encore.

RATON.

Mais ça n'a pas de nom! c'est épouvantable! c'est d'un arbitraire... Et où nous cacher maintenant?

MARTHE.

Nous cacher? quand il s'agit de la vie de mon fils, quand on dit qu'il vient d'être condamné?

RATON.

Est-il possible?

MARTHE.

C'est vous qui l'avez voulu; et maintenant que nous sommes en danger, c'est à vous de nous en retirer; il faut agir : décidez quelque chose.

RATON.

Je ne demande pas mieux, mais quoi?

JEAN.

Les ouvriers du port, les matelots norwégiens sont en liberté; ceux-là ne reculeront pas; et en leur donnant de l'argent...

MARTHE, vivement.

Il a raison!... De l'or! de l'or! tout ce que nous avons!

RATON.

Permets donc...

MARTHE.

Vous hésiteriez?

RATON.

Du tout; je ne dis pas non, mais je ne dis pas oui.

JEAN.

Et qu'est-ce que vous dites donc?

RATON.

Je dis qu'il faut attendre.

MARTHE.

Attendre!... et qui vous empêche de prendre un parti?

JEAN.

Vous êtes le chef du peuple.

RATON, avec colère.

Certainement, je suis le chef! et on ne me dit rien, on ne me commande rien; c'est inconcevable!

SCÈNE X.

JEAN, RATON, MARTHE, UN HUISSIER.

L'HUISSIER, s'adressant à Raton et lui présentant une lettre sous enveloppe.

A monsieur Raton Burkenstaff, de la part de la reine.

RATON.

De la reine! c'est bien heureux! (A l'huissier, qui se retire.) Merci, mon ami... Voilà enfin ce que j'attendais pour agir.

MARTHE ET JEAN.

Qu'est-ce donc?

RATON.

Silence! Je ne vous le disais pas, je ne disais rien; mais c'était convenu, concerté avec la reine; nous avions notre plan.

MARTHE.

C'est différent.

JEAN, à Marthe.

Qui est-ce qui aurait dit que notre maître avait une tête comme celle-là?...

RATON.

Voyons un peu... d'abord ce petit mot. (Lisant à part.) « Mon « cher Raton, je vous confie, comme chef du peuple, cet « ordre du roi... » Du roi! est-il possible? « Vous le remet- « trez vous-même à son adresse. » Je n'y manquerai pas. « Après quoi, et sans entrer dans aucun détail ni éclaircis-

« sement, vous vous retirerez, vous sortirez du palais, vous
« vous tiendrez soigneusement caché. » Tout cela sera scru
puleusement exécuté. « Et demain au point du jour, si vous
« voyez le pavillon royal flotter sur les tours de Christian-
« borg, parcourez la ville avec tous les amis dont vous
« pourrez disposer, en criant : Vive le roi Christian ! » C'est
dit. « Déchirez sur-le-champ ce billet. » (Le déchirant.) C'est
fait.

MARTHE LE JEAN.

Eh bien ! qu'y a-t-il ?

RATON.

Taisez-vous, femme ! taisez-vous ! les secrets d'État ne
vous regardent pas ; qu'il vous suffise d'apprendre que je
sais ce que j'ai à faire... Voyons un peu... (Prenant le papier
cacheté.) « A Raton Burkenstaff, pour remettre au général
Koller. »

MARTHE.

Koller !

RATON, cherchant.

Qu'est-ce que c'est que ça ? (Se rappelant.) Ah ! je sais, un des
nôtres dont la reine nous parlait ce matin... Tu ne te rappelles pas ?

MARTHE.

Si vraiment !

RATON.

Il l'aura bientôt, c'est convenu. Quant à nous, mes enfants, ce qui nous reste à exécuter, c'est de sortir d'ici
sans bruit, de nous tenir cachés toute la soirée...

MARTHE.

Y penses-tu ?

RATON.

Silence donc ! c'est dans notre plan. (A Jean.) Toi, pendant
la nuit, tu rassembleras les matelots norvégiens dont tu

nous parlais tout à l'heure ; tu leur donneras de l'or, beaucoup d'or ; on me le rendra... en honneurs et en dignités... et puis vous viendrez tous me trouver avant le point du jour, et alors...

MARTHE.

Cela sauvera-t-il mon fils ?

RATON.

Belle demande !... Oui, femme, oui, cela le sauvera... et je serai conseiller, et j'aurai une belle place... et Jean aussi... une petite...

JEAN.

Laquelle ?

RATON.

Je te promets quelque chose... Mais nous perdons là un temps précieux, et j'ai tant d'affaires en tête ! Quand il faut penser à tout... par où commencer ? Ah ! cette lettre à M. Koller, c'est par là d'abord qu'il faut... Venez, suivez-moi.

(Jean et Marthe vont pour sortir par la porte à gauche ; Koller paraît à la porte du fond ; Raton s'arrête au milieu du théâtre.)

SCÈNE XI.

JEAN, MARTHE, RATON, KOLLER.

KOLLER, apercevant Raton.

ue vois-je ! Que faites-vous ici ? qui êtes-vous ?

RATON.

Que vous importe ? je suis chez la reine, j'y suis par son ordre. Et vous-même, qui êtes-vous pour m'interroger ?

KOLLER.

Le colonel Koller.

RATON.

· Koller ! Et moi, je suis Raton Burkenstaff, chef du peuple.

KOLLER.

Et vous osez venir en ce palais, quand l'ordre est donné de vous arrêter ?

MARTHE.

Grand Dieu !

RATON, à Marthe.

Sois donc paisible ! (A Koller, à demi-voix.) Je sais qu'avec vous je n'ai rien à craindre ; car nous sommes du même bord, nous nous entendons, vous êtes des nôtres.

KOLLER, avec mépris.

Moi !

RATON, à demi-voix.

Et la preuve, c'est que voilà un papier que je suis chargé de vous remettre, et de la part du roi.

KOLLER, vivement.

Du roi !... est-il possible ?... Qu'est-ce que cela signifie ? (Il ouvre la lettre, qu'il parcourt.) Un pareil ordre !...

RATON, le regardant et s'adressant à sa femme et à Jean.

Vous voyez déjà l'effet...

KOLLER.

Christian !... c'est bien de sa main, c'est sa signature... Et vous m'expliquerez, monsieur, comment il se fait...

RATON, gravement.

Je n'entrerai dans aucun détail ni éclaircissement : c'est l'ordre du roi ; vous savez ce qui vous reste à faire... et moi aussi... je m'en vais.

MARTHE, le retenant.

Eh ! mon Dieu ! qu'y a-t-il donc dans ce papier ?

RATON.

Ça ne te regarde pas, et tu ne peux le savoir. (A sa femme.)
Viens, femme, partons.

JEAN.

J'aurai une place! j'espère bien qu'elle sera bonne... sans
cela... Je vous suis, notre maître.

(Raton, Marthe et Jean sortent par la petite porte à gauche.)

SCÈNE XII.

RANTZAU, sortant de la porte à deux battants, à gauche ; KOLLER
debout, plongé dans ses réflexions, tenant toujours la lettre dans sa
main.

KOLLER.

Monsieur de Rantzau!...

RANTZAU.

Monsieur le colonel me semble bien préoccupé !

KOLLER, allant à lui.

Votre présence, monsieur le comte, est ce qui pouvait
m'arriver de plus heureux ; et vous attesterez au conseil de
régence...

RANTZAU.

Je n'en suis plus, j'ai donné ma démission.

KOLLER, avec étonnement et à part.

Sa démission !... l'autre parti va donc mal ! (Haut.) Je ne
m'attendais pas à un pareil événement, pas plus qu'à l'ordre
inconcevable que je reçois à l'instant.

RANTZAU.

Un ordre !... et de qui ?

KOLLER, à demi-voix.

Du roi.

RANTZAU.

Pas possible !

KOLLER.

Au moment où, d'après l'ordre du conseil, je me rendais ici pour arrêter la reine mère, le roi, qui ne se mêlait plus, depuis longtemps, ni du gouvernement ni des affaires de l'État, le roi, qui semblait avoir résigné toute son autorité entre les mains du premier ministre, m'ordonne, à moi Koller, son fidèle serviteur, d'arrêter ce soir même Mathilde et Struensée.

RANTZAU, froidement et après avoir regardé l'acte.

C'est bien la signature de notre seul et légitime souverain, Christian VII, roi de Danemark.

KOLLER.

Qu'en pensez-vous?

RANTZAU.

C'est ce que j'allais vous demander ; car ce n'est pas à moi, c'est à vous que l'ordre est adressé.

KOLLER, avec inquiétude.

Sans doute ; mais forcé d'obéir au roi ou au conseil de régence, que feriez-vous à ma place?

RANTZAU.

Ce que je ferais !... D'abord, je ne demanderais pas de conseils.

KOLLER.

Vous agiriez ; mais dans quel sens?

RANTZAU, froidement.

Cela vous regarde. Comme en toute affaire, notre intérêt seul nous détermine, pesez, calculez, et voyez lequel des deux partis offre le plus d'avantage.

KOLLER.

Monsieur

RANTZAU.

C'est là, je pense, ce que vous me demandez, et je vous engagerai d'abord à lire attentivement la suscription de cette lettre ; il y a là : Au général Koller.

KOLLER, à part.

Au général !... (Haut.) Moi, général !

RANTZAU, avec dignité.

C'est justice : un roi récompense ceux qui le servent, comme il punit ceux qui lui désobéissent.

KOLLER, lentement et le regardant.

Pour récompenser ou punir il faut du pouvoir ; en a-t-il ?

RANTZAU, de même.

Qui vous a remis cet ordre ?

KOLLER.

Raton Burkenstaff, chef du peuple.

RANTZAU.

Cela prouverait qu'il y a dans le peuple un parti prêt à éclater et à vous seconder.

KOLLER, vivement.

Votre Excellence peut-elle me l'assurer ?

RANTZAU, froidement.

Je n'ai rien à vous dire ; vous n'êtes pas mon ami, je ne suis pas le vôtre ; je n'ai pas besoin de travailler à votre fortune.

KOLLER.

Je comprends. (Après un instant de silence et se rapprochant de Rantzau.) En sujet fidèle, je voudrais obéir aux ordres du roi... c'est mon devoir d'abord ; mais les moyens d'exécution ?...

RANTZAU, lentement.

Sont faciles... La garde du palais vous est confiée, et vous commandez seul aux soldats qui y sont renfermés.

KOLLER, avec incertitude.

D'accord, mais si l'on échoue...

RANTZAU, négligemment.

Eh bien ! que peut-il arriver ?

KOLLER.

Que demain Struensée me fera pendre, ou fusiller.

RANTZAU, se retournant vers lui avec fermeté.

N'est-ce que cela qui vous arrête ?

KOLLER, de même.

Oui.

RANTZAU, de même.

Aucune autre considération ?

KOLLER, de même.

Aucune.

RANTZAU, froidement.

Eh bien ! alors, rassurez-vous... de toute manière cela ne peut pas vous manquer.

KOLLER.

Que voulez-vous dire ?

RANTZAU.

Que si demain Struensée est encore au pouvoir, il vous fera arrêter et condamner dans les vingt-quatre heures.

KOLLER.

Et sous quel prétexte ? pour quel crime ?

RANTZAU, lui montrant des lettres qu'il remet sur le champ dans sa poche.

En faut-il d'autre que ces lettres écrites par vous à la reine mère, ces lettres qui contiennent la conception première du complot qui doit éclater aujourd'hui, et où Struensée verra qu'hier, même en le servant, vous le trahissiez encore ?

KOLLER.

Monsieur, vous voulez me perdre !

RANTZAU.

Du tout ; il ne tient qu'à vous que ces preuves de votre trahison deviennent des preuves de fidélité.

KOLLER.

Et comment?

RANTZAU.

En obéissant à votre souverain.

KOLLER, avec fureur.

Mais vous êtes donc pour le roi? vous agissez donc en son nom?

RANTZAU, avec fierté.

Je n'ai pas de compte à vous rendre ; je ne suis pas en votre puissance et vous êtes dans la mienne ; quand je vous ai entendu hier, devant le conseil assemblé, dénoncer des malheureux dont vous étiez le complice, je n'ai rien dit, je ne vous ai pas démasqué, je vous ai protégé de mon silence, cela me convenait alors ; cela ne me convient plus aujourd'hui ; et, puisque vous m'avez demandé conseil, je vais vous en donner un. (D'un air impératif et à demi-voix.) C'est celui d'exécuter les ordres de votre roi, d'arrêter cette nuit même, au milieu du bal qui se prépare, Mathilde et Struensée, ou sinon...

KOLLER, dans le plus grand trouble.

Eh bien! dites-moi seulement que cette cause est désormais la vôtre, que vous êtes un des chefs, et j'accepte.

RANTZAU.

C'est vous seul que cela regarde. Ce soir la punition de Struensée, ou demain la vôtre. Demain vous serez général... ou fusillé.., choisissez.

(Il fait un pas pour sortir.)

KOLLER, l'arrêtant.

Monsieur le comte!

RANTZAU.

Eh bien! que décidez-vous, colonel?

KOLLER.

J'obéirai!

RANTZAU.

C'est bien! (Avec intention.) Adieu... général!

(Il sort par la porte à gauche, et Koller par le fond.)

ACTE CINQUIÈME

Un salon de l'hôtel de Falkenskield. De chaque côté, une grande porte; une porte au fond, ainsi que deux croisées donnant sur un balcon. A gauche, sur le premier plan, une table, sur laquelle il y a deux flambeaux allumés.

SCÈNE PREMIÈRE.

CHRISTINE, enveloppée d'une mante qui recouvre son costume de bal; FALKENSKIELD.

FALKENSKIELD, entrant en donnant le bras à sa fille.

Eh bien! comment cela va-t-il?

CHRISTINE, s'asseyant.

Je vous remercie, mon père, beaucoup mieux.

FALKENSKIELD.

Votre pâleur m'avait effrayé; j'ai vu le moment où, au milieu de ce bal, devant la reine, devant toute la cour, vous alliez vous trouver mal.

CHRISTINE.

Vous le savez, j'aurais désiré rester ici; c'est vous qui, malgré mes prières, avez voulu que l'on me vît à cette fête.

FALKENSKIELD.

Certainement! que n'aurait-on pas dit de votre absence?... C'est déjà bien assez qu'hier, lorsqu'on a arrêté chez moi ce jeune homme, tout le monde ait pu remarquer votre trouble et votre effroi... Ne fallait-il pas donner à penser que vos chagrins vous empêchaient de paraître à cette fête?

CHRISTINE.

Mon père!

FALKENSKIELD, reprenant d'un air détaché.

Qui du reste était superbe... Une magnificence! un éclat,
et quelle foule dorée se pressait dans ces immenses salons!...
Je ne veux pas d'autres preuves de l'affermissement de notre
pouvoir ; nous avons enfin fixé la fortune, et jamais, je crois,
la reine n'avait été plus séduisante; on voyait rayonner de
triomphe et de plaisir ses beaux yeux qu'elle reportait sans
cesse sur Struensée, l'heureux du jour... Eh! mais à propos
d'homme heureux, avez-vous remarqué le baron de Gœlher?

CHRISTINE.

Non, monsieur.

FALKENSKIELD.

Comment non? il a ouvert le bal avec la reine et parais-
sait plus fier encore de cette distinction que de sa nouvelle
dignité de ministre, car il est nommé... Il succède décidément à M. de Rantzau, qui, en habile homme, nous quitte
et s'en va quand la fortune arrive.

CHRISTINE.

Tout le monde n'agit pas ainsi.

FALKENSKIELD.

Oui... il a toujours tenu à se singulariser; aussi nous ne
lui en voulons pas; qu'il se retire, qu'il fasse place à d'autres : son temps est fini, et la reine, qui craint son esprit,
a été enchantée de lui donner pour successeur...

CHRISTINE.

Quelqu'un qu'elle ne craint pas.

FALKENSKIELD.

Justement! un aimable et beau cavalier comme mon
gendre.

CHRISTINE.

Votre gendre!

FALKENSKIELD, d'un air sévère, et regardant Christine.

Sans doute.

CHRISTINE, timidement.

Demain, mon père, je vous parlerai au sujet de N. de Gœlher.

FALKENSKIELD.

Et pourquoi pas sur-le-champ?

CHRISTINE.

Il est tard, la nuit est bien avancée... et puis, je ne suis pas encore assez remise de l'émotion que j'ai éprouvée.

FALKENSKIELD.

Mais cette émotion, quelle en était la cause?

CHRISTINE.

Oh! pour cela, je puis vous le dire. Jamais je ne m'étais trouvée plus seule, plus isolée, qu'au milieu de cette fête; et en voyant le plaisir qui brillait dans tous les yeux, cette foule si joyeuse, si animée, je ne pouvais croire qu'à quelques pas de là, peut-être, des infortunés gémissaient dans les fers... Pardon, mon père, c'était plus fort que moi : cette idée-là me poursuivait sans cesse. Quand N. le comte d'Osten s'est approché de Struensée, qui était près de moi, et lui a parlé à voix basse, je n'entendais pas ce qu'il disait, mais Struensée témoignait de l'impatience, et, voyant la reine qui venait à lui, il s'est levé en disant : « C'est inu- « tile, monsieur, jamais de pitié pour les crimes de haute « trahison, ne l'oubliez pas. » Le comte s'est incliné, puis, regardant la reine et Struensée, il a dit : « Je ne l'oublierai « pas, monseigneur, et bientôt, peut-être, je vous le rap- « pellerai. »

FALKENSKIELD.

Quelle audace !

CHRISTINE.

Cet incident avait rassemblé quelques personnes autour

de nous, et j'entendais confusément murmurer ces mots :
« Le ministre a raison ; il faut un exemple... — Soit, di-
« saient les autres, mais le condamner à mort !... » Le condamner !!! à ce mot un froid mortel s'est glissé dans mes
veines ; un voile a couvert mes veux... j'ai senti que la force
m'abandonnait.

FALKENSKIELD.

Heureusement, j'étais là, près de toi.

CHRISTINE.

Oui, c'était une terreur absurde, chimérique, je le sens ;
mais que voulez-vous? Renfermée aujourd'hui dans mon
appartement, je n'avais vu ni interrogé personne... Il est un
nom, vous le savez, que je n'ose prononcer devant vous...
mais lui!... n'est-ce pas?... il n'y a pas à trembler pour ses
jours ?...

FALKENSKIELD.

Non... sans doute... rassure-toi.

CHRISTINE.

C'est ce que je pensais... c'est impossible ; et puis, arrêté
hier, il ne peut pas être condamné aujourd'hui ; et les démarches, les instances de ses amis, les vôtres, mon père...

FALKENSKIELD.

Certainement ; et comme tu le disais, demain, mon enfant, demain nous parlerons de cela. Je me retire, je te
quitte.

CHRISTINE.

Vous retournez à ce bal?

FALKENSKIELD.

Non, j'y ai laissé Gœlher, qui nous représente à merveille,
et qui dansera probablement toute la nuit. Le jour ne peut
tarder à paraître ; je ne me coucherai pas, j'ai à travailler,
et je vais passer dans mon cabinet. Holà ! quelqu'un ! (Joseph
paraît au fond, ainsi qu'un autre domestique qui va prendre sur la table

à gauche un des deux flambeaux.) Allons! de la foΙce, du courage... bonsoir, mon enfant, bonsoir.

(Il sort suivi du domestique qui porte le flambeau.)

SCÈNE II.

CHRISTINE, JOSEPH.

CHRISTINE.

Je respire l je m'étais alarmée sans motif, il était question
d'un autre. Hélas! il me semble que tout le monde doit être
comme moi, et ne s'occuper que de lui!...

JOSEPH, qui s'est approché de Christine.

Mademoiselle...

CHRISTINE.

Qu'y a-t-il, Joseph?

JOSEPH.

Une femme qui a l'air bien à plaindre est ici depuis longtemps. Quand elle devrait, disait-elle, passer toute la nuit
à attendre, elle est décidée à ne pas quitter l'hôtel sans
avoir parlé à mademoiselle en particulier.

CHRISTINE.

A moi!

JOSEPH.

Du moins elle m'a supplié de vous demander cette grâce.

CHRISTINE.

Qu'elle vienne!... quoique bien fatiguée, je la recevrai.

JOSEPH, qui pendant ce temps a été chercher Marthe.

Entrez, madame, voilà mademoiselle et dépêchez-vous.
car il est tard.

(Il sort.)

SCÈNE III.

MARTHE, CHRISTINE.

MARTHE.

Mille pardons, mademoiselle, d'oser à une pareille heure...

CHRISTINE, la regardant.

Madame Burkenstaff! (Courant à elle, et lui prenant les mains.) Ah! que je suis contente de vous avoir reçue!... que je suis heureuse de vous voir! (A part, avec joie et attendrissement.) Sa mère! (naut.) Vous venez me parler d'Éric.

MARTHE.

Eh! dans le désespoir qui m'accable, puis-je parler d'autre chose que de mon fils... de mon pauvre enfant!... je viens de le voir.

CHRISTINE, vivement.

Vous l'avez vu?

MARTHE, pleurant.

Je viens de l'embrasser, mademoiselle, pour la dernière fois!

CHRISTINE.

Que dites-vous?

MARTHE.

Son arrêt lui avait été signifié cette après-midi.

CHRISTINE.

Quel arrêt?... qu'est-ce que cela signifie?

MARTHE, avec joie.

Vous l'ignoriez donc!... Ah! tant mieux!... sans cela, vous n'auriez pas été à ce bal, n'est-il pas vrai?... Quelque grande dame que vous soyez, vous n'auriez pas pu vous divertir quand celui qui avait tant d'affection pour vous est condamné à mort?

CHRISTINE, poussant un cri.

Ah !... (Avec égarement.) Ils disaient donc vrai !... c'était de lui qu'ils parlaient, et mon père m'a trompée ! (A Marthe.) Il est condamné ?

MARTHE.

Oui, mademoiselle... Struensée a signé, la reine a signé : concevez-vous cela ? Elle est mère cependant !... elle a un fils !

CHRISTINE.

Remettez-vous !... tout n'est pas perdu ; j'ai encore de l'espoir.

MARTHE.

Et moi, je n'en ai plus qu'en vous !... Mon mari a des projets qu'il ne veut pas m'expliquer ; je ne devrais pas vous dire cela ; mais vous, du moins, vous ne me trahirez point ; en attendant, il n'ose se montrer, il se tient caché ; ses amis n'arrivent pas, ou arriveront trop tard... et moi, dans ma douleur, que puis-je tenter ? que puis-je faire ?... S'il ne fallait que mourir... je ne vous demanderais rien, mon fils serait déjà sauvé. J'ai couru hier soir à sa prison, j'ai donné tant d'or qu'on a bien voulu me vendre le plaisir de l'embrasser ; je l'ai serré contre mon cœur, je lui ai parlé de mon désespoir, de mes craintes !... Hélas !... il ne m'a parlé que de vous.

CHRISTINE.

Éric !...

MARTHE.

Oui, mademoiselle, oui, l'ingrat, en me consolant, pensait encore à vous. « J'espère, me disait-il, qu'elle ignorera mon « sort, qu'elle ne saura rien... car heureusement, c'est de « grand matin, c'est au point du jour... »

CHRISTINE.

Quoi donc ?

MARTHE, avec égarement.

Eh bien ! est-ce que je ne vous l'ai pas dit ?... est-ce que vous ne l'avez pas deviné à mon désespoir ?... C'est tout à l'heure, c'est dans quelques instants qu'il vont tuer mon fils !...

CHRISTINE.

Le tuer !..

MARTHE.

Oui, oui, c'est là sur cette place, sous vos fenêtres, qu'ils vont le traîner... Alors, dans le délire, dans la fièvre où j'étais, je me suis arrachée de ses bras, et, loin de lui obéir, je suis accourue pour vous dire : Ils vont le tuer !... défendez-le ! mais vous n'étiez pas ici... et j'attendais... Ah ! quel supplice... et que j'ai souffert en comptant les instants de cette nuit que j'avais à la fois le désir et la crainte d'abréger !... Mais vous voilà, je vous vois ; nous allons ensemble nous jeter aux pieds de votre père, aux pieds de la reine, nous demanderons la grâce de mon fils.

CHRISTINE.

Je vous le promets.

MARTHE.

Vous leur direz qu'il n'est pas coupable; il ne l'est pas, je vous le jure ; il ne s'est jamais occupé de révolte ni de complots ; il n'a jamais songé à conspirer ; il ne songeait à rien qu'à vous aimer !...

CHRISTINE.

Je le sais, et c'est son amour qui l'a perdu ; c'est pour moi, pour me sauver, qu'il marcherait à la mort !... Oh ! non... cela ne se peut pas... Soyez tranquille, je réponds de ses jours.

MARTHE.

Est-il possible !

CHRISTINE.

Oui, madame, oui, il y aura quelqu'un de perdu, mais ce ne sera pas lui !

MARTHE.

Que voulez-vous dire ?

CHRISTINE.

Rien !... rien !... Retournez chez vous, partez ; dans quelques instants il aura sa grâce, il sera sauvé !... fiez-vous-en
à mon zèle.

MARTHE, hésitant.

Mais cependant...

CHRISTINE.

A ma parole... à mes serments.

MARTHE, de même.

Mais...

CHRISTINE, hors d'elle-même.

Eh bien !... à ma tendresse !... à mon amour !...

MARTHE.

Est-il possible !...

CHRISTINE.

Ne croyez-vous maintenant ?

MARTHE, avec étonnement.

Oui, mademoiselle, oui, je n'ai plus peur. (Poussant un cri en
montrant la croisée.) Ah !...

CHRISTINE.

Qu'avez-vous ?

MARTHE.

J'avais cru voir le jour !... Non, grâce au ciel, il fait sombre encore. Dieu vous protége et vous rende tout le bonheur
que je vous dois... adieu... adieu !...

(Elle sort.)

SCÈNE IV.

CHRISTINE, seule, marchant avec agitation.

Oui !... Je dirai la vérité, je dirai qu'il n'est pas coupable ; je publierai tout haut qu'il s'est accusé lui-même pour ne pas me compromettre, pour sauver ma réputation. Et moi (S'arrêtant.) Oh ! moi... perdue, déshonorée à jamais... Eh bien !... eh bien ! quand je penserai à tout cela... à quoi bon ?... Il le faut, je ne peux pas le laisser mourir. C'est par amour qu'il me donnait sa vie... et moi, par amour... je lui donnerai plus encore. (Se mettant à la table.) Oui, oui, écrivons ; mais à qui me confier ? à mon père ?... oh ! non ; à Struensée ? encore moins ; il a dit devant moi qu'il ne pardonnerait jamais ; mais à la reine ! à Mathilde ! elle est femme elle me comprendra ; et puis, je ne voulais pas le croire mais si, comme on l'assure, elle est aimée, si elle aime !... O mon Dieu ! fais que ce soit vrai !... elle aura pitié de moi, et ne me condamnera pas. (Écrivant rapidement.) Hâtons-nous ; cette déclaration solennelle ne laissera pas de doute sur son innocence... *Signé* : Christine de Falkenskield... (Laissant tomber la plume.) Ah !... c'est ma honte, mon déshonneur, que je signe... (Pliant vivement la lettre.) N'y pensons pas, ne pensons à rien... Les moments sont précieux... et comment, à une heure pareille...? ah !... par madame de Linsberg, la première femme de chambre de la reine... en lui envoyant Joseph, qui m'est dévoué... Oui, c'est le seul moyen de faire parvenir à l'instant cette lettre.

SCÈNE V.

CHRISTINE, FALKENSKIELD.

FALKENSKIELD, qui est entré pendant les derniers mots, se trouve en face de Christine, qui veut sortir. Il lui prend la lettre des mains.

Une lettre, et pour qui donc ?

CHRISTINE, avec effroi.

Mon père !...

FALKENSKIELD, lisant.

« A la reine Mathilde. » Eh! mais, ne vous troublez pas ainsi; puisque vous tenez tant à ce que cette lettre parvienne à Sa Majesté.

CHRISTINE, troublée.

Monsieur !

FALKENSKIELD, l'observant d'un œil inquiet.

Je la remettrai à la reine; mais j'ai le droit, je pense, de connaître ce que ma fille écrit, même à sa souveraine, et vous me permettrez...

(Faisant le geste d'ouvrir la lettre.)

CHRISTINE, suppliante.

Mon père...

FALKENSKIELD, ouvrant la lettre.

Vous y consentez... (Lisant.) Quoi!... Éric Burkenstaff était ici pour vous, caché dans votre appartement! et c'est là qu'aux yeux de tous il a été découvert...

CHRISTINE.

Oui, oui, c'est la vérité ! Accablez-moi de votre colère · non que je sois coupable, ni indigne de vous, je le jure ; c'est déjà trop que mon imprudence ait pu nous compromettre ; aussi je ne cherche ni à me justifier, ni à éviter des reproches que j'ai trop mérités; mais j'apprends, et vous me l'aviez caché, qu'il est condamné à mort; que, victime de son dévouement, il va périr pour sauver mon honneur ; j'ai pensé alors que c'était le perdre à jamais que de l'acheter à ce prix ; j'ai voulu épargner à moi des remords... à vous un crime... j'ai écrit !

FALKENSKIELD.

Signer un tel aveu !... et par ce témoignage, qui va, qui doit devenir public, attester aux yeux de la reine, de ses ministres, de toute la cour, que la comtesse de Falkenskield, éprise d'un marchand de la Cité, a compromis pour lui son rang, sa naissance, son père, qui, déjà en butte à tous les traits de la calomnie et de la satire, va cette fois être accablé et succomber sous leurs coups ! Non, cet écrit, gage de notre déshonneur et de notre ruine, ne verra pas le jour.

CHRISTINE.

Qu'osez-vous dire !... Ne pas vous opposer à cet arrêt !...

FALKENSKIELD.

Je ne suis pas le seul qui l'ait signé.

CHRISTINE.

Mais vous seul savez qu'il est innocent ; et si vous refusez d'adresser ce billet à la reine, je cours me jeter à ses pieds... Oui, monsieur, oui, pour votre honneur, pour le repos éternel de vos jours ; et je lui crierai : Grâce, madame !... sauvez Éric, et surtout sauvez mon père !

FALKENSKIELD. la retenant par la main.

Non ! vous n'irez pas !... vous ne sortirez pas d'ici !

CHRISTINE, effrayée.

Vous ne voudrez pas, je pense, me retenir par la force ?

FALKENSKIELD.

Je veux, malgré vous-même, vous empêcher de vous perdre, et vous ne me quitterez pas.
(Il va fermer la porte du fond. Christine le suit pour le retenir, mais elle jette les yeux sur la croisée et pousse un cri.)

CHRISTINE.

Mon père ! Mon père !... Mais, voici le jour, voici l'instant de son supplice ; si vous tardez encore, il n'y a plus d'espoir de le sauver ; il ne nous restera plus rien... rien que des remords. Mon père ! au nom du ciel et par vos genoux que j'embrasse, ma lettre ! ma lettre !

FALKENSKIELD.

Laissez-moi... relevez-vous.

CHRISTINE.

Non, je ne me relèverai pas ; j'ai promis ses jours à sa mère ; et quand elle viendra me demander son fils, que vous aurez tué, et que j'aime... (Mouvement de colère de Falkenskield. Christine se relève vivement.) Non, non, je ne l'aime plus... je l'oublierai... je manquerai à mes serments... j'épouserai Gœlher... je vous obéirai... (Poussant un cri.) Ah! ce roulement funèbre, ce bruit d'armes qui a retenti... (Courant à la croisée à gauche.) Des soldats s'avancent et entourent un prisonnier; c'est lui! il marche au supplice ! ma lettre ! ma lettre ! envoyez-la... il est peut-être temps encore ! ma lettre !

FALKENSKIELD.

J'ai pitié de votre déraison, et voilà ma seule réponse.

(Il déchire la lettre.)

CHRISTINE.

Ah! c'en est trop ! votre cruauté brise tous les liens qui m'attachaient à vous. Oui, je l'aime ; oui, je n'aimerai jamais que lui.. S'il meurt, je ne lui survivrai pas, je le suivrai Sa mère du moins sera vengée... comme elle vous n'aurez plus d'enfant.

FALKENSKIELD.

Christine !

(On entend du bruit en dehors.)

CHRISTINE, avec force.

Mais écoutez. . écoutez-moi bien : si ce peuple qui s'indigne et murmure se soulevait encore pour le délivrer ; si le ciel, le sort... que sais-je ? le hasard peut-être, moins cruel que vous, venait à le soustraire à vos coups, je vous déclare ici qu'aucun pouvoir au monde, pas même le vôtre, ne m'empêchera d'être à lui ; j'en fais le serment.

(On entend un roulement de tambour plus fort et des clameurs dans la rue. Christine pousse un cri et tombe sur un fauteuil la tète cachée dans ses mains. Dans ce moment on frappe à la porte du fond, Falkenskield va ouvrir.)

26.

SCÈNE VI.

CHRISTINE, RANTZAU, FALKENSKIELD.

FALKENSKIELD, étonné.

M. de Rantzau chez moi ! à une pareille heure !

CHRISTINE, courant à lui en sanglotant.

Ah ! monsieur le comte, parlez... est-il donc vrai ?   ce malheureux Éric...

FALKENSKIELD.

Silence ! ma fille.

CHRISTINE, avec égarement.

Qu'ai-je à ménager maintenant ? Oui, monsieur le comte, je l'aimais, je suis cause de sa mort, je m'en punirai.

RANTZAU, souriant.

Un instant ! vous n'êtes pas si coupable que vous croyez, car Éric existe encore.

FALKENSKIELD ET CHRISTINE.

O ciel !

CHRISTINE.

Et ce bruit que nous avons entendu...

RANTZAU.

Venait des soldats qui l'ont délivré.

FALKENSKIELD, voulant sortir.

C'est impossible ! et ma vue seule...

RANTZAU.

Pourrait peut-être augmenter le danger ; aussi moi qui ne suis plus rien, qui ne risque rien, j'accourais auprès de vous, mon cher et ancien collègue.

FALKENSKIELD.

Pour quelle raison ?

RANTZAU.

Pour vous offrir, ainsi qu'à votre fille, un asile dans mon hôtel.

FALKENSKIELD, stupéfait.

Vous !

CHRISTINE.

Est-il possible !

RANTZAU.

Cela vous étonne ! N'en auriez-vous pas fait autant pour moi ?

FALKENSKIELD.

Je vous remercie de vos soins généreux, mais je veux savoir avant tout... Ah ! c'est M. de Gœlher, eh bien ! mon ami, qu'y a-t-il ? parlez donc !

SCÈNE VII.

CHRISTINE, RANTZAU, GŒLHER, FALKENSKIELD.

GOELHER.

Est-ce que je le sais ? c'est un désordre, une confusion... J'ai beau demander comme vous : Qu'y a-t-il ? comment cela se fait-il ? tout le monde m'interroge et personne ne me répond.

FALKENSKIELD.

Mais vous étiez là cependant... vous étiez au palais...

GOELHER.

Certainement, j'y étais ; j'ai ouvert le bal avec la reine ; et quelque temps après le départ de Sa Majesté, je dansais le nouveau menuet de la cour avec mademoiselle de Thornston, lorsque tout à coup, parmi les groupes occupés à nous admirer, je remarque une distraction qui n'était pas naturelle ; on ne nous regardait plus, on causait à voix basse, un murmure sourd et prolongé circulait dans les salons... Qu'y a-t-il donc ? Qu'est-ce que c'est ? Je le demande à ma danseuse, qui ne le sait pas plus que moi, et j'apprends par un valet de pied tout pâle et tout effrayé, que la reine Mathilde vient d'être arrêtée dans sa chambre à coucher par l'ordre du roi.

FALKENSKIELB.

L'ordre du roi !... Et Struensée ?

GŒLHER.

Arrêté aussi, comme il rentrait du bal.

FALKENSKIELD, avec impatience.

Et Koller, morbleu ! Koller, qui avait la garde du palais, qui y commandait seul !

GŒLHER.

Voilà le plus étonnant et ce qui me fait croire que ce n'est pas vrai. On ajoutait que cette double arrestation avait été exécutée, par qui ? par Koller lui-même, porteur d'un ordre du roi.

FALKENSKIELD.

Lui, nous trahir ! ce n'est pas possible !

GŒLHER, à Rantzau.

C'est ce que j'ai dit, ce n'est pas possible ; mais en attendant on le dit, on le répète ; la garde du palais crie : Vive le roi ! le peuple appelé aux armes par Raton Burkenstaff et ses amis crie encore plus haut ; les autres troupes, qui avaient d'abord résisté, font maintenant cause commune avec eux ; enfin je n'ai pu rentrer à mon hôtel, devant lequel j'ai aperçu un attroupement ; et j'arrive chez vous, non sans danger, encore tout en émoi... et en costume de bal.

RANTZAU.

C'est moins dangereux dans ce moment qu'en costume de ministre.

GOELHER.

Je n'ai pas eu le temps depuis hier de commander le mien.

RANTZAU.

Vous pouvez vous épargner ce som. Que vous disais-je hier? vingt-quatre heures ne sont pas écoulées, et vous n'êtes plus ministre.

GOELHER.

Monsieur !

RANTZAU.

Vous l'aurez été pour danser une contredanse, et après les travaux d'un pareil ministère vous devez avoir besoin de repos ; ce repos je vous l'offre, (vivement.) ainsi qu'à tous les vôtres, chez moi, seul asile où vous soyez maintenant en sûreté, et vous n'avez pas de temps à perdre. Entendez-vous les cris de ces furieux ? venez, mademoiselle, venez... suivez-moi tous, et partons.

(Dans ce moment les deux croisées du fond s'ouvrent violemment. Jean et plusieurs matelots ou gens du peuple paraissent sur le balcon armés de carabines.)

SCÈNE VIII.

JEAN, en dehors du balcon, à gauche; RANTZAU, CHRISTINE, FALKENSKIELD, GŒLHER.

JEAN, les couchant en joue.

Halte-là, messeigneurs, on ne s'en va pas ainsi.

CHRISTINE, poussant un cri et se jetant au-devant de son père, qu'elle entoure de ses bras.

Ah ! je suis toujours votre fille ! je la suis pour mourir avec vous !

JEAN.

Recommandez votre âme à Dieu !

SCÈNE IX.

JEAN, RANTZAU ; ÉRIC, le bras gauche en écharpe, s'élançant par la porte du fond et se mettant devant CHRISTINE ; FALKENS KIELD et GŒLHER.

ÉRIC, à Jean et à ses compagnons, qui viennent de sauter du balcon dans la chambre.

Arrêtez !... point de meurtre ! point de sang répandu !... qu'ils tombent du pouvoir, c'est assez. (Montrant Christine, Falkenskield et Gœlher.) Mais au prix de mes jours je les défendrai, je les protégerai ! (Apercevant Rantzau et courant à lui.) Ah ! mon sauveur ! mon Dieu tutélaire !

FALKENSKIELD, étonné.

Lui, monsieur de Rantzau !

JEAN ET SES COMPAGNONS, s'inclinant.

Monsieur de Rantzau ! c'est différent ; c'est l'ami du peuple ; il est des nôtres.

GOELHER.

Est-il possible !

RANTZAU, à Falkenskield, Gœlher et Christine.

Eh ! mon Dieu, oui... ami de tout le monde ! demandez plutôt au général Koller et à son digne allié, messire Raton Burkenstaff.

TOUS, criant.

Vive Raton Burkenstaff !

(Rantzau remonte le théâtre, et Éric le traverse pour se placer près de Jean.)

SCÈNE X.

JEAN ET SES COMPAGNONS, ÉRIC ; MARTHE, entrant la première et s'élançant vers son fils, qu'elle embrasse ; RATON, entouré de tout le peuple ; RANTZAU, CHRISTINE, FALKENSKIELD, GŒLHER ; derrière eux, KOLLER ; et au fond, PEUPLE, SOLDATS, MAGISTRATS, GENS DE LA COUR.

MARTHE, embrassant Éric.

Mon fils !... blessé ! il est blessé !

ÉRIC.

Non, ma mère, ce n'est rien. (Elle l'embrasse à plusieurs reprises ; tandis que le peuple crie :) Vive Raton Burkenstaff !

RATON.

Oui, mes amis, oui, nous avons enfin réussi ; grâce à moi, je m'en vante, qui, pour le service du roi, ai tout mené, tout dirigé, tout combiné.

TOUS.

Vive Raton !

RATON, à sa femme.

Tu l'entends, ma femme, la faveur m'est revenue. ˙

MARTHE.

Et ! que m'importe, à moi ?... je ne demande plus rien ; j'ai mon fils.

RATON.

Mais, silence, messieurs ! silence !... J'ai là les ordres du roi, des ordres que je viens de recevoir à l'instant ; car c'est en moi que notre auguste souverain a une confiance illimitée et absolue.

JEAN, à ses compagnons.

Et le roi a raison. (Montrant son maître qui tire de sa poche l'ordonnance du roi.) Une fameuse tête, sans que cela paraisse !

Il savait bien ce qu'il faisait en jetant l'or à pleines mains. (Avec joie.) Car de vingt mille florins, il ne lui reste rien, pas une rixdale.

RATON, tout en décachetant le papier, lui faisant signe de se taire.

Jean !

JEAN.

Oui, notre maître. (A ses compagnons.) En revanche, si ça avait mal tourné, nous y passions tous, lui, son fils, sa famille et ses garçons de boutique.

RATON.

Jean, taisez-vous !

JEAN.

Oui, notre maître. (Criant.) Vive Burkenstaff !

RATON, avec satisfaction.

C'est bien, mes amis; mais du silence. (Lisant.) « Nous, « Christian VII, roi de Danemarck, à nos fidèles sujets et « habitants de Copenhague. Après avoir puni la trahison, il « nous reste à récompenser la fidélité dans la personne du « comte Bertrand de Rantzau, que, sous la régence de notre « mère, la reine Julie-Marie, nous nommons notre premier « ministre...

RANTZAU, d'un air modeste.

Moi ! qui ai demandé ma retraite et qui veux me retirer des affaires...

RATON, sévèrement.

Vous ne le pouvez pas, monsieur le comte; le roi l'ordonne, il faut obéir... Laissez-moi achever, de grâce ! (Continuant à lire.) « Dans la personne du comte Bertrand de Rantzau, « que nous nommons premier ministre, (Avec emphase.) et dans « celle de Raton Burkenstaff, négociant de Copenhague, « que nous nommons dans notre maison royale, (Baissant la voix.) premier marchand de soieries de la couronne. »

JEAN.

C'est superbe ! nous aurons les armes royales sur notre boutique.

RATON. faisant la grimace.

La belle avance ! et au prix que ça me coûte '

JEAN.

Et moi, la petite place que vous m'aviez promise ?

RATON.

Laisse-moi tranquille !

JEAN. à ses compagnons.

Quelle ingratitude !... moi qui suis cause de tout... aussi il me le payera i

RANTZAU.

Puisque le roi l'exige, il faut bien s'y soumettre, messieurs, et se charger d'un fardeau qu'allégera, je l'espère, (Aux magistrats.) l'affection de mes concitoyens. (A Éric.) Pour vous, mon jeune officier, qui dans cette occasion avez couru les plus grands risques... on vous doit quelque récompense.

ÉRIC, avec franchise.

Aucune ; car, je puis le dire maintenant à vous, à vous seul... (A demi-voix.) Je n'ai jamais conspiré !

RANTZAU. lui imposant silence.

C'est bien ! c'est bien ! voilà de ces choses qu'on ne dit jamais... après.

RATON, à part, tristement.

Fournisseur de la cour '

MARTHE.

Tu dois être content... c'est ce que tu désirais.

RATON.

Je l'étais déjà par le fait, excepté que je fournissais les

deux reines, et qu'en en renvoyant une je perds la moitié de ma clientèle.

MARTHE.

Et tu as risqué ta fortune, ton existence, celle de ton fils qui est blessé... dangereusement peut-être... et pourquoi ?

RATON, montrant Rantzau et Koller.

Pour que d'autres en profitent.

MARTHE.

Faites donc des conspirations !

RATON, lui tendant la main.

C'est dit... désormais je les regarderai passer, et le diable m'emporte si je m'en mêle !

TOUT LE PEUPLE, entourant Rantzau et s'inclinant devant lui.

Vive le comte de Rantzau !

TABLE

CLICHY. — Imprimerie PAUL DUPONT, rue du Bac-d'Asnières, 12. (1046-73.)